Perspektiven Sozialwirtschaft und Sozialmanagement

Reihe herausgegeben von
K. Grunwald, Stuttgart, Deutschland
L. Kolhoff, Wolfenbüttel, Deutschland

Die Buchreihe „Perspektiven Sozialwirtschaft und Sozialmanagement" widmet sich der Darstellung und kritischen Diskussion von theoretischen Konzepten und Fragestellungen aus Wissenschaft, Forschung und Praxis der Sozialwirtschaft und des Sozialmanagements. Monographien und Sammelbände thematisieren aktuelle Diskurse und Forschungen aus relevanten wissenschaftlichen (Teil-) Disziplinen (wie z.B. Soziale Arbeit, Sozialwirtschaftslehre, Sozialmanagement, Organisationssoziologie und -psychologie, Ethik, Betriebswirtschaftslehre, Volkswirtschaftslehre, ...). Bearbeitet werden weiterhin methodische Fragen sowie Herausforderungen der Sozialwirtschaft im Allgemeinen und sozialwirtschaftlicher Unternehmen im Besonderen. Die Bände richten sich an Lehrende und Teilnehmer_innen von Masterstudiengängen der Sozialwirtschaft und des Sozialmanagements sowie an Fach- und Führungskräfte.

Weitere Bände in der Reihe http://www.springer.com/series/15474

Ludger Kolhoff · Klaus Grunwald
(Hrsg.)

Aktuelle Diskurse in der Sozialwirtschaft I

Springer VS

Herausgeber
Ludger Kolhoff
Ostfalia Hochschule für angewandte
Wissenschaften – Hochschule
Braunschweig/Wolfenbüttel
Wolfenbüttel, Deutschland

Klaus Grunwald
Duale Hochschule Baden-Württemberg
Stuttgart, Deutschland

ISSN 2569-2127   ISSN 2569-2135   (electronic)
Perspektiven Sozialwirtschaft und Sozialmanagement
ISBN 978-3-658-20318-4   ISBN 978-3-658-20319-1   (eBook)
https://doi.org/10.1007/978-3-658-20319-1

Die Deutsche Nationalbibliothek verzeichnet diese Publikation in der Deutschen Nationalbibliografie; detaillierte bibliografische Daten sind im Internet über http://dnb.d-nb.de abrufbar.

Springer VS
© Springer Fachmedien Wiesbaden GmbH, ein Teil von Springer Nature 2018
Das Werk einschließlich aller seiner Teile ist urheberrechtlich geschützt. Jede Verwertung, die nicht ausdrücklich vom Urheberrechtsgesetz zugelassen ist, bedarf der vorherigen Zustimmung des Verlags. Das gilt insbesondere für Vervielfältigungen, Bearbeitungen, Übersetzungen, Mikroverfilmungen und die Einspeicherung und Verarbeitung in elektronischen Systemen.
Die Wiedergabe von Gebrauchsnamen, Handelsnamen, Warenbezeichnungen usw. in diesem Werk berechtigt auch ohne besondere Kennzeichnung nicht zu der Annahme, dass solche Namen im Sinne der Warenzeichen- und Markenschutz-Gesetzgebung als frei zu betrachten wären und daher von jedermann benutzt werden dürften.
Der Verlag, die Autoren und die Herausgeber gehen davon aus, dass die Angaben und Informationen in diesem Werk zum Zeitpunkt der Veröffentlichung vollständig und korrekt sind. Weder der Verlag noch die Autoren oder die Herausgeber übernehmen, ausdrücklich oder implizit, Gewähr für den Inhalt des Werkes, etwaige Fehler oder Äußerungen. Der Verlag bleibt im Hinblick auf geografische Zuordnungen und Gebietsbezeichnungen in veröffentlichten Karten und Institutionsadressen neutral.

Gedruckt auf säurefreiem und chlorfrei gebleichtem Papier

Springer VS ist ein Imprint der eingetragenen Gesellschaft Springer Fachmedien Wiesbaden GmbH und ist ein Teil von Springer Nature
Die Anschrift der Gesellschaft ist: Abraham-Lincoln-Str. 46, 65189 Wiesbaden, Germany

Inhalt

Vorwort 1

Teil I
Ansätze zur Differenzierung des sozialwirtschaftlichen Geschehens nach Ebenen

Beate Finis Siegler
Ansätze zur Differenzierung des sozialwirtschaftlichen Geschehens
nach Ebenen 9

Wolf Rainer Wendt
Soziales Wirtschaften im Beziehungsgefüge seiner Akteure 25

Teil II
Der Klient im Fokus von Sozialer Arbeit und Sozialwirtschaft

Georg Kortendieck
Klienten als (Teilzeit)Mitarbeitende 41

Claus Reis
Die Analyse von Einzelfällen als methodisches Instrument
beim Auf- bzw. Ausbau interorganisatorischer
Kooperationsbeziehungen 55

V

Teil III
Ethik, Moral und (Sozial-)Geschäft

Armin Schneider
Grundlagen von Ethik in Management und Leadership 75

Andrea Tabatt-Hirschfeldt
Die Ökonomisierung der Sozialen Arbeit und der Umgang damit 89

Andreas Langer
Wirtschaft- und Unternehmensethik als Kritik der Grauzonen
sozialwirtschaftlichen Moralunternehmertums 111

Teil IV
Governance und Sozialwirtschaft

Ludger Kolhoff
Orders of Governance 133

Andrea Tabatt-Hirschfeldt
Public Governance in der Sozialwirtschaft 149

Klaus Grunwald und Paul-Stefan Roß
Governance in der Sozialen Arbeit.
Dilemmatamanagement als Ansatz des Managements
hybrider Organisationen 165

Tobias Allkemper und Matthias Borchers
Corporate Governance in der Sozialwirtschaft.
Anspruch und Wirklichkeit 183

Wolf Rainer Wendt
Sozialwirtschaftliche Regie im ostasiatischen Bezugsrahmen.
Eine komparative Studie 205

Verzeichnis der Autorinnen und Autoren 225

Vorwort

Spätestens seit Mitte der 1990er Jahre gewinnen ökonomische Fragestellungen, Begrifflichkeiten und Konzepte zunächst in der Praxis des Sozial- und Gesundheitswesens, in der Folge zunehmend im wissenschaftlichen Diskurs an Bedeutung. Die Thematisierung erfolgt teils eher unter dem Begriff ‚Sozialwirtschaft' oder der ‚Sozialökonomie', teils eher unter dem Label ‚Sozialmanagement', ohne dass hier einheitliche Trennlinien erkennbar wären (Grunwald und Langer 2018 i.E.). Dies zeigt sich auch in der Namensgebung der einschlägigen wissenschaftlichen Vereinigung, der Bundesarbeitsgemeinschaft Sozialmanagement/Sozialwirtschaft (BAG SMSW) e.V. Sie ist die Vertretung der Lehrenden und Forschenden an Hochschulen im Bereich Sozialmanagement/Sozialwirtschaft und dient als Plattform für aktuelle Diskurse des Sozialmanagements und der Sozialwirtschaft[1]. Dazu veranstaltet sie Fachtagungen und Kongresse. In dieser Publikation werden Beiträge aus 4 Fachtagungen aus den Jahren 2015 und 2016 zu den Perspektiven der Sozialwirtschaft vorgestellt.

Grundlage dieses Bandes sind die Tagungen
- „Ansätze zur Differenzierung des sozialwirtschaftlichen Geschehens nach Ebenen" (Stuttgart 2015)
- „Der Klient im Fokus von Sozialer Arbeit und Sozialwirtschaft" (Frankfurt 2016)

---

[1] Mitglieder des geschäftsführenden Vorstands der Bundesarbeitsgemeinschaft Sozialmanagement/Sozialwirtschaft (BAG SMW) e.V sind: Prof. Dr. Ludger Kolhoff (Vorsitzender), Prof. Dr. Andrea Tabatt-Hirschfeldt und Prof. Dr. Andreas Langer (stellvertretende Vorsitzende). Dem erweiterten Vorstand gehören an: Prof. Dr. Michael Brodowski, Prof. Dr. Beate Finis-Siegler, Prof. Dr. Klaus Grunwald, Prof. Dr. Sebastian Noll, Prof. Dr. Monika Sagmeister, Prof. Dr. Bettina Stoll, Prof. Dr. Wolf Rainer Wendt und Prof. Dr. Armin Wöhrle.

- „Moral und (Sozial-)Geschäft – Ethik und Management" (Koblenz 2016)
- „Governance und Sozialwirtschaft" (Berlin 2016)

In einem ersten Schritt werden *„Ansätze zur Differenzierung des sozialwirtschaftlichen Geschehens nach Ebenen"* diskutiert. Solche Differenzierungen nach ‚Ebenen' wurden von unterschiedlichen Seiten aus vorgenommen, insbesondere von Wendt (2016), von Finis Siegler (2009) und von Arnold, Grunwald und Maelicke (2014), ohne dass hier eine einheitliche Struktur zu erkennen wäre. Sie werden – gerade auch angesichts ihrer Unterschiedlichkeit, aber auch hinsichtlich ihres Erklärungspotentials – zunehmend kritisch diskutiert, weswegen sie einer genaueren Betrachtung unterzogen werden.

Beate Finis Siegler unterscheidet in ihrem Beitrag „Ansätze zur Differenzierung des sozialwirtschaftlichen Geschehens nach Ebenen" fünf Ebenen. Auf der Makroebene geht es um den Beitrag der Sozialwirtschaft zur sozialen Wohlfahrt, auf der Mesoebene um die volkswirtschaftliche Institutionenwahl, auf der Mikroebene stehen die Organisationen der Sozialwirtschaft im Mittelpunkt, auf der Nanoebene die interaktive Erstellung personenbezogener sozialer Dienstleistung und auf der individuellen Ebene der Beitrag der Sozialwirtschaft zur individuellen Wohlfahrt der Zielgruppe.

Wolf Rainer Wendt benennt in seinem Beitrag „Soziales Wirtschaften im Beziehungsgefüge seiner Akteure" ein horizontal und vertikal strukturiertes Gefüge auf drei Ebenen. Auf der Makroebene erfolgt die soziale, politisch gesteuerte Daseinsvorsorge, auf der Mesoebene die Gestaltung sozialer Versorgung (hier sind die sozialen Organisationen zu verorten) und auf der Mikroebene die personenbezogene Versorgung.

In einem zweiten Schritt steht *„der Klient im Fokus von Sozialer Arbeit und Sozialwirtschaft"*. Für die Soziale Arbeit ist der Bezug auf die ‚Adressat_innen', ‚Nutzer_innen' oder ‚Klient_innen' ihrer Hilfs- und Unterstützungsangebote konstitutiv, wie es vor unterschiedlichen theoretischen Hintergründen und für spezifische Arbeitsfelder der Sozialen Arbeit entwickelt worden ist (beispielsweise Bitzan und Bolay 2017, Bitzan, Bolay und Thiersch 2006). Für die Sozialwirtschaft wie für die Soziale Arbeit ist es wichtig, die Bedeutung der Klient_innen für die Erbringung von personenbezogenen sozialen Dienstleistungen und ihre Rolle im Produktionsprozess zu reflektieren (Schaarschuch 2008).

Georg Kortendieck wählt in seinem Beitrag „Klienten als (Teilzeit)Mitarbeitende" einen mikroökonomischen Zugang und versteht den Klienten als Produktionsfaktor. Er fragt, ob und inwieweit durch eine stärkere Einbeziehung von Klienten Fortschritte bezüglich Wirkung und Produktivität zu erwarten sind, inwieweit Problemlösungen besser, schneller oder günstiger erfolgen können und welche Voraussetzungen dabei zu erfüllen sind. Weiterhin beschäftigt ihn, wie die Integrations-Bereitschaft und das Integrations-Verhalten von Klienten erfolgreich gesteuert werden kann.

Claus Reis thematisiert in seinem Beitrag „Die Analyse von Einzelfällen als methodisches Instrument beim Auf- bzw. Ausbau interorganisatorischer Kooperationsbeziehungen" verbindliche Kooperationen in Produktionsnetzwerken zwischen eigenständig operierenden, teilweise sogar konkurrierenden Organisationen und widmet sich Planungs- und Fallperspektiven und der Gestaltung von Leistungsprozessen. „Angemessene Unterstützungsleistungen" und gesellschaftliche Teilhabe für die Adressat_innen wird nur möglich über das „verbindliche, koordinierte Zusammenwirken unterschiedlicher arbeitsmarkt-, sozial- und bildungspolitischer Akteure". Dabei ist der Bezug auf den (Einzel-)Fall als „Ausgangspunkt über unterschiedliche ‚Fallansichten', Schnittstellen, Bearbeitungsformen u. a. m." zentral.

In einem dritten Schritt geht es um *„Ethik, Moral und (Sozial-)Geschäft"*. Die Frage der ethischen Begründung oder Begründbarkeit sozialwirtschaftlichen Agierens ist eine, die in Sozialer Arbeit und Sozialwirtschaft intensiv diskutiert wird (Wöhrle 2016). Gerade angesichts der teilweise ideologischen Aufladung der diesbezüglichen Debatte ist es wichtig, hier differenziert zu argumentieren.

Armin Schneider widmet sich den „Grundlagen von Ethik in Management und Leadership". Er stellt die Bedeutung ethischer Fragestellungen für Nonprofit Organisationen heraus und untersucht Grundkonzepte der Ethik auf ihre Anwendung im Management und Leadership von Nonprofit Organisationen. Dabei differenziert er zwischen verschiedenen „Ebenen ethischer Verantwortung" und diskutiert unterschiedliche „Möglichkeiten ethischer Verantwortung" zwischen Corporate Social Responsibilty, integrierten „Ethik- und Wertemanagementkonzepte(n)" und Whistleblowing.

Andrea Tabatt-Hirschfeldt fragt in ihrem Beitrag „Die Ökonomisierung der Sozialen Arbeit und der Umgang damit" was eigentlich die Ökonomisierung der Sozialen Arbeit ist? Sie thematisiert die Gründe und Auswirkungen ebenso wie die Möglichkeiten des Umgangs mit der Ökonomisierung. Schließlich stellt sie einen Vorschlag vor, wie die Weiterentwicklung aussehen könnte. Sie wählt wie Wendt (siehe sein obiger Beitrag) einen Drei-Ebenen-Zugang. Auf der Makroebene beschäftigt sie sich mit der sozialpolitischen Rahmung und geht dabei insbesondere auf den aktivierenden Sozialstaat ein. Auf der Mesoebene widmet sie sich der Erbringung sozialer Leistungen und ihrer Akteure und auf der Mikroebene den Fachkräften und Adressat_innen. Es folgen Ausführungen zu Auswirkungen und zum Umgang mit der Ökonomisierung der Sozialen Arbeit im Sinne eines „Im System arbeiten" und eines „Am System arbeiten".

Andreas Langer versteht „Wirtschaft- und Unternehmensethik als Kritik der Grauzonen sozialwirtschaftlichen Moralunternehmertums". Er arbeitet in seinem Beitrag etliche „wirtschafts- und unternehmensethisch relevante Themen und Probleme" heraus und fordert einerseits am individuellen Verhalten anzusetzen, andererseits aber auch Unternehmen dazu zu bringen, ethisch zu handeln und Grauzonen nicht auszunutzen. Bei den Unternehmen der Sozialwirtschaft handelt es sich um Moralunternehmen die moralisch zu managen sind.

In einem vierten Schritt wird das Verhältnis von *„Governance und Sozialwirtschaft"* diskutiert. Im Zentrum des aktuellen Diskurses um Governance steht die Frage, wie unterschiedliche Mechanismen und Logiken der Steuerung auf verschiedenen Ebenen ineinandergreifen (Benz und Dose 2010; Roß 2018). Für die Sozialwirtschaft ist dieser Zugang in seiner interdisziplinären (Politologie, Soziologie, Betriebswirtschafts- und Managementlehre) Ausrichtung von großem Interesse, weil er das Potential hat, Steuerungsprobleme auf unterschiedlichen Ebenen nicht nur zu analysieren, sondern auch aus normativer und strategischer Perspektive zu thematisieren.

Ludger Kolhoff behandelt in seinem einführenden Beitrag „Orders of Governance" zu diesem Thema raumbezogene Probleme und Lösungsmöglichkeiten (First Order Governance), institutionelle Aspekte (Second Order Governance) und normative Grundsätze einer Good Governance (Third Order Governance).

Der Beitrag von *Andrea Tabatt-Hirschfeldt*, „Public Governance in der Sozialwirtschaft", beschäftigt sich mit Entwicklungen hin zu Public Governance in Kommunalverwaltungen. Er fokussiert dabei die Themen Bürgerhaushalt, Verhältnis von Politik und Verwaltung, Organisationsstruktur, Zusammenwirken mit anderen Organisationen, Stellung zu Bürger_innen sowie Mitarbeiterführung.

Klaus Grunwald und Paul-Stefan Roß klären in ihrem Beitrag „Governance Sozialer Arbeit – Dilemmatamanagement als Ansatz des Managements hybrider Organisationen" zunächst die Begriffe „Wohlfahrtsmix und Governance", um auf dieser Basis Einrichtungen und Dienste der Sozialwirtschaft als „hybride Organisationen" zu charakterisieren. Sozialmanagement wird gefasst als „Steuerung hybrider sozialwirtschaftlicher Organisationen", die vor vielfältigen Herausforderungen steht. Der systemtheoretisch geprägte Ansatz des Dilemmatamanagements wird als hilfreiches Konzept des Managements hybrider Organisationen vorgestellt, das sozialwirtschaftlichen Einrichtungen die erfolgreiche Steuerung unterschiedlicher ‚Logiken' und ‚Rationalitäten' ermöglicht.

Tobias Allkemper und Matthias Borchers behandeln in ihrem Beitrag „Corporate Governance in der Sozialwirtschaft: Anspruch und Wirklichkeit" den „rechtlichen und faktischen Ordnungsrahmen für die Leitung und Überwachung von Unternehmen". Damit fokussieren sie aus betriebswirtschaftlicher Perspektive

Fragen und Probleme der Aufsicht und der Managementstrukturen. Sie beschreiben die „Entwicklung des Deutschen Corporate Governance Kodex", begründen die Relevanz eines „sektorspezifischen Kodex" für die Sozialwirtschaft und geben einen knappen Überblick über einschlägige Kodizes. Auf der Basis einer Studie wird diskutiert, inwieweit „Standards guter Unternehmensführung" aus Sicht von Führungskräften in ihren Einrichtungen Anwendung finden.

Der Beitrag von *Wolf Rainer Wendt* zum Thema „Sozialwirtschaftliche Regie im ostasiatischen Bezugsrahmen – Eine komparative Studie" schließt die Publikationen ab. Er nimmt die westlichen Modelle des Wohlfahrtsregimes als Folie, vor deren Hintergrund er die Governance sozialer Versorgung in ostasiatischen Ländern zwischen Singapur und Südkorea mit ihrem spezifischen „mentalen und kulturellen Hintergrund" im Sinne eines „ostasiatischen Wohlfahrtsregime" thematisiert. Ein besonderer Fokus liegt auf der sozialen Versorgung und den sozialwirtschaftlichen Strukturen in der Republik Korea zwischen „Produktiver Wohlfahrt" und der „Stimulierung von Selbstunterhalt".

Wolfenbüttel und Tübingen im Sommer 2017

Ludger Kolhoff (Vorsitzender der Bundesarbeitsgemeinschaft
Sozialmanagement/Sozialwirtschaft e. V.)
Klaus Grunwald (Mitglied des erweiterten Vorstandes
Bundesarbeitsgemeinschaft Sozialmanagement/Sozialwirtschaft e. V.)

Literatur

Arnold, U., Grunwald, K., & Maelicke, B. (Hrsg.) (2014). *Lehrbuch der Sozialwirtschaft.* 4., erw. Aufl., Baden-Baden: Nomos.
Benz, A., & Dose, N. (Hrsg.) (2010). *Regieren in komplexen Regelsystemen. Eine Einführung.* 2., aktual. u. veränd. Aufl., Wiesbaden: VS Verlag für Sozialwissenschaften.
Bitzan, M., & Bolay, E. (2018). *Soziale Arbeit – die Adressatinnen und Adressaten.* Opladen: Barbara Budrich.
Bitzan, M., Bolay, E., & Thiersch, H. (Hrsg.) (2006). *Die Stimme der Adressaten. Empirische Forschung über Erfahrungen von Mädchen und Jungen mit der Jugendhilfe.* Weinheim: Juventa.
Finis Siegler, B. (2009). *Ökonomik Sozialer Arbeit.* 2., überarb. u. erw. Aufl., Freiburg i. Br.: Lambertus Verlag.
Grunwald, K., & Langer, A. (2018). Sozialwirtschaft – eine Einführung in das Handbuch. In K. Grunwald & A. Langer (Hrsg.), *Sozialwirtschaft. Ein Handbuch für Wissenschaft und Praxis.* Baden-Baden: Nomos (im Erscheinen).

Roß, P.-S. (2018). Governance. In K. Grunwald & A. Langer (Hrsg.), *Sozialwirtschaft. Ein Handbuch für Wissenschaft und Praxis*. Baden-Baden: Nomos (im Erscheinen).

Schaarschuch, A. (2008). Vom Adressaten zum „Nutzer" von Dienstleistungen. In Bielefelder Arbeitsgruppe 8 (Hrsg.): *Soziale Arbeit in Gesellschaft*. (S. 197–204). Wiesbaden: VS Verlag für Sozialwissenschaften.

Wendt, W. R. (2016). *Sozialwirtschaft kompakt. Grundzüge der Sozialwirtschaftslehre*. 2., überarb. u. erw. Aufl. Wiesbaden: Springer VS.

Wöhrle, A. (Hrsg.) (2016). *Moral und Geschäft. Positionen zum ethischen Management in der Sozialwirtschaft*. Baden-Baden: Nomos.

Teil I

Ansätze zur Differenzierung des sozialwirtschaftlichen Geschehens nach Ebenen

Ansätze zur Differenzierung des sozialwirtschaftlichen Geschehens nach Ebenen

Beate Finis Siegler

> **Abstract**
>
> Die wissenschaftliche Beschäftigung mit der Sozialwirtschaft erfolgt aus einer Mehrebenen-Perspektive. Auf der Makro-, Meso-, Mikro-, Nano- und individuellen Ebene, die über Schnittstellen miteinander verbunden sind, werden unterschiedliche Akteure adressiert und spezifische Handlungslogiken identifiziert. Damit lässt sich der Beitrag der Sozialwirtschaft (Meso-Ebene) zur sozialen Wohlfahrt (Makro-Ebene) und zur individuellen der Klienten (individuelle Ebene) durch Erstellung insbesondere personenbezogener sozialer Dienstleistungen (Nano-Ebene) in sozialwirtschaftlichen Organisationen (Mikro-Ebene) untersuchen, können Voraussetzungen und Restriktionen analysiert und Schnittstellenprobleme diskutiert werden.

1 Sozialökonomischer Zugang zur Sozialwirtschaft

Die hier vorliegende Beschäftigung mit der Sozialwirtschaft beruht auf der These, dass die Sozialwirtschaft einen eigenen Sektor bildet, der an der Schnittstelle von Wirtschaft und Sozialbereich liegt und folglich mit unterschiedlichen Logiken konfrontiert ist. Das sozialwirtschaftliche Geschehen wird sowohl von soziopolitischen als auch soziokulturellen, technischen und wirtschaftlichen Faktoren beeinflusst. Ein sozialökonomischer Zugang beschreibt die Sozialwirtschaft folglich als den ökonomischen Ort der Transformation kollektiver/politischer Entscheidungen in Leistungen, mit denen in die Lebenslage von Zielgruppen der Sozialpolitik interveniert wird mit der Absicht, individuelle und soziale Wohlfahrt zu erzeugen. Eine angemessene Beschreibung des sozialwirtschaftlichen Geschehens erfordert daher die Berücksichtigung der unterschiedlichen Logiken ebenso wie eine Differenzierung verschiedener Analyseebenen, auf denen das „Sozialwirtschaftliche" geschieht.

2 Mehrebenen-Heuristik zur Analyse des sozialwirtschaftlichen Geschehens

Für die Analyse werden hier im Unterschied zu anderen Auffassungen, die mit drei Ebenen arbeiten (Brinkmann 2010b; Wendt 2003) fünf Ebenen unterschieden: Makro-, Meso-, Mikro-, Nano- und individuelle Ebene (Finis Siegler 2017, 2009). Auf der Makroebene geht es um den Beitrag der Sozialwirtschaft zur sozialen Wohlfahrt und auf der Mesoebene um die volkswirtschaftliche Institutionenwahl, die Auseinandersetzung mit dem institutionellen Sinn der Sozialwirtschaft als eigener Sektor. Auf der Mikroebene stehen die Organisationen der Sozialwirtschaft als Leistungsproduzenten im Mittelpunkt der Betrachtung. Die interaktive Erstellung personenbezogener sozialer Dienstleistungen ist Gegenstand der Nano-Ebene. Der Beitrag der Sozialwirtschaft zur individuellen Wohlfahrt der Zielgruppe wird auf der individuellen Ebene thematisiert. Die verschiedenen Ebenen haben unterschiedliche kategoriale Ausgangspunkte der Betrachtung und adressieren unterschiedliche Akteure. Auf der individuellen Ebene der Person erscheint der Klient mit seiner Lebenslage, der auf der Nano-Ebene der Interaktion mit den Fachkräften an der Erstellung einer personenbezogenen Dienstleistung als Prosument beteiligt ist. Das Management der Leistungserstellung auf der Mikroebene erfolgt in Organisationen unterschiedlicher rechtlicher und organisatorischer Verfasstheit, die auf der Mesoebene zur Sozialwirtschaft als einer spezifischen Institutionenwahl gehören. Der Erbringungskontext für die Sozialwirtschaft hängt von der Ausgestaltung des Wohlfahrtsstaatsregimes und damit der Sozialpolitik auf der Makroebene ab. Die Abbildung 1 stellt die Mehrebenen-Perspektive auf die Sozialwirtschaft im Überblick dar.

2.1 Diskussion auf der Makro-Ebene

Hier geht es um den Erbringungskontext der Sozialwirtschaft. Die Makro-Ebene betrifft einerseits die öffentliche Definition und Bestimmung von Zielgruppen sozialstaatlichen Handelns und andererseits die politischen Entscheidungen über das gesellschaftlich gewünschte Versorgungsniveau mit Infrastruktur und Dienstleistungen. Diese Entscheidungen sind abhängig von den kulturellen Wohlfahrtsvorstellungen einer Gesellschaft (Knecht 2010, S. 172 ff.). Sie legitimieren politisch die Verteilung der volkswirtschaftlichen Ressourcen für öffentliche und private

Abbildung 1 Mehrebenen-Perspektive auf Sozialwirtschaft im Überblick (eigene Darstellung)

Ebenen	Makro	Meso	Mikro	Nano	Individuell
Ausgangspunkt	Wohlfahrtsstaatsregime	Institutionenwahl	Organisation	Interaktion	Person
Zielgröße	Allokative Effizienz Soziale Wohlfahrt	Effektiver Allokationsmechanismus	Unternehmenserfolg	Effektive Dienstleistungsbeziehung	Wohlergehen Individuelle Wohlfahrt
Ressourcen-Steuerungsmodus	Kollektive Entscheidung über öffentliche/private Verwendung	Bedarfsabhängig/ konsumentenabhängig	Betriebswirtschaftlich	dialogisch	individuell
Verflechtung	Wirtschafts- und Sozialordnung Sozialrecht/Sozialpolitik	Sozialwirtschaft	Sozialmanagement	Personenbezogene soziale Dienstleistung/ Soziale Arbeit	Lebenslage/ Lebenswelt

Verwendung gemäß den wohlfahrtsstaatlichen Präferenzen. Die sozialstaatliche Politik hat sowohl einen distributiven als auch einen meritorischen Charakter. Die distributive Komponente zielt auf eine Ressourcenumverteilung, die Erhöhung des Konsumniveaus zugunsten von Menschen in schwierigen Lebenslagen, die meritorische Komponente auf die faktische Inanspruchnahme von gesellschaftspolitisch wertvollen Gütern und Dienstleistungen durch die Steuerung von Konsummustern. „Erst wenn es die Wohlfahrtskultur einer Gesellschaft zulässt, führt die Kontextabhängigkeit individueller Präferenzen und Konsummuster in bestimmten Bereichen zur Implementierung des Bedarfsprinzips" (Finis Siegler 2011, S. 418). Der Staat tritt als Sozialstaat in Form von Leistungsgesetzen, sozialer Infrastruktur, personenbezogener Dienstleistungen und Geld- und Sachleistungen in Erscheinung. „Die explizite Berücksichtigung der sozialen Dienstleistungen im Wohlfahrtsstaatskonzept wird daher umso wichtiger, je grösser die Zahl jener Gesellschaftsmitglieder ist, die nicht durch eine rein monetäre Sozialpolitik zu einem gesellschaftlich wünschenswerten Versorgungsniveau kommen können" (Badelt 1997, S. 186). Immer größere Teile der volkswirtschaftlichen Ressourcen wurden seit den 70er Jahren in den Ausbau sozialer und gesundheitlicher Dienste investiert. Dies hat sowohl ökonomische als auch nichtökonomische Gründe: nachfrageseitige wie angebotsseitige Veränderungen in der Bedürfnisstruktur hervorgerufen durch gesellschaftlichen, ökonomischen und demografischen Wandel, Veränderungen von Familien- und Haushaltsstrukturen, Mobilität, Wissensfortschritte und Produktinnovationen im sozialen Sektor, aber auch durch die Überführung ehemals „privater Probleme" in „soziale". Die Entscheidung, ob ein Problem als „soziales" behandelt wird, bringt gesellschaftliche Macht- und Herrschaftsstrukturen zum Ausdruck und ist auch abhängig von der Artikulations-, Organisations- und Konfliktfähigkeit der Betroffenen oder ihrer Anwälte. Dabei muss die Zuschreibung von Behandlungsbedürftigkeit nicht mit dem Selbstverständnis der Betroffenen übereinstimmen. Auf dieser Ebene wird nicht nur definiert, was als „soziales" Problem gilt und welcher Bedarf an Leistungen besteht, hier wird auch über die verfügbaren Ressourcen und ihre Verteilung entschieden. Auf der Makro-Ebene fallen demnach kollektive Entscheidungen mit weitreichender Bedeutung für die individuellen Bedürfnisbefriedigungsmöglichkeiten. Auf der volkswirtschaftlichen Ebene gesellschaftlicher Wohlfahrtsproduktion geht es kurz gesagt um die Fragen: Warum soll was von wem für wen und wieviel wozu gemacht werden? Schönig (2015, S. 32) spricht von einer doppelten Wahlentscheidung bei der Institutionenwahl: „Bei der ersten Institutionenwahl hat die Sozialpolitik in den meisten Bereichen einen breiten Entscheidungsspielraum, der von den Sozialstaatstraditionen und praktischen Überlegungen ausgefüllt wird. Bei jedem dieser Arrangements besteht die grundsätzliche ordnungspolitische Entscheidung, wie viele Markt- und Wettbewerbselemente mit wieviel staatlicher

Steuerung kombiniert werden sollen. Dies ist die Kernthematik der komparativen Ökonomik. Eine zweite Institutionenwahl erfolgt bei der konkreten Auftragsvergabe an einen Leistungserbringer".

2.2 Diskussion auf der Meso-Ebene

Die Sozialwirtschaft ihrerseits stellt den Erbringungskontext für das Sozialmanagement und die Erstellung personenbezogener Dienstleistungen wie Soziale Arbeit dar. Im Kontext volkswirtschaftlicher Institutionenwahl geht es um den institutionellen Sinn dieses Sektors. Die Auseinandersetzung kreist um ihren Alternativencharakter, was unterscheidet die Sozialwirtschaft von der Wirtschaft, was von der öffentlichen Hand, was vom Non-Profit-Sektor und zivilgesellschaftlichem Engagement und der Haushaltsproduktion. Was ist ihr Spezifikum? Einerseits geht es um Wertorientiertes Handeln bei der Bedarfsdeckung für Zielgruppen der Sozialpolitik, andererseits auch um Gewinnerzielung durch Leistungsproduktion. Gemäß ökonomischer Erklärungsansätze der Verdrängungs- und der Heterogenitätstheorien (Badelt 2007; Powell 1987) ist die Sozialwirtschaft angesiedelt zwischen Markt-, Staats- und Philanthropieversagen. Sie bewegt sich in einem Geflecht von neokorporatistischer und wettbewerblicher Steuerung und Koopkonkurrenz (Schönig 2015). Der Sozialstaat setzt seit einiger Zeit auf der Meso-Ebene verstärkt auf den marktlichen Steuerungsmechanismus auch im sozialen Sektor durch Beförderung von „Quasi-Märkten", auf denen unterschiedliche Anbietertypen miteinander um sozialstaatliche Auftragsvergabe konkurrieren. Über die Logik des regulierten Wettbewerbs soll die Praxis der Ressourcensteuerung in allen Sozialsektoren modernisiert werden. Zu den wettbewerblichen Regulierungen zählen die Erleichterung des Markteintritts, die Gleichbehandlung aller Anbieter unabhängig von der Rechtsform hinsichtlich des Steuerrechts sowie den Zugriffsmöglichkeiten auf kostengünstige Arbeitskräfte und die Substitution der Objektförderung durch die Subjektförderung, wodurch die Stellung der Klienten im Konzert der Stakeholder der Organisationen gestärkt werden soll (Wiemeyer 2007). Nullmeier (2007, S. 97) spricht von Wohlfahrtsmärkten, worunter „alle marktförmigen wirtschaftlichen Strukturen verstanden werden, die auf die Produktion und Verteilung solcher Güter und Dienste gerichtet sind, die traditionell unter dem Schutz des Sozialstaates als Leistungen zur Schaffung sozialer Sicherheit und sozialer Gerechtigkeit standen und nunmehr teilweise oder in Gänze als Märkte nicht nur einer wettbewerbspolitischen sondern auch einer spezifisch sozialpolitischen Regulation unterliegen. Wohlfahrtsmärkte stellen soziale Leistungen bereit, aber sie sind keine reinen Märkte, auf denen zahlungsfähige private Nachfrage von privatwirtschaftlichen Anbietern befriedigt wird". Die Veränderungen in den

Allokations- und Distributionsverfahren ist zwar auf der Meso-Ebene angesiedelt, aber Ausdruck veränderter wohlfahrtkultureller Vorstellungen auf der Makro-Ebene: vom Versorgungsstaat über den schlanken Staat zum aktivierenden Staat und Gewährleistungsstaat und der Substitution neokorporatistischer Strukturen und einem veränderten Subsidiaritätsverständnis (Bauer et al. 2012, S. 816 ff.). Je mehr sich der Staat aus der unmittelbaren Herstellung sozialer Dienstleistungen auf deren Gewährleistung zurückzieht, umso mehr entsteht für ihn ein Kontrollproblem über die Höhe des erforderlichen Ressourceneinsatzes und ob die von ihm intendierten Leistungen und Leistungswirkungen auch erreicht werden. Er muss deshalb nach Lösungswegen für dieses Dilemma in der Prinzipal-Agent-Beziehung suchen. Er ist der Prinzipal, der die sozialwirtschaftlichen Unternehmen beauftragt, Leistungen bereit zu stellen. Die Leistungen sollen wirksam sein und für ihn als Kostenträger auch wirtschaftlich erbracht werden. Da er die Leistungen nicht selbst nutzt, kann er die Wirksamkeit nicht direkt feststellen. Der Staat hat nicht nur ein Informationsproblem hinsichtlich der Wirksamkeit, sondern auch hinsichtlich der Wirtschaftlichkeit bei der Leistungserstellung. Durch die Einführung neuer Spielregeln versucht er die Ausbeutbarkeit seiner Informationslücke zu minimieren, die bestehende Informationsasymmetrie aufzufangen. Ausschreibungsverfahren und Leistungsverträge lassen sich als die institutionellen Arrangements interpretieren, die dies besser gewährleisten sollen als korporatistische Vertragsgeflechte, Vertrauen in die Gemeinnützigkeit sowie überhaupt in den institutionellen Sinn von Wohlfahrtseinrichtungen. (Klenk 2015) spricht von einer „institutionellen Auszehrung des Dritten Sektors", die sich im Verlust organisationaler Autonomie, der Verdrängung von Ehrenamt und Verberuflichung sowie im Verlust der Glaubwürdigkeit manifestiere. Zum Meso-Bereich der Sozialwirtschaft gehört aber nur ein Teilsegment des Dritten Sektors, der überwiegend öffentlich finanzierte, staatsnahe Bereich der Freien Wohlfahrtspflege (Droß und Priller 2015). Neben der gemeinnützigen Wohlfahrtspflege sind auch gewinnorientierte Sozialunternehmen in der Sozialwirtschaft aktiv, was die Suche nach dem institutionalisierten Sinn der Sozialwirtschaft nicht gerade erleichtert. Boeßenecker (2014, S. 29) beschreibt die Wohlfahrtspflege im Transformationsprozess zur Sozialwirtschaft und konstatiert: „der sich hierbei herausbildende sozialwirtschaftliche Sektor bleibt gleichwohl hinsichtlich seines [!] Strukturen und inhaltlichen Optionen diffus". Die Steuerungslogik der Sozialwirtschaft muss sozialrechtlichen, sozialpolitischen, ökonomischen und ethischen Anforderungen genügen. Sie ist der ökonomische Ort der Transformation kollektiver Entscheidungen in Leistungen, mit denen in die Lebenslage von Zielgruppen der Sozialpolitik interveniert wird. Damit ist sie ein Instrument des Sozialstaats. Aus Sicht der Prinzipal-Agent-Theorie ist sie sowohl Agent staatlicher Sozialpolitik als auch Agent der Zielgruppen, die unterschiedliche Interessen verfolgen können. Der institutionalisierte Sinn der Sozialwirtschaft – so die These – liegt in der Verschränkung der unterschiedlichen Interessen bei Kontrolle des Eigeninteresses mit dem Ziel synergetischer Nutzenstiftung. Die Sozialwirtschaft agiert aber nicht nur als Agent des Sozialstaats. Gerade die Organisationen der freien Wohlfahrtspflege haben sich seit jeher um Menschen in Notlagen gekümmert. „Dritte-Sektor-Organisationen sind in ihrem Selbstverständnis jedoch nicht nur Dienstleister für den Sozialstaat. Sie übernehmen auch sozialanwaltschaftliche Funktionen und verstehen sich als Solidaritätsstifter" (Klenk 2015; Lingenfelser 2011). Im Fall wohltätiger Fremdhilfe kommt ein güteraltruistisches Verhalten zum Ausdruck. Die Zielgruppen erhalten Transfers in Form von Sach- und Dienstleistungen, die aus Sicht der Geber für die Zielgruppe nützlich sind. Die Sozialwirtschaft agiert hier als Agent quasi ohne Auftrag, aber auf Grundlage eigener weltanschaulicher oder religiöser Überzeugungen. Das ist philanthropischer Paternalismus. In den sozialwirtschaftlichen Sektor gehört aber auch die solidarische Selbsthilfe. Gerade die genossenschaftlich organisierte Form der Wohlfahrtsproduktion kommt ohne Paternalismus aus und eröffnet durch ihr Identitäts-, Demokratie-, Förder- und Selbstverwaltungsprinzip günstige Bedingungen für die Schaffung individueller Wohlfahrt und sozialer Wohlfahrtswirkungen (Finis Siegler 2009). Die Sozialwirtschaft erweist sich als ein eigener, in sich heterogener Sektor in einem pluralistisch organisierten System der Wohlfahrtsproduktion. Institutionenökonomisch ist die Sozialwirtschaft der Bereich ökonomischer Wertschöpfung, der sich auf der Grundlage politischer und rechtlich normativer Wertsetzungen an den privaten lebensweltlichen Bedürfnissen orientiert und unterschiedliche Handlungslogiken miteinander verbindet (Grenzdörffer und Bauer 1998, S. 287 ff.).

2.3 Diskussion auf der Mikro-Ebene

Das Management sozialwirtschaftlicher Organisationen steht folglich vor der Aufgabe die einzelwirtschaftlichen Interessen mit der sozialwirtschaftlichen Verantwortung auszutarieren. „Systemisch betrachtet muss es den Sozialunternehmen gelingen, ihre Sachzieldominanz (stakeholder-orientierte Erfüllung des Versorgungsauftrages) auch unter den Bedingungen verschärfter Wettbewerbsbedingungen und vertiefter Marktorientierung operativ und strategisch (Formalziele) zu erhalten. Sonst droht unternehmenskulturell der Verlust der bisherigen unternehmensphilosophischen Identität" (Schulz-Nieswandt 2007, S. 55). Die einzelnen sozialwirtschaftlichen Organisationen sind autonome soziale Systeme mit eigener Handlungslogik, die von Wöhrle (2003, S. 141 f.) als mehrwertig beschrieben wird. Sie unterscheiden sich zwar nach Organisationstyp und Rechtsform, haben aber alle ein Selbstreproduktionsinteresse und suchen den unternehmerischen

Erfolg. Das gilt auch für die Organisationen, die interorganisatorische Kooperationsbeziehungen in Form von Netzwerken bilden. Die Situation nicht-schlüssiger Tauschbeziehungen stellt jeden Organisationstyp vor die Frage, wie er einerseits den Anforderungen der Leistungsfinanzierer/Kostenträger gerecht wird, um beispielsweise bei öffentlichen Ausschreibungen zu punkten, gleichzeitig aber auch den Bedürfnissen der Nutzer der Dienstleistungen zu entsprechen und fachlichen Ansprüchen zu genügen. Lob-Hüdepohl (2007, S. 113) beschreibt „das Profil sozialwirtschaftlicher Organisationen: „als *intermediäre[n] gemeinwohlorientierte[n], partizipatorisch strukturierte[n] Non-Profit-Institutionen*, [denen] im Wohlfahrtsmix aus marktlich operierenden Unternehmen, dem Staat und den informellen Netzwerken der Familien bei der gesamtgesellschaftlichen Wohlfahrtsproduktion eine unaufgebbar vermittelnde Funktion zu[komme]". Ähnlich argumentiert (Brinkmann 2010a) in seinem Beitrag zur intermediären Leistungserstellung sozialwirtschaftlicher Organisationen. Allerdings sind auch explizit gewinnorientierte Organisationen durch ein gewandeltes Subsidiaritätsverständnis Teil der Sozialwirtschaft geworden. Überwiegend geschieht das Sozialwirtschaftliche, weil der Sozialstaat/die Sozialpolitik Handlungsbedarf sieht. Konkret gehandelt wird in den sozialwirtschaftlichen Organisationen, die für einen sozialstaatlich definierten Bedarf ein Angebot erstellen, das als meritorisches Güter- und Dienstleistungsangebot von den Klienten genutzt werden soll. Die Organisationen werden zur Realisierung wohlfahrtspolitischer Ziele instrumentalisiert, was sich in einer gespaltenen Nachfrage nach ihren Leistungen von öffentlichem Leistungsfinanzierer einerseits und Leistungsempfangenden Klienten andererseits widerspiegelt (Wiese 2009). Das beinhaltet die Gefahr, dass nicht mehr die Bedürfnisse der Nutzer und deren angemessene Befriedigung durch soziale Dienstleistungsproduktion im Fokus organisationalen Handelns steht, sondern Eigeninteressen der Organisation und ihres Personals an einer möglichst kostengünstigen Dienstleistungserstellung. Sie werden sich eher an den Anforderungen und Erwartungen der Sozialleistungsträger als Geldgeber orientieren und weniger an den Interessen der Zielgruppe. „Die Interessen der Betroffenen bleiben zweitrangig in einer vom Staat fremdbestimmten Bedarfsfestlegung" (Meyer 2010, S. 92). Dies wiegt umso schwerer, wenn es um personenbezogene Dienstleistungen geht, an deren Produktion sie als Prosumenten unmittelbar beteiligt sind. Möhring-Hesse (2008, S. 158) spricht gar von „zwei Welten der Sozialen Dienste: der Scheinwelt der Kennzahlen in der Kommunikation zwischen Sozialstaat und den von ihm beauftragten und kontrollierten Leistungserbringern steht eine Welt der zwischen Dienstleistern und Dienstleistungsnehmern ausgehandelten und coproduzierten Dienstleistungen gegenüber". Letzte blieben geheim, wodurch dem Sozialstaat auch Wissen verloren ginge über die Grenzen und Defizite der angebotenen Leistungen sowie den Veränderungsbedarf.

2.4 Diskussion auf der Nano-Ebene

Die Nano-Ebene behandelt das interaktive Verhältnis von Fachkraft und Klient bei der Leistungserstellung. Für Kaufmann (2005, S. 233) ist die interaktive Ebene die relevante Ebene, auf der sich entscheidet, ob die von der Sozialpolitik intendierten individuellen Wohlfahrtswirkungen erzielt werden, ob die sozialpolitischen Ziele der Verbesserung der individuellen Lebenslage und der gerechten Verteilung der Lebenslagen in der Gesellschaft erreicht wird. Gerade diese Ebene entziehe sich aber weitgehend politischer Einflussnahme. Aus Sicht der Sozialpolitik handelt es sich um intentionale Eingriffe in soziale Zusammenhänge. Damit die Leistungen des Wohlfahrtssektors individuelle Wirkungen zeigen können, müssen sie von den Individuen zuerst beantragt werden. Maßstab für die sozialpolitische Effektivität sozialer Dienstleistungen ist, dass die Bedürftigsten mit den Leistungen auch erreicht werden. De facto ist das häufig aber gerade nicht der Fall.

Die dienstleistungsökonomische Beziehung zwischen Fachkraft und Klient erfolgt vor dem Hintergrund von im politisch-administrativen System bestimmten Zuschreibungen von Bedürfnissen und Hilfebedürftigkeiten. Da die konkrete Dienstleistungsbeziehung eingebettet ist in vertragliche Beziehungen zwischen Kostenträger und Leistungsanbieter müssen die Fachkräfte vor Ort ihr Handeln sowohl an den Interessen der Klienten als auch der Kostenträger ausrichten. Das Feld personenbezogener sozialer Dienstleistungen ist der Ort sozialer Interventionen in Form direkter oder indirekter Interaktionen zwischen den Zielgruppen der sozialstaatlichen Politik und den mit den Eingriffen in spezifische soziale Kontexten Beauftragten. Hier liegt für Kaufmann (1999, S. 933) ein zentrales Handlungsfeld für Soziale Arbeit. „Allerdings sind nicht die direkt handelnden Personen in der sozialen Arbeit alleine für die Beziehungsgestaltung zuständig. Vielmehr werden Ziele sozialer Arbeit heute immer stärker von denjenigen bestimmt, die die Kosten dafür tragen. Und vielfach werden in Zielvereinbarungen, Rahmenkonzepten und Förderrichtlinien konkrete Ziele benannt, die darauf abzielen, bei Einzelnen Veränderungen herbeizuführen (...) ohne zuerst die Ziele derjenigen, die diese Arbeit in Anspruch nehmen, zu erfragen und dann mit ihnen gemeinsam in Augenhöhe Ziele und Schritte zu vereinbaren" (Schmitz 2014, S. 84). Die leistungsempfangenden Klienten erscheinen als Objekt der Leistungserstellung, deren individuelle Bedürfnisse in einen vordefinierten Bedarf auf der Nano-Ebene eingepasst werden müssen, wozu ein Mindestmaß an Mitwirkung erforderlich ist. Aus Sicht der sozialwirtschaftlichen Organisationen, die das Angebot für den vordefinierten Bedarf bereithalten, werden die Klienten des Sozialstaats so zu Koproduzenten der Fachkräfte. Sie werden Teil des sozialen Wertschöpfungsprozesses (Kortendieck 2017). Schaarschuch (2003) kritisiert diese Positionsbestimmung und fordert einen strukturellen Primat der Nutzerseite. Entscheidend sei der Gebrauchswert der Dienstleistungen aus der Sicht der Nutzer vor dem Hintergrund ihrer individuellen Lebensführung. Erst die subjektive Problemdefinition wird zum Auslöser von Suchprozessen nach zusätzlichem Wissen, Orientierung und Hilfe. Die Nachfrage nach sozialen Dienstleistungen, das Auftreten eines potentiellen Klienten bei einem Anbieter sozialer Dienstleistungen hängt nach Kaufmann et al. (1980) von seiner Berechtigungs-, Nutzen- und Kostenorientierung ab. Die Berechtigungsorientierung ist ihrerseits voraussetzungsvoll. Sie verlangt ein Wissen über vermutete Rechtsansprüche, die Organisation der relevanten Infrastruktur und der Zuständigkeiten sowie der Angebote. Der Klient muss also erwarten können, dass die Dienstleistung für die Bearbeitung seines Problems, wie es sich aus seiner Wahrnehmung darstellt, hilfreich ist. Dies stellt bei Glaubens- und Vertrauensgütern, die auch ein hohes commitment des Nutzers voraussetzen, eine besondere Herausforderung dar. Zu den strukturellen Merkmalen der Interaktionssituation gehört die Asymmetrie der Beziehung. Damit von den Leistungen individuelle und soziale Wirkungen ausgehen können, muss es gelingen beim Klienten eine Akzeptanz zu erzeugen, die über die Mitwirkung beim Dienstleistungserstellungsprozess hinausgeht. Dies gilt unabhängig davon, ob der Klient die Primärnachfrage selbst ausgelöst hat oder er von Dritten zur Nachfrage verpflichtet wurde. Dass individuelle Präferenzen für soziale Dienstleistungen nur eine eingeschränkte Rolle spielen, zeigt sich nicht nur darin, dass sich ihr Angebot nach kollektiv festgelegten Bedarfen richtet, sondern bei einem beachtlichen Teil der angebotenen Leistungen auch darin, dass Klienten veranlasst werden können eine nicht als individuelle Bedürfnisbefriedigung empfundene Dienstleistung nutzen zu müssen (Finis Siegler 2001, S. 249).

Der Klient hat im Leistungsgeschehen aber eine Doppelrolle. Er ist gleichzeitig *Pro*duzent und Kon*sument;* denn als Klient kann er die Dienstleistung, die er nachfragt, um ein Bedürfnis zu befriedigen, überhaupt nur konsumieren, wenn er sie selbst mitherstellt. Aus produktionstheoretischer Sicht ist er der externe Faktor, der für die objektbezogene Leistungserstellung notwendig in den Produktionsprozess integriert werden muss. Klienten werden so aber zu handelnden Subjekten einer interaktiven Leistungserstellung. Als Prosumenten verlassen sie die Objektrolle. Sie sind Produzenten ihrer individuellen Wohlfahrt.

2.5 Diskussion auf der individuellen Ebene

Als Personen geht es den Klienten um ihr individuelles Wohlergehen. Sie treffen vor dem Hintergrund ihrer Lebenslage individuelle Entscheidungen über den Einsatz der ihnen zur Verfügung stehenden ökonomischen und nicht ökonomischen Ressourcen zur Befriedigung ihrer Bedürfnisse. Bedürfnisse können in der

Familie und in sozialen Netzwerken befriedigt werden, wenn diese Ressourcen zur Verfügung stehen. Die Verfügung über finanzielle Ressourcen erlaubt die Bedürfnisbefriedigung über Märkte. Die Sozialpolitik eröffnet über rechtliche, ökonomische, ökologische und pädagogische Interventionen in die Lebenslage weitere Möglichkeiten für einzelne und Gruppen zur Verbesserung ihrer individuellen Wohlfahrtsposition zu kommen. Menschen entscheiden vor dem Hintergrund ihrer Lebenserfahrung, ihres Lebensumfeldes, ihres Informations- und Wissensstandes sowie ihres Aspirationsniveaus über den Einsatz ihrer Ressourcen und über Art und Ort der Inanspruchnahme von (Unterstützungs-)Leistungen, um Bedürfnisse zu befriedigen. Die in den Entscheidungen zum Ausdruck kommenden Präferenzen sind Ergebnis von Lernprozessen und realisierten Nutzenerwartungen. Die Fähigkeiten zur Bewertung, Auswahl und Kombination von Handlungen, die Bildung von Handlungspräferenzen, werden in Sozialisationsprozessen erworben. Dieses Wissen formt die Handlungspotentiale, so dass der einzelne zu lebenslagegemäßen Entscheidungen in der Lage ist. Menschen in defizitären Lebenslagen verfügen nur über reduzierte Handlungsmöglichkeiten. Die Befriedigung von Bedürfnissen hängt also nicht nur von der Verfügbarkeit von ökonomischen, infrastrukturellen und sozialen Ressourcen ab, sondern auch von der Möglichkeit Bedürfnisse artikulieren, Präferenzen entwickeln und formulieren zu können. „Die Inanspruchnahme wohlfahrtsstaatlicher Leistungen setzt Handlungskompetenz voraus, was genau dann problematisch ist, wenn die Herstellung von Handlungskompetenz selbst das Ziel von Maßnahmen ist" (Ferger 2015, S. 21). Nicht immer werden die Präferenzen und die artikulierten Bedürfnisse der Person aber so akzeptiert, und es wird bei den Klienten eine eingeschränkte Handlungskompetenz konstatiert. Selbstschädigung oder Schädigung Dritter gilt als Rechtfertigung für Interventionen in die Nutzenfunktion. Personen werden verpflichtet bestimmte Leistungen für die sie keine Präferenz haben zu nutzen. Hier kollidiert die individuelle Wohlfahrt mit paternalistischer Fremdbestimmung. Bei der Nachfrage und Inanspruchnahme von personenbezogenen sozialen Dienstleistungen ist die Konsumentensouveränität der Klienten zwar eingeschränkt, aber sie bleiben Prosumenten. Hier konkretisiert sich das Sozialwirtschaftliche in der Art und Weise wie der Sozialstaat und seine sozialwirtschaftlichen Agenten auf die Entwicklung von Bedürfnissen, Bedarfen und Präferenzen der Zielgruppen der Sozialpolitik einwirken. Statt eines defizitorientierten Ansatzes paternalistischer Bevormundung käme ein ressourcenorientierter der Herstellung von Handlungsspielräumen einer Neuausrichtung sozialwirtschaftlichen Handelns gleich (Finis Siegler 2017). „Denn es geht – auch mit Blick auf die Bedürfnisse – weniger um tatsächlich realisierte Zustände, sondern um realisierbare Möglichkeitsspielräume. Während die Kehrseite einer Orientierung an Bedürftigkeit typischerweise in einer paternalistischen Wohlfahrtsgeste – namentlich Bedürftigkeitsprüfungen (einschließlich entsprechender Kontrollbürokratien) mit Blick auf Wohlfahrtsleistungen – besteht, erlaubt die Erhebung von Ansprüchen auf Basis eines universalistischen Rechts auf Autonomie die Privatheit, Integrität und schließlich auch die Würde von Individuen eher zu wahren, als eine Erhebung von Ansprüchen auf Basis des ambivalenten Parameters der Bedürftigkeit" (Ziegler et al. 2012, S. 305). Sozialwirtschaftliches Geschehen auf der individuellen Ebene hätte sich daran messen zu lassen, inwieweit es Menschen nicht nur Zugang zu einem guten Leben ermöglicht, sondern sie auch in die Lage versetzt, sich für ein gutes Leben und Handeln zu entscheiden (Nussbaum 2014, S. 24).

2.6 Sozialwirtschaftliches Geschehen und Institutionenwahl

Die Beschäftigung mit der Sozialwirtschaft aus einer Mehr-Ebenen-Perspektive zeigt, dass die Sozialwirtschaft eng mit der Sozial- und Wirtschaftsordnung verflochten ist, was nicht ohne Auswirkungen auf das Sozialmanagement der Organisationen bleiben kann, die unternehmensintern personenbezogene Dienstleistungen herstellen, mit denen die Lebenslage der an der Herstellung der Dienstleistung beteiligten Menschen beeinflusst werden soll. Die Einwirkung auf die individuelle Lebenslage wird nicht nur mit individuellem Wohlergehen begründet, sondern auch mit den positiven externen Effekten für die Gesellschaft, weshalb ein Teil der volkswirtschaftlichen Ressourcen Im Wege kollektiver Entscheidungen für die sozialen Dienstleistungen zur Verfügung gestellt wird. Diese Entscheidungen sind wesentlich von der konkreten Ausgestaltung des wohlfahrtsstaatlichen Regimes abhängig. Der Einsatz der Ressourcen in der Sozialwirtschaft wird bedarfsabhängig und nicht konsumentenabhängig gesteuert und verlangt vom Management der sozialwirtschaftlichen Organisationen den Einsatz betriebswirtschaftlicher Instrumente. Da der Unternehmenserfolg aber auch von der Inanspruchnahme der Leistungen durch die Zielgruppen abhängt, weil ohne deren Mitwirkung gar keine personenbezogenen Dienstleistungen erstellt werden können, kommt es darauf an, die Dienstleistungsbeziehung möglichst dialogisch zu gestalten und die Klienten an der Bedarfsbestimmung zu beteiligen. Eine effektive Dienstleistungsbeziehung ist folglich ein wichtiger Baustein für die Erfüllung des sozialen Auftrags und trägt zur Sicherung des Unternehmenserfolgs bei.

Wenn von der Sozialwirtschaft als einer alternativen Institutionenwahl die Rede ist, stellt sich die Frage, worin nun der komparative Vorteil der Sozialwirtschaft liegt? Für die Beantwortung dieser Frage kann die mehr-perspektivische Betrachtung des sozialwirtschaftlichen Geschehens Hinweise geben. Die Sozialwirtschaft wird in der Literatur als ein eigener Sektor in einem pluralistisch organisierten System der Wohlfahrtsproduktion beschrieben, der wie die obigen Ausführungen zeigen, in sich selbst sehr heterogen ist. Er inkludiert Teile des Dritten Sektors in Sonderheit die Organisationen der freien Wohlfahrtspflege, die traditionell aus eigenem Antrieb wohltätige Fremdhilfe geleistet haben und neben der sozialstaatlich veranlassten Hilfe auch noch immer leisten, kommunale Organisationen und Organisationen solidarischer Selbsthilfe wie Sozialgenossenschaften sowie privat-gewerbliche Unternehmen. Sie alle erstellen personenbezogene soziale Dienstleistungen, die meisten von ihnen im Rahmen nicht-schlüssiger Tauschbeziehungen. Sie müssen sich an sozialrechtlichen, sozialpolitischen, ethischen und ökonomischen Anforderungen orientieren, weil die Güter und Dienstleistungen, die sie erstellen, zum Typ meritorische Güter gehören. Für meritorische Güter und Dienstleistungen sind Probleme von Präferenzunsicherheit und Informationsasymmetrien charakteristisch. Aus volkswirtschaftlicher Sicht sind mit der Bereitstellung dieser Leistungen unterschiedliche Organisations- und Transaktionskosten verbunden, die der Sozialwirtschaft komparative Vorteile gegenüber einer rein staatlichen, marktlichen oder philanthropischen Allokation verschaffen.

Die Wahl eines institutionellen Arrangements ist aber nicht nur eine Frage ökonomischer Vorteilhaftigkeit, sondern auch eine Wertentscheidung. Diese Wertentscheidung macht den institutionellen Sinn der Sozialwirtschaft aus. Aufgrund der Heterogenität des sozialwirtschaftlichen Sektors ist gegenwärtig aber nicht mehr klar erkennbar, worin diese Wertentscheidung besteht (s. auch Bauer et al. 2012, S. 827 f.). Weiter vorne wurde die These vertreten, dass der institutionelle Sinn in der Verschränkung der unterschiedlichen Interessen von Staat/Kostenträger und Person/Leistungsempfänger bei Kontrolle des Eigeninteresses der sozialwirtschaftlichen Organisationen liegt mit dem Ziel synergetischer Nutzenstiftung. In diesem normativen Verständnis geschieht Sozialwirtschaftliches durch intermediäre Organisation und Transformation eines sozialstaatlich definierten Bedarfs in ein Angebot an meritorischen Leistungen, das von den Klienten nicht als Fremdbestimmung, sondern als Erweiterung ihrer Handlungsspielräume wahrgenommen werden kann und umgekehrt durch intermediäre Organisation und Transformation meritorischer Bedürfnisse der Klienten in eine meritorische Nachfrage für die ein Bedarf dann auch politisch festgestellt wird. Die Wahrnehmung dieser doppelten Vermittlerrolle zwischen Makroebene des Sozialstaats und individueller Ebene der Personen setzt voraus, dass die Sozialwirtschaft die bestehenden Präferenzunsicherheiten und Informationsasymmetrien sowohl gegenüber den sozialstaatlichen Institutionen als auch den Zielgruppen der Sozialpolitik nicht ausnutzt und ihr Eigeninteresse durch Selbstbindung kontrolliert. So kann sie zur Synergie von individuellem und gesellschaftlichem Nutzen beitragen und damit zur Wohlfahrt.

Literatur

Badelt, C. (1997). Soziale Dienstleistungen und der Umbau des Sozialstaats. In R. Hauser (Hrsg.), *Reform des Sozialstaats I.*, Schriftenreihe des Vereins für Socialpolitik (S. 181–220). Bd. 251/I. Berlin: Duncker und Humblot.
Badelt, C. (Hrsg.) (2007). *Handbuch der Nonprofit Organisationen. Strukturen und Management.* 4., überarb. Aufl., Stuttgart: Schäffer-Poeschel.
Bauer, R., Dahme, H.-J., & Wohlfahrt, N. (2012). Freie Träger. In W. Thole (Hrsg.), *Grundriss Soziale Arbeit* (S. 813–829). Wiesbaden: VS Verlag für Sozialwissenschaften.
Boeßenecker, K.-H. (2014). An Morgen denken – Zukunft sichern! Die Wohlfahrtspflege im Transformationsprozess zur Sozialwirtschaft. Empirie – Trends – Herausforderungen. In V. Brinkmann (Hrsg.), *Sozialwirtschaft und Soziale Arbeit im Wohlfahrtsverband. Tradition, Ökonomisierung und Professionalisierung* (S. 29–49). Berlin: LIT.
Brinkmann, V. (2010a). Das Konzept der intermediären Leistungserstellung. Ein Beitrag zur Theorie intermediärer Engagements in der Sozialwirtschaft. In W. R. Wendt (Hrsg.), *Wohlfahrtsarrangements. Neue Wege in der Sozialwirtschaft.* Buchreihe Forschung und Entwicklung in der Sozialwirtschaft (S. 101–114). Bd. 6. Baden-Baden: Nomos.
Brinkmann, V. (2010b). *Sozialwirtschaft. Grundlagen – Modelle – Finanzierung.* Wiesbaden: Gabler.
Droß, P. J., & Priller, E. (2015). Neue Rahmenbedingungen für Subsidiarität und ihre Auswirkungen auf Dritte-Sektor-Organisationen. In *Sozialer Fortschritt* 6, 149–155.
Ferger, F. (2015). *Bildungsarmut als soziales Problem. SFB 882 Working Paper Series.* Bielefeld.
Finis Siegler, B. (2001). Soziale Arbeit als Praxis der Wohlfahrtsproduktion – eine Problemskizze. Inf. Schulz-Nieswandt (Hrsg.), *Einzelwirtschaften und Sozialpolitik zwischen Markt und Staat in Industrie- und Entwicklungsländern. Festschrift für Wener Wilhelm Engelhardt zum 75. Geburtstag* (S. 245–256). Marburg: Metropolis.
Finis Siegler, B. (2009). Genossenschaftlich organisierte Wohlfahrtsproduktion in der Mehr-Ebenen-Betrachtung. In H. J. Rösner & H. J. Schulz-Nieswandt (Hrsg.), *Beiträge der genossenschaftlichen Selbsthilfe zur wirtschaftlichen und sozialen Entwicklung. Teilband 1.* Buchreihe Neue Kölner Genossenschaftswissenschaft (S. 189–198). Bd. 5. Berlin: LIT.
Finis Siegler, B. (2011). Kommentare aus Sicht der Volkswirtschaft. Was leistet das Social Impact-Modell (SIM)? In A. Fritze, B. Maelicke, & B. Uebelhart (Hrsg.), *Management und Systementwicklung in der Sozialen Arbeit.* Buchreihe Edition Sozialwirtschaft (S. 413–421). Bd. 34. Baden-Baden: Nomos.
Finis Siegler, B. (2017). Meritorik in der Sozialwirtschaft. Warum die Sozialwirtschaft ein anderes Ökonomiemodell braucht. In W. Grillitsch, P. Brandl, & S. Schuller (Hrsg.), *Gegenwart und Zukunft des Sozialmanagements und der Sozialwirt-*

schaft. Aktuelle Herausforderungen, strategische Ansätze und fachliche Perspektiven (S. 35–57). Wiesbaden: Springer VS.
Grenzdörffer, K., & Bauer, R. (1998). Werte-Schaffen im intermediären Bereich. In W. Elsner, W. W. Engelhardt, & W. Glastetter (Hrsg.), Ökonomie in gesellschaftlicher Verantwortung. Sozialökonomik und Gesellschaftsreform heute. Festschrift zum 65. Geburtstag von Siegfried Katterle. Volkswirtschaftliche Schriften (S. 287–314). Berlin: Duncker und Humblot.
Kaufmann, F.-X. (1999). Konzept und Formen sozialer Intervention. In G. Albrecht, A. Groenemeyer, & F. W. Stallberg (Hrsg.), Handbuch Soziale Probleme (S. 921–940). Opladen u. a.: Westdeutscher Verlag.
Kaufmann, F.-X. (2005). Sozialpolitik und Sozialstaat. Soziologische Analysen. 2., erw. Aufl., Wiesbaden: VS Verlag für Sozialwissenschaften.
Kaufmann, F.-X., Herth, A., & Strohmeier, K.-P. (1980). Sozialpolitik und familiale Sozialisation. Zur Wirkungsweise öffentlicher Sozialleistungen. Schriftenreihe des Bundesministeriums für Familie, Jugend und Gesundheit, 76, Stuttgart u. a.: Kohlhammer.
Klenk, T. (2015). Zur Ambivalenz der neuen Subsidiarität. In Sozialer Fortschritt 6, 144–149.
Knecht, A. (2010). Lebensqualität produzieren. Ressourcentheorie und Machtanalyse des Wohlfahrtsstaats. Wiesbaden: VS Verlag für Sozialwissenschaften.
Kortendieck, G. (2017). Klienten als (Teilzeit)Mitarbeitende. In W. Grillitsch, P. Brandl & S. Schuller (Hrsg.), Gegenwart und Zukunft des Sozialmanagements und der Sozialwirtschaft. Aktuelle Herausforderungen, strategische Ansätze und fachliche Perspektiven (S. 287–302). Wiesbaden: Springer VS.
Lingenfelser, S. (2011). Freie Wohlfahrtspflege in Deutschland. Sozialwirtschaftliches Handeln zwischen ethischen und ökonomischen Anforderungen. Marburg: Metropolis.
Lob-Hüdepohl (2007). Vermarktlichung des Sozialstaats? – Anmerkungen aus sozialethischer Sicht. Korreferat zu Frank Nullmeier. In D. Aufderheide & M. Dabrowski (Hrsg.), Markt und Wettbewerb in der Sozialwirtschaft. Wirtschaftsethische und moralökonomische Perspektiven für den Pflegesektor (S. 109–119). Berlin: Duncker und Humblot.
Meyer, D. (2010). Ausschreibungen und personenbezogene Budgets als neue Steuerungsmodelle in der Sozialwirtschaft. Plädoyer für die Ausweitung von Marktkonzepten bei sozialen Diensten. In Zeitschrift für Sozialreform, 56, 85–111.
Möhring-Hesse (2008). Verbetriebswirtschaftlichung und Verstaatlichung. Die Entwicklung der Sozialen Dienste und der Freien Wohlfahrtspflege. In Zeitschrift für Sozialreform, 54, 141–160.
Nullmeier, F. (2007). „Vermarktlichung des Sozialstaats?". In D. Aufderheide & M. Dabrowski (Hrsg.), Markt und Wettbewerb in der Sozialwirtschaft. Wirtschaftsethische und moralökonomische Perspektiven für den Pflegesektor (S. 97–108) Berlin: Duncker und Humblot.
Nussbaum, M. C. (2014). Gerechtigkeit oder das gute Leben. In P.-S. Herlinde (Hrsg.), Übersetzt von Ilse Utz: Gender Studies in der Edition Suhrkamp, Neue Folge, Bd. 739, 8. Aufl., Frankfurt a. M.: Suhrkamp.

Powell, W. W. (Hrsg.) (1987). *The Nonprofit Sector. A Research Handbook.* New Haven u. a.: Yale University Press.

Schaarschuch, A. (2003). Die Privilegierung des Nutzers. Zur theoretischen Begründung sozialer Dienstleistung. In T. Olk & H.-U. Otto (Hrsg.), *Soziale Arbeit als Dienstleistung. Grundlegung, Entwürfe und Modelle* (S. 150–169). Neuwied u. a.: Luchterhand.

Schmitz, N. (2014). Wohin steuert soziale Arbeit. In V. Brinkmann (Hrsg.) *Sozialwirtschaft und Soziale Arbeit im Wohlfahrtsverband. Tradition, Ökonomisierung und Professionalisierung* (S. 81–114). Berlin: LIT.

Schönig, W. (2015). *Koopkurrenz in der Sozialwirtschaft. Zur sozialpolitischen Nutzung von Kooperation und Konkurrenz.* Weinheim u. a.: Beltz Juventa.

Wendt, W. R. (2003). *Sozialwirtschaft – eine Systematik.* Baden-Baden: Nomos.

Wiemeyer, J. (2007). „Besonderheiten der Sozialwirtschaft – Grenzen des Wettbewerbs?". In D. Aufderheide & M. Dabrowski (Hrsg.), *Markt und Wettbewerb in der Sozialwirtschaft. Wirtschaftsethische und moralökonomische Perspektiven für den Pflegesektor* (S. 125–148). Berlin: Duncker und Humblot.

Wiese, B. (2009). *Konsumentensouveränität im Bereich sozialer Dienstleistungen: ein Mittel zur sozialen Integration? Eine qualitative Studie am Beispiel der Obdach- und Wohnungslosenhilfe.* Humboldt-Univ., Diss. Berlin, 2008. Frankfurt am Main u. a.: Lang (Europäische Hochschulschriften Reihe 5, Volks- und Betriebswirtschaft, 3327). http://www.gbv.de/dms/zbw/602003393.pdf Zugegriffen: 8. August 2017.

Wöhrle, A. (2003). *Grundlagen des Managements in der Sozialwirtschaft.* Baden-Baden: Nomos.

Ziegler, H., Schrödter, M., & Oelkers, N. (2012). Capabilities und Grundgüter als Fundament einer sozialpädagogischen Gerechtigkeitsperspektive. In W. Thole (Hrsg.), *Grundriss Soziale Arbeit* (S. 297–310). Wiesbaden: VS Verlag für Sozialwissenschaften.

Soziales Wirtschaften im Beziehungsgefüge seiner Akteure

Wolf Rainer Wendt

Abstract

Sozial gewirtschaftet wird gemeinsam mit dem Ziel der Deckung von Versorgungsbedarf. Daran sind viele Akteure und Stakeholder beteiligt. Mit ihren Dispositionen auf den Ebenen politischer Regulierung, betrieblicher Leistungserbringung und informellen und professionellen Wirkens bestimmen sie das Geschehen. Nachgegangen wird dem sozialen Wirtschaften in Mitgliederorganisationen und in Diensten im öffentlichen Auftrag sowie in der Relation von Leistungsträgern, Sozialunternehmen und ihren Nutzern. Einzubeziehen sind deren Eigenleistungen und die Alimentierung personenbezogener Wohlfahrt im System der sozialen Sicherung. Das Beziehungsgefüge aller Beteiligten strukturiert die Sozialwirtschaft.

Die Theorie sozialen Wirtschaftens legt ihrem Gegenstandsbereich bestimmte Beziehungen des Sorgens unter Menschen und im Verhältnis zu ihnen bestimmte Beziehungen von und zu Akteuren der Versorgung zugrunde. Vorgefunden wird ein horizontal und vertikal strukturiertes Gefüge bedarfsbezogener Interaktion von Personen miteinander und untereinander, von Organisationen, zuständigen Stellen und Unternehmen. So wie sich die Sozialwirtschaft wohlfahrtsdienlich entfaltet hat, können nicht einzelne dienstleistende Unternehmen für sich allein beanspruchen, die Sozialwirtschaft zu repräsentieren; tatsächlich geschieht sie in Wahrnehmung sozialer Aufgaben und in Diensten am Menschen unter vielseitiger Beteiligung. Die Prozesse sozialen Wirtschaftens sind an ein Beziehungsgefüge auf und zwischen mehreren Ebenen der sozialen Politik, sozialen Organisation und personenbezogenen Arbeit gebunden.

1 Ein Gefüge des Sorgens und der Versorgung

Im Rahmen sozialen Wirtschaftens werden je nach dem Bedarf, der sich ausmachen lässt, Personen versorgt und sie sorgen für sich selber. *Care* kommt zu *care*. Unterstellt wird eine informelle und formelle Ordnung, in der die Akteure des Sorgens und der Versorgung miteinander zu tun haben. Mit diesem Theorem wird in der Sozialwirtschaftslehre ausgesagt, dass die Aufgabenstellung und die Aufgabenerfüllung mehrseitiger und mehrdimensionaler Natur ist. Es gibt

- unmittelbar Betroffene mit materiellem, sozialem oder gesundheitlichem Bedarf, die sich individuell oder gemeinschaftlich selber helfen,
- Fachkräfte, die sich beruflich kümmern, zumeist nicht selbständig, sondern in Diensten und Einrichtungen beschäftigt,
- gemeinnützige Vereine und Verbände, die dienstleistende Strukturen unterhalten,
- gewerbliche Anbieter von sozialen und gesundheitlichen Dienstleistungen,
- Leistungsträger mit ihren Ämtern und Agenturen,
- zivilgesellschaftliche Organisationen, die auf sozialem Gebiet Interessen vertreten,
- freiwillig Helfende und bürgerschaftlich Engagierte,
- (erwerbswirtschaftliche) Unternehmen, die mittelbar ihre soziale Verantwortung (CSR) wahrnehmen und Leistungen erbringen,
- der Staat und die Gebietskörperschaften, die für die öffentliche Daseinsvorsorge zuständig sind.

Bloß eine Gemengelage bietet diese Vielfalt nicht, denn sie ist systematisch eingebunden in das sozialrechtliche Leistungssystem und in die darüber hinausreichende sozialstaatliche Daseinsvorsorge. Die Systematik ist historisch gewachsen, und eine Ordnung der Beziehungen zwischen beteiligten Akteursgruppen hat sich in den letzten hundert Jahren etabliert und wandelt sich in Deutschland und anderen Ländern mit Reformen im Sozial- und Gesundheitswesen nur schrittweise. Die Agenda 2010 war einer der größeren Schritte. Dem vorhandenen Beharrungsvermögen soll jüngst mit einer Reihe von „Stärkungsgesetzen" abgeholfen werden. Die Regulierung des Systems der Versorgung impliziert ökonomisch stets Veränderungen im Ressourceneinsatz.

Das ganze Gefüge lässt sich als sozialwirtschaftliche Struktur und als ein Geschehen betrachten, das von sozialen Intentionen und ökonomischen Dispositionen durchzogen ist. Die soziale Aufgabenstellung wird bewirtschaftet. Daran sind die einzelnen

- *Personenhaushalte* auf der Mikroebene,
- *betriebliche Haushalte* von dienstleistenden Organisationen auf der intermediären Ebene und
- die *öffentlichen Haushalte* von Staat und Kommunen auf der Makroebene samt den Parafisci von öffentlich-rechtlichen Leistungsträgern beteiligt.

Von allen haushaltenden Akteuren erfolgt eine Zuweisung (Allokation) von Mitteln und ihre Verteilung (Distribution) auf soziale Verwendungszwecke.
Die dispositiven Entscheidungsvorgänge finden wir

- auf der Makroebene politisch regulierter und zivilgesellschaftlich diskutierter Bereitstellung und Ausgestaltung der Infrastruktur des Sozial- und Gesundheitswesens,
- auf der Mesoebene der organisierten Leistungserbringung durch diverse Akteure der Wohlfahrtspflege
- und auf der Mikroebene des humandienstlichen Einsatzes und informeller Problembearbeitung vor.

Sozialwirtschaftlich weist per *Makroallokation* der Staat nach sozialpolitischen Maßgaben den Aufgabengebieten Mittel zu, wonach innerhalb des Dienstleistungssystems im Sozial- und Gesundheitswesens per *Mesoallokation* die zugewiesenen Mittel zusammen mit eigenen Ressourcen und mit denen der Endnutzer für die Aufgabenerledigung verwandt werden. Das geschieht durch die daran Beteiligten per *Mikroallokation,* indem personen-, sach- und situationsbezogen Mittel fallweise eingesetzt werden.

Die Ebenen der ökonomischen Disposition (der zweckgerichteten Allokation von Ressourcen und ihrer Distribution) hängen zusammen und berücksichtigen einander: Auf der übergeordneten Ebene kann dem Sachziel nur gedient werden, wenn die Mittelzuweisung nach dem Bedarf auf der untergeordneten Ebene erfolgt. Auf ihr muss man, abgesehen von Eigenmitteln, mit dem zur Verfügung gestellten Budget auskommen. Die Logik des Disponierens ist jedoch auf jeder Ebene eine andere.

- Auf der *Makroebene* der sozialen, politisch gesteuerten Daseinsvorsorge erfolgt eine Mittelzuweisung zu öffentlich legitimierten Zwecken, eine Allokation, die sich *volkswirtschaftlich* erfassen und verfolgen lässt.
- Auf der *Mesoebene* der Gestaltung sozialer Versorgung und ihres Betriebs wird in der Verwendung der Mittel *betriebswirtschaftlich* darauf gesehen, dass Dienste und Einrichtungen ihre Funktion erfüllen und sie in ihrer Funktionsfähigkeit erhalten bleiben. Ob und inwieweit ein monetärer Gewinn erwirt-

schaftet wird, spielt im Versorgungsgeschehen selber nur eine Rolle, wenn mit diesem Ziel in die Versorgung restriktiv eingegriffen wird.
- Auf der *Mikroebene* der personenbezogenen Versorgung erfüllt sie ihren Zweck in Interaktion der daran direkt und indirekt Beteiligten.

Die *sozialwirtschaftliche* Verantwortung besteht in der Handhabung resp. dem Management der Beteiligung sowohl im Horizont der unmittelbaren Bedarfsdeckung als auch in der vertikalen Dimension der Zurüstung von Versorgung über die Ebenen hinweg.

Auf der Individualebene des sozialwirtschaftlichen Geschehens werden die Leistungsbeziehungen durch das persönliche Verhalten der Beteiligten geprägt. Auf der einen Seite gibt es Personen und Personengruppen, die ihren Unterhalt selber bestreiten und nur gelegentlich einen Dienst aufsuchen, sich beraten oder behandeln lassen. Menschen mit einem ausweisbaren materiellen und immateriellen Hilfebedarf begegnen im System des Sozial- und Gesundheitswesens Personen und Institutionen, die diesen Bedarf auf unterschiedliche Weise abzudecken vermögen. Die Logik des informellen Sorgens gleicht nicht der Logik der formellen Versorgung. Deshalb bedarf es in personenbezogenen Diensten einer Vermittlung, auch wieder unter sozialen und wirtschaftlichen Gesichtspunkten. Dafür kommen ein Care Management und ein Case Management zum Einsatz. In der Art, wie gesorgt wird und versorgt wird, folgen die Handelnden vorgegebenen Orientierungen und Bindungen an Werte. Die Regie und die Gestaltung des sozialwirtschaftlichen Geschehens im Verhältnis ihrer Akteure variieren und wandeln sich organisations- und fallbezogen.

2   Abgrenzung von der Erwerbswirtschaft

Hat die Erwerbswirtschaft den Bezugsrahmen des Marktes, im dem ein Angebot auf Nachfrage trifft und arbeitsteilig erzeugte Güter getauscht werden, ist die Sozialwirtschaft darauf ausgerichtet, humanen Bedarf in direktem Handeln zu befriedigen. Sie teilt ihre *zentripetale* Verfassung mit der Hauswirtschaft und hat selber in Europa ihren Ausgang von Hilfsgemeinschaften wie den ihre Mitglieder bedienenden *friendly societies* in England und den Gegenseitigkeitsgesellschaften in Frankreich genommen. Die Erwerbswirtschaft dagegen zieht *zentrifugal* ihre Kreise; ständige Ausweitung im Waren- und Kapitalverkehr ist ihr eigentümlich.

In der Sozialwirtschaft sind die individuellen Akteure in Hinblick auf ihr Zurechtkommen *in Sorge um sich*. Im Grenzfall sorgen sie für sich allein, gewöhnlich füreinander und sie tun es auch gemeinschaftsbezogen. Menschen wirtschaften, indem sie sich die Mittel zuteilen, die sie zum Leben brauchen. Solange das einfach „von der Hand in den Mund" geschieht, kann von Ökonomie kaum gesprochen werden. Erst, wenn im Nebeneinander und Nacheinander individuellen Handelns und der Interaktion in einer Lebensgemeinschaft über vorhandenen oder zu erschließende Mittel disponiert wird, kommt ein rationales Entscheidungsverhalten ins Spiel. Es war im antiken Oikos als Haushalt des Zusammenlebens nötig und erhielt sich in der Einheit des Wirtschaftens in Haus und Betrieb bis in moderne Zeiten.

Eine kommunale und mithin öffentliche Zuständigkeit ergab sich in dem Maße, in dem Personen aus dem Gehäuse ihrer primären Zugehörigkeit fielen. In der frühen Neuzeit wurden sie ersatzweise und zwangsweise in Zucht- und Arbeitshäusern untergebracht, die dem erwerbswirtschaftlichen und durchaus noch keinem sozialwirtschaftlichen Dispositiv gehorchten. Individuelles Wohl lag nicht im Sachziel jener Einrichtungen. Erst auf Grundlage einer die Vereinzelung aufhebenden Solidarität konnte sozialwirtschaftlich gehandelt werden.

Die nachfolgende Entfaltung der Sozialwirtschaft erfolgte in einer von der kapitalistischen Marktwirtschaft geprägten Umgebung. Eine solidarisch organisierte Versorgung und auch das sozialpolitisch eingeführte soziale Sicherungssystem bleiben angewiesen auf eine funktionierende *Erwerbswirtschaft* als materielle Basis. Viele sozialwirtschaftliche Einrichtungen stellen mit sozialem Sachziel Güter für den Markt her und sind so selber Teilnehmer am erwerbswirtschaftlichen Geschehen: Werkstätten für behinderte Menschen, Sozialfirmen, Produktivgenossenschaften usw. Dienste und Maßnahmen in der Sozialwirtschaft haben den Zweck, Menschen in das erwerbswirtschaftliche Beschäftigungssystem einzugliedern. Und die Profitorientierung der Erwerbswirtschaft entlässt diese nicht aus der Verantwortung für soziale Belange (Stichwort: *soziale* Marktwirtschaft). Die Verantwortung wird ihr von der organisierten Versorgung bzw. durch die Existenz der Sozialwirtschaft nicht abgenommen.

3 Zwei Entwicklungslinien

Generell sind zwei Entwicklungslinien von Sozialwirtschaft zu unterscheiden. In der einen rückt die *soziale* Aufgabe in der Art und Weise des Wirtschaftens in den Vordergrund. Nicht für den abschöpfbaren Profit als Unternehmensziel, sondern für den eigenen Lebensunterhalt organisieren Menschen einen gemeinschaftlichen Betrieb. Die andere Ausformung von Sozialwirtschaft realisiert die *wirtschaftliche* Aufgabe in der sozialen Versorgung in der Art und Weise, wie sie betrieben wird. Auch hier steht das Sachziel einer Bedarfsdeckung für Menschen im Vordergrund.

Dieser zweite Strang sozialen Wirtschaftens hat sich im wohlfahrtsstaatlichen Rahmen in einem System ausgeprägt, das im Allgemeinen und im zivilen Interesse Aufgaben der sozialen Versorgung wahrnimmt. Sie erfolgt in gemeinschaftlicher Selbsthilfe, in frei-gemeinnütziger Organisation, kommunalen Diensten und Einrichtungen sowie in privat-gewerblichen Sozialunternehmen. Die Unternehmen in diesem System haben sich den Terminus Sozialwirtschaft als Bereichsbezeichnung zugelegt – mit oder ohne Einbeziehung der gesundheitsbezogenen Leistungserbringung, die von den Akteuren der *Gesundheitswirtschaft* unternommen wird (s. dazu Wendt 2017).

Historisch hat die Sozialwirtschaft jedoch nicht mit den *public-serving organizations* angefangen, die im Wohlfahrtsstaat in der Fürsorge, zur Absicherung und sonstigen Versorgung tätig sind. Ihre Zuordnung zur Sozialwirtschaft und ihre Firmierung als Sozialunternehmen erfolgten erst im letzten Viertel des 20. Jahrhunderts.

Grundformen sozialen Wirtschaftens waren die *member-serving organizations*, die im frühen 19. Jahrhundert als Genossenschaften und Gegenseitigkeitsgesellschaften in Erscheinung traten (Wendt 2014). Es gibt sie heute oft auch in der gleichen Funktion wie die Leistungserbringer in der öffentlichen und freien Wohlfahrtspflege und eingebunden in deren kommunales und verbandliches Gefüge. Indes repräsentieren die ihre Mitglieder versorgenden Organisationen ein selbständiges Wirtschaften in interner gemeinschaftlicher Disposition über den Bedarf und die Erbringungsweise.

3.1 Der sozialwirtschaftliche Betrieb zu eigener Versorgung

Vereinigungen, zu denen sich Menschen zur Behebung ihrer Bedürftigkeit zusammenschließen, eben die *member-serving organisations,* sind der Prototyp der Sozialwirtschaft. Kooperativ erreichen die Mitglieder solcher Assoziationen gemeinsam Schutz, Sicherheit und materielles Auskommen. Es gab und gibt seit den Anfängen im 19. Jahrhundert diverse Hilfs-, Gegenseitigkeits-, Versicherungs-, Produktiv- und Konsumvereine. Sie bewahren ihre Angehörigen vor Not, Unsicherheit, Übervorteilung und Ausbeutung in einer Umgebung der kapitalistischen Konkurrenz. Kollektive Selbsthilfe ist das Format, in dem hier die Sozialwirtschaft auftritt. Verbreitung hat die *économie sociale* vor allem in frankophonen und romanischen Ländern gefunden. Erst in den neoliberalen Zeiten nach 1980 mutierten die sozialen Genossenschaften in Frankreich, Spanien, Belgien und anderen Ländern zu Sozialunternehmen und wurden als Unternehmen mit ihrem Beschäftigungspotenzial und ihrem Beitrag zur Leistungsbilanz in das gesamtwirtschaftliche Geschehen im europäischen Markt einbezogen. Der Logik der Vermarktlichung folgend, verstanden sich wenig später auch die im allgemeinen Interesse tätigen Sozialdienste *(public-serving organizations)* als Unternehmen. Sozialwirtschaft gilt seither unternehmerisch als ein Geschäftsbereich mit sozialem Sachziel *(social business)* neben anderen Branchen der Wirtschaft.

Von der Entwicklung des Sozialwirtschafts-Konzepts hin zur Übernahme von Versorgungsaufgaben in der öffentlichen Daseinsvorsorge hebt sich eine andere Strategie dessen ab, was sozial zu geschehen hat. Das Vorhaben prägt sich seit etwa zwei Jahrzehnten außerhalb des formellen Sozialleistungssystems mit einem *solidarwirtschaftlichen* Konzept in Alternativen bzw. als *die* globale Alternative (Jeantet und Poulnot 2007) zur vorherrschenden kapitalistischen Ökonomie aus. Dabei beruft man sich auf die frühen Formen von Kooperativen. Betont wird die Selbstorganisation in Unabhängigkeit vom Staat. Beispielsweise definiert das Interkontinentale Netzwerk zur Förderung der sozialen und solidarischen Ökonomie *(Réseau Intercontinental de Promotion de l'Économie Sociale et Solidaire, RIPESS)* in seiner „globalen Vision": „The Social Solidarity Economy is an alternative to capitalism and other authoritarian, state-dominated economic systems. In SSE ordinary people play an active role in shaping all of the dimensions of human life: economic, social, cultural, political and environmental. SSE exists in all sectors of the economy: production, finance, distribution, exchange, consumption and governance. It also aims to transform the social and economic system that includes public, private and third sectors." (RIPESS 2015, S. 2) Die SSE sei ein ethischer und wertbasierter Ansatz der wirtschaftlichen Entwicklung, der die Wohlfahrt der Menschen und des ganzen Planeten an die erste Stelle setze. „Self-management and collective ownership in the workplace and in the community is central to the solidarity economy." (RIPESS 2015, S. 6) Umsetzungen des Konzepts in der Praxis finden sich besonders in Lateinamerika und in vielen Entwicklungsländern (Kawano et al. 2010; Utting 2015).

3.2 Der sozialwirtschaftliche Betrieb zur humandienstlichen Versorgung Anderer

Das eine Verständnis von Sozialwirtschaft im Gefüge sozialer Leistungserbringung und humandienstlicher Versorgung lässt sich in das andere Verständnis von Sozialwirtschaft als selbstorganisiertes Disponieren über Versorgung bei individuellem und gemeinschaftlichem Bedarf konvertieren. Die öffentliche und zivilgesellschaftliche Aufgabenstellung verlangt nicht nur eine entsprechende Allokation und Distribution der nötigen Mittel, sondern zur Erfüllung der Aufgaben in der Versorgung die organisierte Mitwirkung aller Stakeholder. So trifft die *top-down* veranstaltete Bereitstellung und Erbringung von Sozialleistungen „im öffentlichen

Interesse" auf das *bottom-up* vorhandene, teils bereits organisatorisch ausgeformte, zivile und gemeinschaftliche Interesse von engagierten Bürgern und betroffenen Personengruppen an hinreichender Versorgung und Teilhabe zum Ausgleich von konkreter Benachteiligung, Behinderung oder Beschäftigungslosigkeit.

Es geht gleichermaßen in staatlicher Daseinsvorsorge und im Leistungssystem zur sozialen und gesundheitsbezogenen Versorgung wie im selbstorganisierten Sorgen „um den Menschen". Hier wie dort wird bezogen auf Personen, mit und unter ihnen gehandelt. Einmal sind sie zunächst Objekt (der Fürsorge, Behandlung, Pflege oder Betreuung), auf der anderen Seite Subjekt (in Assoziation und Kooperation mit anderen Subjekten). Wo sie Objekt waren, sollen sie aber (im „aktivierenden Sozialstaat") Subjekt werden.

Der Übergang von Fremdsorge in Eigenversorgung ist z. B. in Italien zu beobachten, wo es auf der Basis einer schon lange vorhandenen Kooperativbewegung (Earle 1986) in Neugestaltung des Sozialwesens seit 1991 die *Sozialgenossenschaften* mit ihren beiden Formen als Unternehmen zur Erstellung von sozialen, gesundheitlichen und erzieherischen Dienstleistungen (Typ A) und als Unternehmen zur Arbeitseingliederung von sozial benachteiligten Personen (Typ B) gibt. Die Sozialgenossenschaften erfüllen einerseits einen sozialen Auftrag, andererseits organisieren sie ihre Mitglieder als Teilhaber an der für sie nötigen Versorgung. Analog geschieht das hierzulande in *Assistenzgenossenschaften* von körperbehinderten Menschen. Sie verschaffen sich Teilhabe. Das Interesse der Nutzer kommt in Italien überein mit dem allgemeinen öffentlichen Interesse, dem die Sozialgenossenschaften nach gesetzlicher Vorgabe mit dem Ziel der Entwicklungsförderung von Menschen und ihrer sozialen Integration verpflichtet sind (Thomas 2004; Borzaga und Galera 2016; Miribung 2017). Sozial bewirtschaftet werden mit dem Sachziel der Wohlfahrt bereitgestellte Mittel und die eigenen Kräfte der Nutzer in selbstbestimmtem Einsatz.

In Fokussierung auf *soziale Unternehmen* dagegen erscheint das sozialwirtschaftliche Geschehen verkürzt auf die *betriebswirtschaftlichen* Belange jener Unternehmen. Für sie bilden die Studiengänge zu Sozialmanagement und Sozialwirtschaft zumeist aus. Mit ihren Haushaltsentscheidungen bleiben die Nutzer der Leistungen und die formellen Leistungsträger, abgesehen von ihrem Auftritt als Kunden der Dienstleister, außer Betracht. Ebenso außen vor bleibt und nur als Rand- und Restposten erfasst wird das weite Feld informeller sozialer Unterstützung und nicht auf einem Markt vertretener individueller und gemeinschaftlicher Selbsthilfe. Ein Diskurs zum Management des sozialen Haushalts in Beziehung auf das ganze Versorgungsgeschehen kann sich auf jene Verengung nicht einlassen; er hat sich mit *sozialwirtschaftlicher Allokation und Distribution* auf der Makroebene (im Sozialbudget des Staates und der Kommunen), auf der Mesoebene (in der Mittelverteilung unter den Aufgabengebieten des Sozial- und Gesundheitswesens) und auf der Mikroebene (in den Entscheidungen über personenbezogenen Ressourceneinansatz) zu befassen und er hat die ökonomische Wechselwirkung dieser Dispositionen zu beachten.

4 Sozial wirtschaften im öffentlichen Leistungssystem

Umgangssprachlich heißt es von Hilfeempfängern, dass sie „von der Wohlfahrt" leben. Die Sozialleistungen „in cash" werden bekanntlich großenteils von der öffentlichen Wohlfahrtspflege der Gebietskörperschaften und von beauftragten, öffentlich-rechtlich verfassten Institutionen bereitgestellt. Sie lagen nicht im Blickfeld einer Debatte in den vergangenen Jahren, welche die Sozialwirtschaft mit dem *Dritten Sektor* (zwischen Markt und Staat) identifizierte (Birkhölzer et al. 2005), sie auch mit der Nonprofit-Ökonomie (Weisbrod 1988) und nachfolgend mit dem Wirtschaften von zivilgesellschaftlichen Nichtregierungs-Organisationen gleichsetzte (Wendt 2007, S. 50 ff.). Die Auffassung, dass es bei den Dienstleistern nicht darauf ankommt, ob sie gewinnorientiert oder nicht gewinnorientiert, ob sie marktlich oder nicht-marktlich agieren, erlaubt den Unternehmen der frei-gemeinnützigen Wohlfahrtspflege, als Sozialunternehmen den Begriff der Sozialwirtschaft nach Inhalt und Umfang für sich zu beanspruchen. Die Sozialwirtschaft tritt danach nicht nur in freier Assoziation, sondern auch mit der parastaatlichen Funktion sozialer Leistungserbringung dem staatlichen Walten gegenüber. Die Sozialleistungsträger gehören in der Sektoreinteilung zum Staatssektor und nicht zu den sozialwirtschaftlichen Akteuren. Diese Ausgrenzung lässt sich angesichts der tatsächlichen Aufgabenverteilung und Aufgabenerledigung mit dem Sachziel in der sozialen und gesundheitsbezogenen Bedarfsdeckung keineswegs durchhalten.

Es gibt Teilbereiche der Bewirtschaftung personenbezogener Hilfen, die primär und größtenteils in öffentlicher Hand sind. So die Grundsicherung für Arbeitssuchende, der Kinder- und Jugendschutz oder die Resozialisierung von Straffälligen. Auch müssen sich Sozialleistungsträger wie gesetzliche Krankenversicherungen direkt um die Behebung eines Versorgungsbedarfs von Anspruchsberechtigten kümmern. Nach § 1 SGB V haben die Krankenkassen den Versicherten bei deren Eigenkompetenz und Eigenverantwortung durch Aufklärung, Beratung und Leistungen zu helfen und auf gesunde Lebensverhältnisse hinzuwirken. Ebenso nach SGB XI die Pflegekassen per Pflegeberatung und Errichtung von Pflegestützpunkten. Generell ist eine Verpflichtung der öffentlich-rechtlichen Leistungsträger gegeben, darauf hinzuwirken, dass die zur Ausführung von Sozialleistungen erforderlichen Dienste und Einrichtungen rechtzeitig und ausreichend zur Verfügung stehen – auch damit jeder Berechtigte die ihm zustehenden Sozialleistungen in zeitgemäßer Weise umfassend und zügig erhält (§ 17 SGB I). In der sozialen Bewirtschaftung des Leistungsgeschehens stehen die Träger nicht am Rande bloß als Zubringer und Abnehmer für die dienstleistenden Unternehmen; im Beziehungsgefüge der Sozialwirtschaft besetzen die Leistungsträger eine Leitstelle, mögen sie auch nicht selten auf eine ihnen mögliche Regie im Spektrum der Versorgungsgestaltung verzichten.

Der öffentliche Haushalt ist den Dispositionen der dienstleistenden Akteure vorgeordnet und übergeordnet. Gewiss lassen sich Mittelanforderungen stets mit dem operativen Bedarf begründen, der sich in der betrieblichen Praxis herausstellt. Ihn bemessen aber bereits die politischen Entscheidungen über das Budget, das einem Versorgungsbereich oder auch einem Sozialraum zugeordnet wird. Die Entscheidungsfindung fundiert eine *bedarfsorientierte Sozialplanung*, mit der nötige Abhilfen und Maßnahmen nach Umfang und Qualität erfasst, analysiert und prognostiziert werden. Strategisch liefern die Sozialplanung und die Sozialberichterstattung (Böhmer 2015; Strunk 2016) in Auswertung der Daten zu den Belangen individueller Wohlfahrt eine Vorlage für Allokationsentscheidungen und die Bewirtschaftung einer bedarfsentsprechenden Versorgung.

5   Wirtschaften zur personenbezogenen Wohlfahrt

Konstruieren wir ein Ensemble sozialen Wirtschaftens in Zusammenführung der Ansätze zu ihm, kann mit der auf eigenen Bedarf bezogenen Versorgung angefangen werden. Der konzeptionelle Bezugsrahmen der Sozialwirtschaft lässt sich überhaupt in Eigenversorgung verankern. Das heißt, ein Eckpunkt des Gefüges stellt das Wirtschaften in Personenhaushalten dar. Zu ihnen kommen kompensatorisch zweckmäßig organisierte Gemeinschaften und sodann komplementär und kompensatorisch die Transferleistungen *(services in cash)* und die personenbezogenen Dienste *(services in kind)* im System der organisierten Versorgung. Mit Blick auf die Kategorien (einzelwirtschaftlicher) Haushalt, (solidarische) Gemeinschaft und (öffentliches) Leistungssystem sind Zusammenhänge des Einsatzes von Mitteln und der Nutzung von Möglichkeiten zur Zweckerfüllung im individuellen und gemeinschaftlichen Ergehen zu analysieren.

Eine bloß auf den Betrieb von Sozialunternehmen ausgerichtete sozialwirtschaftliche Reflexion übersieht das Übergewicht der monetären Transferleistungen, die ihren Sinn darin haben, den Empfängern eine ihrem Bedarf entsprechende Lebenshaltung zu ermöglichen. Wie die Menschen in Verwendung dieser Mittel den Zweck erreichen, darauf haben personenbezogene Dienste nur begrenzt Einfluss, wenngleich in Dispositionen des Sorgens dieser Menschen viele Mittel wieder der Versorgung und ihren Diensten – in der Kinderbetreuung, in der Krankenbehandlung und in der Pflege behinderter und alter Menschen – zufließen. Ökonomisch sind das Tauschakte, in denen Personen als selbständige Partner bei der Erlangung oder dem Erhalt ihrer Wohlfahrt auftreten.

Für den Bedarf an personenbezogenen Diensten gibt es inzwischen in vielen Staaten die Leistungsform der „direkten Bezahlung" bzw. des Persönlichen Budgets. Auch mit ihm wird der einzelne Nutzer zum Partner in der Bewirtschaftung sozialer Versorgung. Direkte Bezahlung unterstellt, dass die Person als Experte ihrer selbst auch in den ihre Lebensführung betreffenden ökonomischen Dispositionen effektiv zu verfahren in der Lage ist, wenn nötig mit einem begleitenden Fallmanagement. Wenn mehrere Personen mit gleichem Bedarf ihre Sachleistungsansprüche zusammenlegen („poolen"), können sie z. B. eine Wohngruppe gemeinschaftlich finanzieren und so eine eigene Form sozialwirtschaftlicher Unternehmung zustande bringen. Es darf erwartet werden, dass selbstbestimmte Lösungen in Verkopplung eigenen Sorgens mit zu beanspruchender Versorgung in Zukunft an Bedeutung zunehmen.

6 Akteure im sozialwirtschaftlichen Dispositionsraum

Nach allem kann festgehalten werden: Im Laufe der Zeit haben sich in der Sozialwirtschaft die Gewichte verschoben – in Schritten

- von den Genossenschaften und Freiwilligenassoziationen als Selbsthilfeorganisationen
- über die Einbeziehung der Sozialdienste im allgemeinem Interesse in die Sphäre sozialwirtschaftlicher Betätigung
- zu sozialen Unternehmen und sozialem Unternehmertum einerseits und der Aktivierung der Nutzer andererseits.

Der große Anteil der Adressaten und informell Sorgenden an der Wohlfahrtsproduktion ist inzwischen erkannt, wonach auch der Beitrag der formellen und freien sozialwirtschaftlichen Akteure neu bestimmt werden muss (auf der Mesoebene etwa im Übergang von stationärer zu ambulanter und häuslicher Versorgung). Auf der Makroebene des Wohlfahrtsregimes wird nicht nur diskutiert, sondern auch reguliert, welchen Anteil marktliche und nichtmarktliche Versorgungsleistungen, öffentliche, frei-gemeinnützige, privat-gewerbliche Erbringer und Personenhaushalte am Portfolio der Produktion sozialer Wohlfahrt haben und übernehmen sollen.

Von Esping-Andersen, der den Begriff der Wohlfahrtsregime eingeführt und ihre Typologie entworfen hat, ist deren Anpassung an die sich ändernde Gewichtung informellen und häuslichen Sorgens im Panorama der Versorgung vorgenommen worden:

„Eine entscheidende Frage für jeden Wohlfahrtsarchitekten lautet, an welche Instanz die Wohlfahrtsproduktion übertragen werden soll. Die Antwort darauf ist gleichbedeutend mit der Entscheidung über die Verantwortungsteilung zwischen Markt, Familie und Staat. Märkte sind für die meisten Menschen und für die meiste Zeit ihres Lebens die Hauptwohlfahrtsquelle, weil ein Großteil des Einkommens aus Erwerbsarbeit stammt und der größte Teil wohlfahrtsfördernder Güter auf dem Markt erworben wird. Die verwandtschaftliche Reziprozität innerhalb von Familienverbänden stellt traditionell eine zweite wichtige Quelle von Wohlfahrt und Sicherheit dar, insbesondere was Pflegeleistungen, aber auch was die gemeinsame Verfügung über das Haushaltseinkommen betrifft. … Staatliche Wohlfahrtspolitik wiederum beruht weder auf Kaufentscheidungen noch auf Reziprozitätsbeziehungen, sondern auf einem redistributiven ‚Gesellschaftsvertrag', der auf einer gewissen Form der kollektiven Solidarität gründet. Diese drei Säulen gesellschaftlicher Wohlfahrt sind wechselseitig voneinander abhängig." (Esping-Andersen 2004, S. 198)

Wird hier der Markt sozialwirtschaftlich in der Funktion wahrgenommen, in der Einzelne und Familien ihren materiellen Lebensunterhalt gewinnen, ist die Schlussfolgerung doch: sie selber bringen damit ihre Wohlfahrt zustande – nicht der Markt vermag es. Er trägt keine Verantwortung. Damit entfällt im „Wohlfahrtsdreieck" (Esping-Andersen 2004, S. 200) einer seiner Eckpunkte. Im wohlfahrtsbezogenen Gesellschaftsvertrag teilen sich die Verantwortung der Staat und seine Institutionen einerseits und Familie bzw. die einzelne Person andererseits. Vermittelnd mag der Markt – unbeschadet seiner Rolle als Motor erwerbswirtschaftlicher Entwicklung – zur Versorgung eingeschaltet werden oder auch nicht.

Im ökonomischem Dispositionsraum sozialer und gesundheitsbezogener Versorgung handeln als ihre *Wirte* in der Ökologie der Sozialwirtschaft (Wendt 2015, S. 153 ff.) auf der Individualebene betroffene und beteiligte Personen, auf der Mesoebene die eingeschalteten Organisationen und ihre dienstleistenden Betriebe, auf der Makroebene die Gesellschaft mit ihren Interessenvertretern und der Staat mit seinen legitimierten Entscheidern. Sozialwirtschaftliche Beziehungen sind Stakeholder-Beziehungen – von sorgenden Personen zu Diensten und ihren professionellen Akteuren bzw. Beziehungen von ihnen in der Sorge für und um ihre Klienten, Beziehungen unter den formell zuständigen Akteuren, zwischen Organisationen, im Staat und seinen Körperschaften. Sie handeln in vertikaler und in horizontaler Beziehung in *mixed production of welfare*.

7 Zusammenarbeit in Vernetzung

Nehmen wir die Sozialwirtschaft als einen vernetzten Prozess in einem Raum der Disposition in Belangen wohlfahrtsdienlicher Versorgung wahr, gelangen wir zu einer Auffassung, welche das Nebeneinander von Organisationen und Unternehmen mit den oft starren Abgrenzungen zwischen ihnen und innerhalb von ihnen aufhebt in koordinierbaren Aktivitäten und miteinander verbundenen komplexen Vorhaben. Überwinden lassen sich Fragmentierungen im Leistungsgeschehen und vorhandene Versorgungsengpässe, wie sie kategorial zum Beispiel in der Versorgung bei Demenz bemerkt worden sind und territorial auf dem flachen Lande bei geringer Bevölkerung vorkommen und behoben werden sollen. Solche Aufgaben involvieren verschiedene Organisationen, ihre Träger und Interessenvertretungen sowie die Professionen mit ihren fachlichen Zuständigkeiten. Sie müssen sich auf Integration von Versorgung und dafür notwendige Innovationen verstehen (Becke et al. 2016). Sie betreffen den Dispositionsraum, in dem die vielen Beteiligten wirken, und unterscheiden sich von Neuerungen, die im einen oder anderen Unternehmen ein besseres Betriebsergebnis versprechen.

Sozial gewirtschaftet wird im Komplex wohlfahrtsdienlicher Versorgungsbeziehungen. Zu ihrer Pflege tragen sozialpolitische und zivilgesellschaftliche Aushandlungsprozesse und die institutionalisierte Partnerschaft der öffentlichen und verbandlichen Trägerschaft ebenso wie eine integrierte Sozialplanung (Strunk 2016) auf kommunaler Ebene und ein das lokale oder regionale humandienstliche System steuernde Versorgungsmanagement *(care management)* bei. Soziale Unternehmen können sich mit ihrem Geschäftsmodell und strategischen Ausrichtung (Hueth et al. 2017), mit der spezifischen Sachzielorientierung ihres Betriebs und einem übernommenen Auftrag (Becker 2017) auf die Gegebenheiten und sich wandelnden Anforderungen in der gestalteten Landschaft sozialer und gesundheitsbezogener Versorgung einstellen. Sie übersteigt mit ihrer Bewirtschaftung das Agieren der einzelnen formell und informell Mitwirkenden, die sich in ihrem die Sozialwirtschaft konstellierenden Beziehungsgefüge der Aufgabenerfüllung im Einzelnen widmen.

Literatur

Becke, G., Bleses, P., Frerichs, F., Goldmann, M., Hinding, B., & Schweer, M. K. W. (Hrsg.) (2016). *Zusammen – Arbeit – Gestalten. Soziale Innovationen in sozialen und gesundheitsbezogenen Dienstleistungen.* Wiesbaden: Springer VS.
Becker, H. E. (Hrsg.) (2017). *Das Sozialwirtschaftliche Sechseck. Soziale Organisationen zwischen Ökonomie und Sozialem.* 2. Aufl., Wiesbaden: Springer VS.

Birkhölzer, K., Klein, A., Zimmer, A., & Priller, E. (Hrsg.) (2005). *Dritter Sektor/Drittes System. Theorie, Funktionswandel und zivilgesellschaftliche Perspektiven.* Wiesbaden: VS Verlag für Sozialwissenschaften.
Böhmer, A. (2015). *Konzepte der Sozialplanung. Grundwissen für die Soziale Arbeit.* Wiesbaden: Springer VS.
Borzaga, C., & Galera, G. (2016). Innovating the provision of welfare services through collective action: the case of Italian social cooperatives. In *International Review of Sociology* 1, 31–47.
Earle, J. (1986). *The Italian Cooperative Movement. A Portrait of the Lega Nazionale della Cooperative e Mutue.* London: Routledge.
Esping-Andersen, G. (1990). *The Three Worlds of Welfare Capitalism.* Princeton, NJ: Princeton University Press.
Esping-Andersen, G. (2004). Die gute Gesellschaft und der neue Wohlfahrtsstaat. In *Zeitschrift für Sozialreform* 1-2, 189–210.
Hueth, E. v., Schumacher, L., Paschen, W., & Kuchenbuch, M. (2017). *Sozialwirtschaft (Leuphana Case Studies).* Wiesbaden: Springer Gabler.
Jeantet, T., & Poulnot, J. (Hrsg.) (2007). *The Social Economy. A global alternative.* Paris: Charles Léopold Mayer.
Kawano, E., Masterson, T., & Teller-Ellsberg, J. (Hrsg.) (2010). Solidarity Economy In *Building Alternatives for People and Planet.* Amherst, MA: Center for Popular Economics.
Moribung, G. (2017). Sozialgenossenschaften in Italien. In I. Schmale & J. Blome-Drees (Hrsg.), *Genossenschaft innovativ. Genossenschaften als neue Organisationsform in der Sozialwirtschaft* (S. 299–311). Wiesbaden: Springer VS.
Réseau Intercontinental de Promotion de l'Économie Sociale et Solidaire (RIPESS) (2015). *Global Vision for a Social Solidarity Economy: Convergences and Differences in Concepts, Definitions and Frameworks.* http://www.ripess.org/wp-content/uploads/2015/05/RIPESS_Global-Vision_EN.pdf. Zugegriffen: 8. August 2017.
Strunk, A. (Hrsg.) (2016). *Öffentliche Sozialplanung und die Freie Wohlfahrtspflege.* Baden-Baden: Nomos.
Thomas, A. (2004). The Rise of Social Cooperatives in Italy. In *Voluntas, International Journal of Voluntary and Nonprofit Organizations* 3, 243–263.
Utting, P. (Hrsg.) (2015). *Social and Solidarity Economy. Beyond the Fringe?* London: Zed Books.
Weisbrod, B. A. (1988). *The Nonprofit Economy.* Lexington: Heath.
Wendt, W. R. (2007). Zum Stand der Theorieentwicklung in der Sozialwirtschaft. In W. R. Wendt & A. Wöhrle (Hrsg.), *Sozialwirtschaft und Sozialmanagement in der Entwicklung ihrer Theorie* (S. 19–100). Augsburg: Ziel.
Wendt, W. R. (2014). Die Geschichte der Sozialwirtschaft – Herkommen und Entwicklung. In U. Arnold, K. Grunwald & B. Maelicke (Hrsg.), *Lehrbuch der Sozialwirtschaft* (S. 64–85). 4. Aufl., Baden-Baden: Nomos.
Wendt, W. R. (2015). *Soziale Versorgung bewirtschaften. Studien zur Sozialwirtschaft.* Baden-Baden: Nomos.
Wendt, W. R. (Hrsg.) (2017). *Soziale Bewirtschaftung von Gesundheit. Gesundheitswirtschaft im Rahmen sozialer Versorgungsgestaltung.* Wiesbaden: Springer VS.

Teil II

Der Klient im Fokus von Sozialer Arbeit und Sozialwirtschaft

Klienten als (Teilzeit)Mitarbeitende[1]

Georg Kortendieck

Abstract

Wie kann die Wertschöpfung in der Sozialen Arbeit verändern werden, wenn der Klient nicht als passiver Adressat, sondern als aktiver „Produktionsfaktor" wahrgenommen wird. Durch eine Externalisierung von Arbeitsaufgaben an den Klienten lassen sich Produktivitätsfortschritte in der Sozialen Arbeit realisieren. Welche Voraussetzungen muss man (also der Anbieter) erfüllen bzw. verstärken, um ein besseres Ergebnis zu erhalten? Ansatzpunkte sind bessere Klientenbefähigung durch gezielte Informationen und höhere Klientenbereitschaft zur Mitarbeit mit Hilfe personalpolitischer Maßnahmen zur Stärkung des (affektiven) Commitments.

1 Soziale Arbeit als Dienstleistung

Soziale Arbeit wird in der Regel als Dienstleistung, als gemeinsame Leistung von Sozialarbeitern[2] und Klienten, erbracht. Auch wenn Soziale Arbeit überwiegend durch öffentliche Mittel finanziert wird, wollen Einrichtungen der Sozialen Arbeit zunächst einen privaten Nutzen für ihre Klienten erreichen (als impact oder effect bezeichnet, Halfar 2014): Geldgeber und (gemeinnützige) Einrichtungen streben zusätzlich einen öffentlichen Nutzen (outcome) an, der den Kollektivgutcharakter sozialer Arbeit unterstreicht. Die Klienten selbst werden vermutlich nur ihren privaten Nutzen im Blick haben.

---

1   Überarbeitete Fassung des Artikels: Kortendieck (2017): Der Klient als Mit-Arbeiter. In *Sozialwirtschaft* 1, 10–13.
2   Aus Vereinfachungsgründen wird die kürzere, meist männliche Form gewählt.

Dienstleistungen sind durch Immaterialität und Integrativität/Interaktivität zwischen Klienten und Sozialarbeitern gekennzeichnet. Allerdings sind die Interaktivitätsgrade wie bei allen Dienstleistungen auch im Feld Sozialer Arbeit unterschiedlich ausgeprägt. Während der Hilfebescheid für einen Arbeitslosen nur ein geringes Maß an Interaktivität verlangt, sind Beratungsgespräche durch ein hohes Maß gekennzeichnet. Auch bei der Warenproduktion kann man den Kunden beteiligen – etwa durch Nutzerforen – der Integrationsgrad ist bei Dienstleistungen jedoch generell höher. Um die Integrativität zu betonen, wird Sozialer Arbeit auch als personenbezogene Dienstleistungen beschrieben.

Schon die Immaterialität erschwert eine Wirkungsfeststellung erheblich. Infolge der Integrativität ist darüber hinaus die Produktivität der Mitarbeiter nur schwer festzustellen, weil ein höherer Einsatz der Klienten die Ergebnisse verbessern kann, ohne dass der Mitarbeiter mehr dazu beigetragen hat. Ebenso ist ein Wirkungsnachweis schwierig, weil die einzelnen internen wie externen „Produktionsfaktoren" in ihren Wirkungen kaum voneinander isoliert werden können. Interne Produktionsfaktoren sind die Arbeit der Mitarbeitenden in sozialen Einrichtungen, die eingesetzte räumliche und sächliche Ausstattung. Extern sind die Arbeit des Klienten sowie sein Umfeld.

Von den generellen Besonderheiten von Dienstleistungen sind die spezifischen der Sozialen Arbeit nochmals zu unterscheiden (Kortendieck 2011): Diese bestehen neben den nicht schlüssigen Austauschbeziehungen (der Kostenträger bezahlt die Leistung, nutzt sie aber nicht, der Klient nutzt dagegen die Leistung bezahlt sie aber nicht) in eingeschränkter Problemlösungsfähigkeit der Klienten, einer möglichen Notlage oder einer Zwangslage. Trotz dieser Einschränkungen wird der aktive Anteil der Klienten am Leistungsprozess durchaus erkannt und betont, obwohl Begriffe wie Klient („Abhängiger"), Adressat oder Nutzer ihm eher eine passive Rolle zuzuschreiben scheinen (siehe den Sammelband von Olk und Otto 2003). Vor diesem Hintergrund stellen sich folgende Fragen, die aus einer bewusst ökonomischen Sicht betrachtet und beantwortet werden sollen:

- Können durch eine stärkere Einbeziehung von Klienten Wirkungs- und Produktivitätsfortschritte erwartet werden, d.h. kann die Problemlösung besser, schneller oder günstiger erfolgen und welche Voraussetzungen sind dabei zu erfüllen?
- Wenn der Klient ein Mitarbeiter ist, wie kann dann seine Integrations-Bereitschaft und das Integrations-Verhalten erfolgreich gesteuert werden?

2 Der Klient als Produktionsfaktor

Wie sich der Klient oder der Kunde beteiligt, hängt sehr stark von der erbrachten Dienstleistung und dem individuellen Setting ab. Im Hochschulbereich verlangt eine Vorlesung als Aktivität des Studierenden lediglich sein Zuhören. In einem Seminar oder einer Übung wird schon eher eine aktivere Rolle verlangt, die von mündlicher Beteiligung bis hin zur Hausarbeitserstellung reicht, bei der der Lehrende nur noch Berater, der Studierende dagegen selbst Ausführender ist. Hierbei ist der Studierende nicht nur ausführender Bestandteil der „Wissensproduktion", oder Konsument der Wissensvermittlung, sondern verantwortlich für Konzeption, Informationssammlung und Umsetzung. Ähnliche Rollen haben Klienten (Fließ et al. 2015; Möller et al. 2009, S. 267), die mit unterschiedlichen Bezeichnungen die aktive Rolle beschreiben:

- *Co-Production:* Klient stellt mit seiner eigenen Arbeitskraft einen Ressourcenpool dar (bspw. Jugendliche reinigen ihre Zimmer selbst, kochen ihr Essen und erstellen gemeinsam eine Abschlussdokumentation).
- *Co-Designer:* Beim Hilfeplan sind der Jugendliche und seine Eltern beteiligt, Problemlösungsansätze mit zu entwerfen. In der Jugendarbeit planen Jugendliche mit Hauptamtlichen zusammen eine Jugendfreizeit.
- *Führungssubstitut:* Klient beauftragt Mitarbeiter (z. B. Patient „ruft" nach dem Krankenpfleger)
- *Mitkunde:* Klient beeinflusst durch Störungen oder Unterstützung andere Klienten in der Gruppe.
- *Prosuming:* Gleichzeitigkeit von Produktion und Konsum; kooperative oder autonome Leistungserstellung durch den Kunden. Jugendfreizeit wird von Jugendlichen gestaltet und miterlebt.
- *Customer Engagement:* Klienten engagieren sich für den Träger, bei dem sie Hilfe erhalten haben (z. B. über Mund-zu-Mund-Propaganda, Blogs, Foren). Eltern von Kindern mit Behinderungen gründen Förderkreis.
- *Value-Co-Creation:* Nicht der Klient ist an der Herstellung im Unternehmen beteiligt (Mensch zieht ins Altersheim), sondern umgekehrt: das Unternehmen beteiligt sich beim Klienten an der Herstellung (Pflegedienst kommt ins Haus).

Der Leistungsprozess zwischen Sozialarbeiter und Klient soll gemäß der mikroökonomischen Produktionstheorie schematisch dargestellt werden, um weitere Zusammenhänge zu erschließen. Der Klient stellt mit seiner Leistung (physisch, kognitiv, emotional) einen Produktionsfaktor (v_2) dar, der in Zusammenarbeit mit der Leistung der Sozialarbeiter (v_1) ein bestimmtes Leistungsniveau erreicht.

An der Hochschule arbeiten die Lehrenden mit den Studierenden bei Hausarbeiten zusammen, die je nach Arbeitseinsatz eine gutes oder nur ein ausreichendes Leistungsniveau zur Folge haben. Gleiche Ergebnisse infolge unterschiedlichen Arbeitseinsatzes können über eine Isoquante (Isoleistungslinie) dargestellt werden (siehe Abbildung 1). In diesem Fall erreichen Sozialarbeiter und Klienten bspw. ein bestimmtes Vermittlungsergebnis. Die Isoquante ist deswegen gekrümmt, weil man davon ausgehen kann, dass die Leistungen der Klienten nur in einem bestimmten Umfang und mit abnehmendem Erfolg durch die Soziale Arbeit und umgekehrt substituiert werden können. Ein bestimmtes Mindestniveau an Leistungen ist auf beiden Seiten zwingend erforderlich. Liegt dieser Mindestumfang nicht vor, ist eine Leistungserstellung nicht möglich bzw. zum Scheitern verurteilt. Innerhalb einer Integrationszone, die weitgehend von der obligatorischen Mindestleistung bestimmt wird, können die Arbeitsleistungen gegenseitig substituiert werden (siehe Abbildung 2). Dabei lenken Qualitäts- wie Kostengedanken auf beiden Seiten die Zusammenarbeit.

Eine weitere Besonderheit von Dienstleistungen ist das Zusammenfallen von Leistungserstellung und Konsum, das uno-actu-Prinzip. Fehler werden sofort bemerkt und können nicht ohne weiteres korrigiert werden. Wenn auch die professionellen Mitarbeiter keine Fehler machen, so kann man dies bei den „unprofessionellen" Klienten nicht erwarten. Qualitätsfehler können vom Klienten selber ausgehen, die zum Scheitern oder zu einer Minderleistung führen. Aus Qualitätsgründen könnte darum ein Anbieter geneigt sein, die Arbeitsleistungen des Klienten zum Teil selber zu bringen, um die Qualitätsprobleme zu reduzieren, also die Leistungsanteile der Klienten zu internalisieren. Andererseits kann er überlegen, ob nicht eine verstärkte Inanspruchnahme des Klienten seine eigenen Arbeitskosten senken könnte.[3] Dies gelingt dem Mitarbeiter über Externalisierung.

Wenn man von einem bestimmten Leistungsniveau des Sozialarbeiters ausgeht könnte durch ein Mehr-Engagement des Klienten (von v_{21} zu v_{22}), wie in Abbildung 3 zusehen ist (oder umgekehrt: der Klient macht gleichviel, der Sozialarbeiter macht mehr) ein höheres Leistungsniveau erzielt werden.

Den Leistungsprozess kann man in mehrere Phasen zergliedern (siehe Abbildung 4):

(1) Vor der Inanspruchnahme muss die Einrichtung, die als interner Produktionsfaktor in der Theorie bezeichnet wird, ihre Leistungsbereitschaft herstellen, ein Konzept entwickeln, Räume anmieten und Personal einstellen. Auf diese

---

3 Der Professor gibt seinen Studierenden den Auftrag, mehrere Lehrbücher durchzuarbeiten, die er als Klausurliteratur festlegt, statt die Inhalte selber zu erklären. Das erspart ihm die Vorbereitung auf diese Inhalte.

Klienten als (Teilzeit)Mitarbeitende

Abbildung 1 Gemeinsame Leistungserstellung von Mitarbeiter und Klient (Corsten 2000, S. 151)

Arbeitsleistung Sozialarbeiter/in

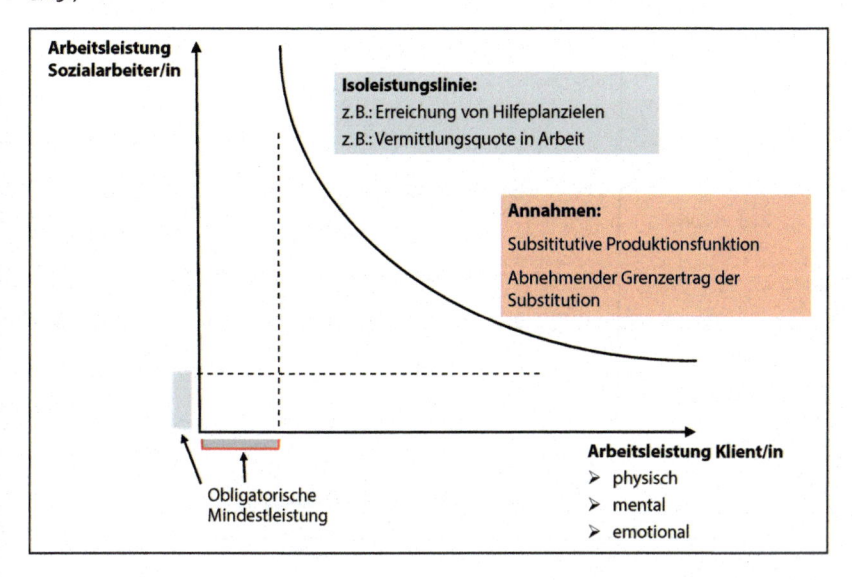

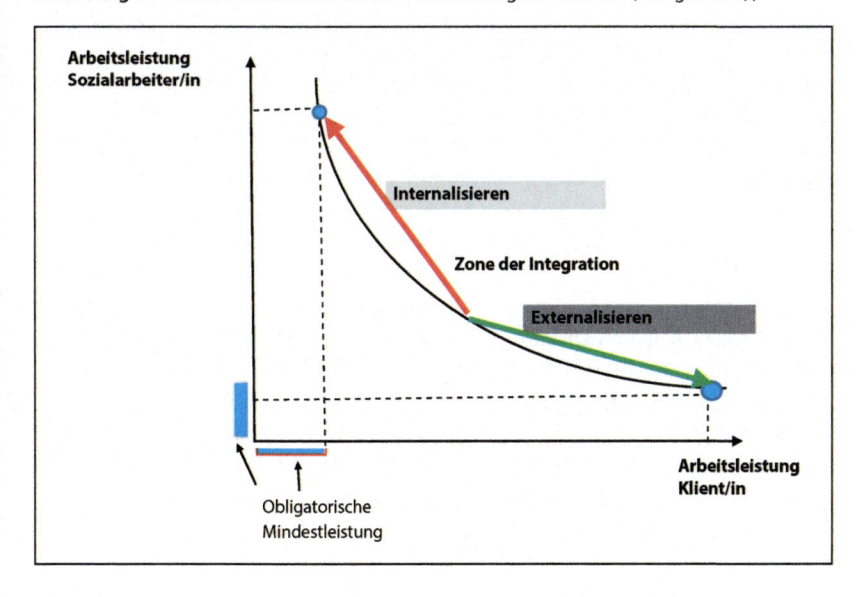

Isoleistungslinie:
z. B.: Erreichung von Hilfeplanzielen
z. B.: Vermittlungsquote in Arbeit

Annahmen:
Subsititutive Produktionsfunktion
Abnehmender Grenzertrag der Substitution

Arbeitsleistung Klient/in
- physisch
- mental
- emotional

Obligatorische Mindestleistung

Abbildung 2 Produktionsvorteile durch Einbeziehung des Kunden (Büttgen 2007)

Arbeitsleistung Sozialarbeiter/in

Internalisieren

Zone der Integration

Externalisieren

Arbeitsleistung Klient/in

Obligatorische Mindestleistung

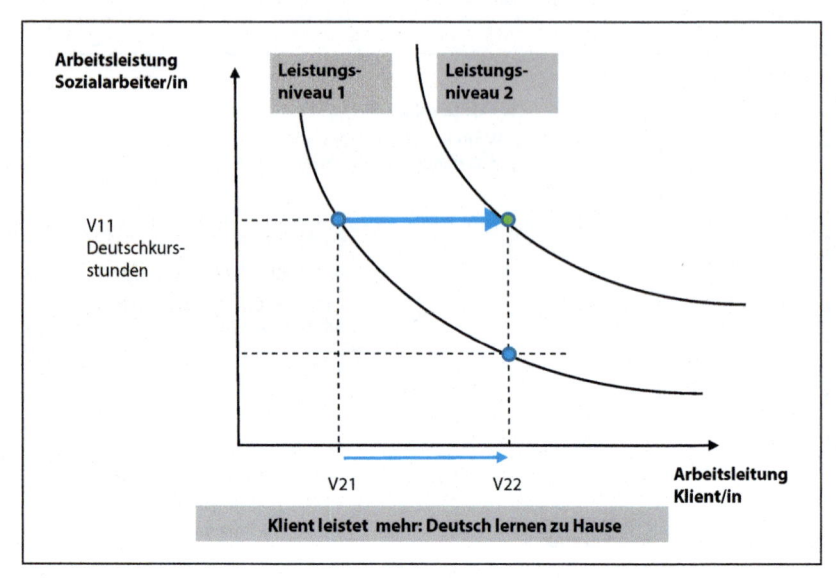

Abbildung 3 Produktionsvorteile durch Einbeziehung des Kunden (eigene Darstellung)

Weise entstehen Kosten, die vor der eigentlichen Arbeit anfallen und als fix anzusehen sind. Je stärker diese Leistungsbereitschaft genutzt wird, umso geringer sind die Kosten pro Fall oder Fachleistungsstunde (sog. Stückkosten). In Pflegesatz- oder Fachleistungsstundenverhandlungen wird dieser Umstand berücksichtigt und beim Leistungsentgelt eine bestimmte (meist sehr hohe von über 90 %) Auslastung unterstellt. Weniger Beachtung findet in dieser Situation der hilfebedürftige Klient. Während dieses Zeitraumes handelt er weitgehend autonom. Die Einflussmöglichkeiten der Anbieter Sozialer Arbeit beschränken sich auf Informationsangebote zur Prävention und über mögliche Leistungsangebote.

(2) Während der Inanspruchnahme arbeiten die Mitarbeiter direkt mit dem hilfesuchenden Klienten zusammen. Diesen interaktiven Prozess beeinflusst die Angebotsseite maßgeblich. Der Klient tritt als Co-Producer auf (z. B. muss der Jugendliche sein Bett selber machen, Küchendienst leisten oder zur Schule gehen). In unterschiedlichem Maß werden von ihm physische, kognitive und emotionale Leistungen abverlangt (Büttgen 2007, S. 17 ff.). Er muss mit seinem Sozialverhalten zu einem Gruppenerfolg genauso beitragen wie durch Mitentscheidungen den weiteren Leistungsprozess beeinflussen.

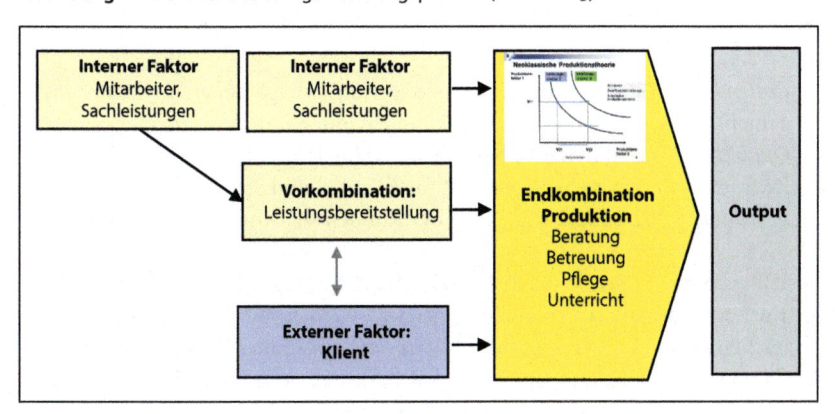

Abbildung 4 Der Dienstleistungserstellungsprozess (Haller 2015)

(3) Phase drei beschreibt die „Nutzungsphase" sozialer Arbeit. Diese beginnt zwar bereits schon während der Inanspruchnahme (bspw. von Beratung und Betreuung), weil der Interaktionsprozess meist nicht nach einer Periode der Inanspruchnahme abgeschlossen ist, sondern sich über viele Wochen, Monate oder Jahre hinziehen kann. Die Nutzungsphase beschreibt den Prozess nach der Inanspruchnahme, in der der Klient wieder selbständig und autonom agieren kann. Daneben wird von dem Klienten noch ein „Customer Engagement" erwartet: Das kann ein Feedback im Seminar sein, eventuell die weitere Nutzung von Leistungsangeboten (z. B. Selbsthilfegruppen) sowie Mund-zu-Mund-Propaganda zu anderen Klienten und zum Kostenträger hin. Es kann so weit gehen, dass aus Klienten Ehrenamtliche und manchmal sogar hauptamtliche Mitarbeitende werden.

Diese (komparativ) statische Betrachtung kann man kritisch diskutieren: Durch stärkere Einbeziehung des Klienten mögen anfangs Qualitätsprobleme und damit verbunden Misserfolge auftreten. Der dadurch ermöglichte langfristige Lernerfolg führt dagegen nachhaltig zu besseren und vielleicht kostengünstigeren Ergebnissen. Externalisierung auf den Klienten wird damit zum Empowerment (Geigenmüller und Leischnigg 2009). Aus Sicht des Leistungsanbieters ergeben sich durch diese Überlegungen verschiedene Produktionsvorteile (Bruhn und Hadwich 2015):

- *Kostenvorteile:* durch Produktivitätssteigerung infolge höheren Klientenengagements. Der Betreuungsschlüssel könnte damit reduziert werden
- *Qualitätsvorteile:* durch eine bessere, individuelle Kundenbefriedigung
- *Zeitvorteile:* durch mehr Flexibilität für Klienten und Sozialarbeiter
- *Beziehungsvorteile:* durch Stärkung der Kundenbeziehung

Es stellt sich die Frage, ob der Klient als Mit-Arbeitender nicht mehr statt weniger Kosten verursacht, da er doch „angelernt" werden muss und seinerseits Fehler machen kann. Der hauptamtliche Mitarbeiter muss unter Umständen zunächst deutlich mehr Zeit aufbringen, um den Klienten zu verselbständigen. Weiterhin kritisiert vor allem Schaarschuch (2003), dass diese Sichtweise, den Klienten als Substitut zum hauptamtlichen Mitarbeiter zu sehen, nur dazu diene, Kosten einzusparen. Nun kann man dem entgegenhalten, dass es das Recht des Kostenträgers sein muss, möglichst geringe Kosten in der Bereitstellung Sozialer Arbeit zu fordern und deswegen alternative Wege zu prüfen. Außerdem ist der Kostenträger verpflichtet ein „ausreichendes" Leistungsniveau (etwa in der Eingliederungshilfe) und nicht ein in Noten ausgedrückt sehr gutes bis befriedigendes Leistungsniveau zu bezahlen. Wenn der Leistungsanbieter ein höheres Niveau bislang aus eigenen Mitteln gewährt hat, könnte eine Externalisierung auf den Klienten das Niveau bei geringeren Kosten aufrechterhalten. Davon einmal abgesehen, kann der Leistungsanbieter sich auf die Tätigkeiten konzentrieren, die er besser beherrscht als der Klient und so gemeinsam mit dem Klienten ein besseres Ergebnis (in Abbildung 3 das Erreichen von Leistungsniveau 2) erzielen.

3 Probleme mangelnder Integration und Erfolgsfaktoren einer verstärkten Klienteneinbindung

Welche Schwierigkeiten hindern den Klienten daran, sich erfolgreich stärker einzubringen? Fehlende Bereitschaft und fehlende Kenntnisse verhindern oder beeinträchtigen eine erfolgreiche Problemlösung. Zunächst kann es sein, dass dem Klienten gar nicht bewusst ist, welches Problem er hat und welchen Anteil er zur Problemlösung beitragen kann. Soziale Arbeit muss zunächst das Problembewusstsein beim Klienten anregen. Für den Klienten ist die Problemlösung mit sozialen Kosten verbunden wie Trennung von der Familie, Zugeben eigener Schuld oder Probleme (z. B. bei Suchterkrankungen) oder Inkaufnahme von Schmerzen (bei Entzug). Ängste vor dem anstehenden Prozess wie vor dem Scheitern kom-

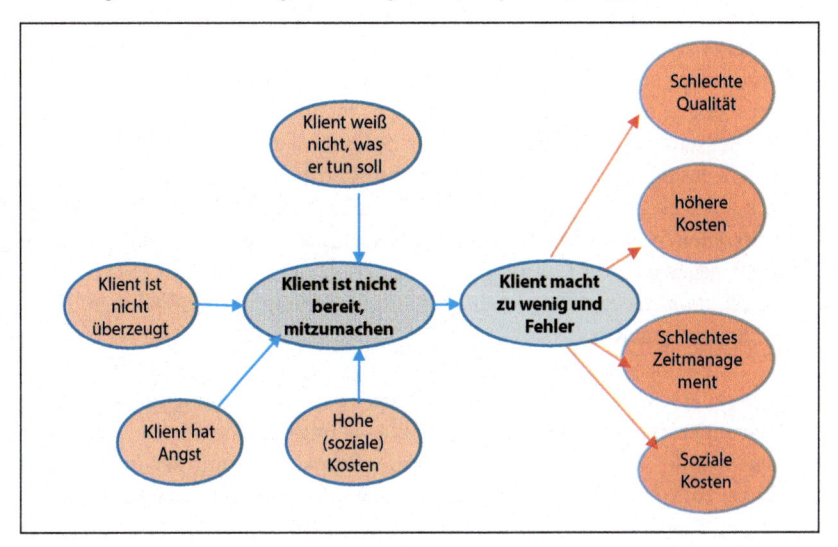

Abbildung 5   Probleme mangelnder Integration (Büttgen 2009, S. 175)

men hinzu, so dass neben mangelnder intrinsischer Motivation eine Vielzahl von Gründen vorhanden sein können, weshalb sich der Klient weniger und schlechter einbringt, als er könnte (Kortendieck 2011, S. 71 f.). Die Folgen sind das Scheitern des Hilfeprozesses (der Suchtkranke bricht den Entzug ab und trinkt wieder), höhere Kosten durch wiederholte Hilfeprozesse oder sich hinziehende Prozesse, was die sozialen Kosten für den Klienten erhöht (siehe Abbildung 5).

Wie lässt sich die Klientenbeteiligung verbessern? Ansatzpunkte sind Integrationsvermögen und Integrationsverhalten. Das Integrationsvermögen des Leistungsanbieters beruht auf Bereitschaft, Kenntnissen und Fähigkeiten der haupt- wie ehrenamtlichen Mitarbeitenden. Dabei benötigen sie Fähigkeiten wie Empathie, die denen von Führungskräften gleichkommen: Sie müssen in der Lage sein, einen angemessenen Führungsstil zu praktizieren, um den Klienten als „part-time-worker" aufgabenbezogen wie menschlich zu integrieren.

Das Integrationsverhalten der Klienten hängt ebenso von Bereitschaft, Fähigkeiten und Kenntnissen ab (Büttgen 2009, S. 68 ff.). Gleichzeitig wird eine subjektive Toleranzzone der Beteiligung unterstellt, innerhalb der der Klient bereit ist, Aufgaben zu übernehmen und Leistungen des Mitarbeiters zu substituieren. Der Klient (wie jeder Kunde) erwartet jedoch ein Mindestmaß an Leistungen vom Anbieter. Im Dienstleistungsprozess verbessern sich die Integrationsbereitschaft und die Integrationsfähigkeit des Klienten durch verschiedene Kommunikationsmittel:

- *Verbesserungen des Wissens:* Qualifizierung bei der Maßnahme (Unterweisungen, Klientenvorgespräche) wie außerhalb der Maßnahme (Vorträge, Merkblätter)
- *Verbesserung der Klientenumgebung:* Funktionalität der Räume (Wohn-, Besprechungs-, Aufenthaltsräume), Zeichen, Symbole (Farbwahl, Funktionalität), Ausstattung der Räume, Rahmung der Informationen
- *Strukturierung der Klientenaufgaben:* Entscheidung über Back-Office und Front-Officebereiche; Depowerment: Festschreibung eines Tagesablaufs, Besuchszeiten und -Möglichkeiten; Empowerment: Förderung von Gruppenarbeit, gegenseitigem Coaching
- *Sozialisation des Klienten:* Realistische Beschreibung der Maßnahmen, Orte der Begegnung, Klienten als Mentoren

Eine besondere Rolle in der Zusammenarbeit zwischen Leistungsanbieter und Klienten andererseits kommt der inneren Einstellung des Klienten zu, dem Commitment mit der zu bewältigenden Aufgabe. Wie steht es mit der inneren Zustimmung zum Hilfeprozess und was kann das Commitment des Klienten beeinflussen? Das Commitment unterscheidet sich in affektives Commitment (Wie berührt bin ich von meinem Problem, wie berührt mich der Mitarbeiter des Anbieters?), normatives Commitment (Wie stehe ich grundsätzlich zum Leistungsanbieter und seinen Werten?) und kalkulatorischem Commitment (Was habe ich vom Hilfeprozess und wie verhalten sich meine Kosten zu meinem Nutzen?). Benkenstein u. a. (2015, S. 227 ff.) stellen dabei fest, dass affektives und normatives Commitment in der Praxis kaum zu unterscheiden sind und das affektive Commitment eine starke Wirkung auf die Integrationsbereitschaft hat. Der Klient ist in diesem Fall intrinsisch im Leistungsprozess motiviert. Das kalkulatorische Commitment, das stark auf extrinsischen Anreizen basiert, hat dagegen nur eine schwache Wirkung auf die Integrationsbereitschaft. Einen positiven Einfluss auf das Commitment übt die Qualifikation des Klienten wie sein Wissen um die Integrationserfordernisse und deren Konsequenzen. Damit verbunden ist das Wissen des Klienten um seinen eigenen Anteil an der Problemlösung, seiner inneren Kontrollüberzeugung (siehe Abbildung 6). Negativ auf die Integrationsbereitschaft wirken sich wiederum die Integrationsaufwendungen aus.

Wie kann man ein hohes affektives Commitment beim Klienten erzielen? Als Einflussfaktoren des Commitment gelten im Human Ressource Management (Gmür und Thommen 2011, S. 234 f.):

- intensive Kommunikation zum Mitarbeiter: das bedeutet, dass der Klient als part-time worker das Gefühl hat als Person akzeptiert zu werden
- Erleben der eigenen Kompetenz

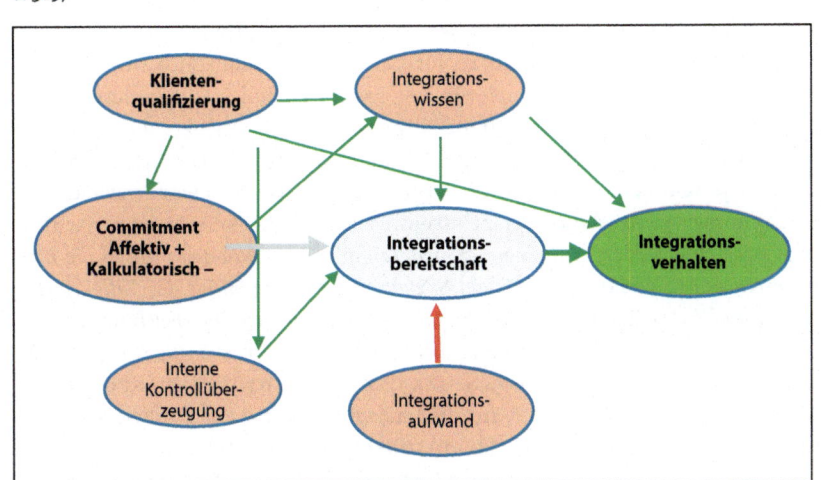

Abbildung 6 Einflussfaktoren auf Integrationsbereitschaft und -verhalten (Büttgen 2007, S. 329)

- Interessante und abwechslungsreiche Tätigkeit
- Situationsangemessener Führungsstil

Zusammenfassend kann man danach schließen, dass die Beteiligung des Klienten als Mit-Arbeiter von seiner eigenen Qualifizierung, von einem angemessenen Hilfesetting und von seiner intrinsischen Motivation abhängt, die wiederum durch einen wertschätzenden, zugewandten und ihn stärkenden Führungsstil begünstigt wird. Bei standardisiertem unpersönlichem und vor allem wenig informierendem Verhalten der Mitarbeiter ist eher ein geringes Commitment zu erwarten.

4 Ausblick

Bislang wurde die Zusammenarbeit mit dem Klienten aus Anbietersicht diskutiert. Der Klient ist ein Mit-Arbeiter, der dem Anbieter Kosten einsparen und die Qualität des Prozesses von seiner Seite aus verbessern kann. Dieser Anbieterlogik steht im (sozialen) Dienstleistungsbereich eine Nutzerlogik gegenüber: Nicht der Nutzer ist Teil des Wertschöpfungsprozesses des Anbieters (bspw. einer Suchtklinik), sondern umgekehrt: der Anbieter (der Sozialarbeiter) ist in einer bestimmten Episode der Problemlösung für den Klienten (hier: Überwindung der Sucht)

Teil dessen Wertkette (Weiber und Ferreira 2015, S. 45). Für den Klienten besteht die Wertkette mit dem Ziel, sein Suchtproblem zu lösen, zunächst darin, selbst zu erkennen, welches Problem er hat (was häufig nur mit professioneller Hilfe gelingt), mögliche Lösungsalternativen für sich bewertet, schließlich sich auf eine bestimmte Form der Suchttherapie einlässt, um dann mit den Hilfestellungen, die er dort erhalten hat, ein suchtbefreites Leben zu führen. Der bzw. die genutzten Anbieter werden für den Klienten zu Co-Producern, nicht umgekehrt (Fließ et al. 2015; Vargo und Lusch 2004). In der Sozialen Arbeit hat vor allem Schaarschuch (2003) immer wieder diesen Perspektivenwechsel von der Anbieter- zur Nachfrager-Logik eingefordert. *„In einem großen Teil aller Interaktionen müssen die hier als Produzenten verstandenen Nutzer Sozialer Arbeit erst mithilfe der Tätigkeit der professionellen Ko-Produzenten in die Lage versetzt werden, ihre Nachfrage zu aktualisieren, zu formulieren und schließlich steuernd auf den Dienstleistungsprozess einzuwirken"* (Schaarschuch 2003, S. 158). Es mag im Einzelfall dem Klienten um Aufwandsreduzierung als Motiv für die Inanspruchnahme einer Hilfeleistung gehen. Meistens sind Hilfeprozesse für ihn selber wiederum aufwändig und zum Teil mit hohen sozialen Kosten verbunden (der Aufenthalt in der Suchtklinik wird am Arbeitsplatz und im Sozialen Umfeld nicht unentdeckt bleiben). Letztendlich geht es ihm um eine Verbesserung seiner Situation und damit seiner Lebensumstände.

Ein verstärkter Einsatz des Klienten die Problemlösung verbessern und/oder günstiger machen kann. Wenn man aus Anbietersicht den Klienten als „Teilzeit-Mitarbeiter" ansieht, ergeben sich aus den grundsätzlichen Überlegungen, die auf der mikroökonomischen Theorie der Produktion beruhen, reizvolle Vertiefungen. Welche Voraussetzungen muss man (der Anbieter) erfüllen bzw. verstärken, um ein besseres Ergebnis zu erhalten. Ansatzpunkte sind einerseits die Klientenbefähigung – mehr Information – andererseits die Klientenbereitschaft zur Mitarbeit. Hier setzen personalpolitische Maßnahmen zur Stärkung des (affektiven) Commitment an. In der Kundenlogik könnte man die von sich aus erwarten. Hier versteht Schaarschuch (2003) die Rolle der Sozialen Arbeit so, dass sie den Klienten erst einmal sein Problem vergegenwärtigen muss. Problemlösungen stellen oft für den Klienten eine erhebliche psychische Belastung dar. Durch die Aktivierung des Klienten können demnach bessere und vielleicht billigere Problemlösungen erzielt werden. Beides stellt für die Beteiligten einen Gewinn dar.

Literatur

Benkenstein, M., Flöter, T., & v. Stenglien, A. (2015). Commitment als Determinante der Kundenintegration in Dienstleistungsbeziehungen. In M. Bruhn & K. Hadwich (Hrsg.), *Interaktive Wertschöpfung durch Dienstleistungen* (S. 227–245). Wiesbaden: Springer Gabler.

Bruhn, M., & Hadwich, K. (2015). Interaktive Wertschöpfung durch Dienstleistungen – Eine Einführung in die theoretischen und praktischen Problemstellungen. In M. Bruhn & K. Hadwich, K. (Hrsg.), *Interaktive Wertschöpfung durch Dienstleistungen* (S. 3–29). Wiesbaden: Springer Gabler.

Büttgen, M. (2009). Beteiligung von Kunden an der Dienstleistungserstellung: Lust oder Last? – Eine motivations- und dissonanztheoretische Analyse. In M. Bruhn & B. Stauss (Hrsg.), *Kundenintegration* (S. 63–89). Wiesbaden: Gabler.

Büttgen, M. (2007). *Kundenintegration in den Dienstleistungsprozess – Eine verhaltenswissenschaftliche Untersuchung.* Wiesbaden: Dt. Univ.-Verl.

Corsten, H. (2000). Der Integrationsgrad des externen Faktors als Gestaltungsparameter in Dienstleistungsunternehmen – Voraussetzungen und Möglichkeiten der Externalisierung und Internalisierung. In M. Bruhn & B. Stauss (Hrsg.), *Dienstleistungsqualität* (S. 145–168). 3. Aufl., Wiesbaden: Gabler.

Finis-Siegler, B. (2009). *Ökonomik Sozialer Arbeit.* 2. Aufl., Freiburg i. Brsg.: Lambertus Verlag.

Fließ, S., Dyck, S., Schmelter, M., & Volkers, M. (2015). Kundenaktivitäten in Dienstleistungsprozessen – die Sicht der Konsumenten. In S. Fließ, M. Haase & et al. (Hrsg.), *Kundenintegration und Leistungslehre* (S. 181–205). Wiesbaden: Springer Gabler.

Geigenmüller, A., & Leischnigg, A. (2009). Wirkungen aktiver Kundenbeteiligung in personenbezogenen Dienstleistungsbeziehungen – Implikationen für Strategien des Consumer Empowerment. In M. Bruhn & B. Stauss (Hrsg.), *Kundenintegration* (S. 403–421). Wiesbaden: Gabler.

Gmür, M., & Thommen, J.-P. (2011). *Human Ressource Management – Strategien und Instrumente für Führungskräfte und das Personalmanagement.* 3. Aufl., Zürich: Versus.

Halfar, B. (2014). Controlling in sozialwirtschaftlichen Organisationen. In: U. Arnold, K. Grunwald & B. Maelicke (Hrsg.), *Lehrbuch der Sozialwirtschaft* (S. 768–788). 4. Aufl., Baden-Baden: Nomos.

Haller, S. (2015). *Dienstleistungsmanagement.* 6. Aufl., Wiesbaden: Springer Gabler.

Kortendieck, G. (2017). Der Klient als Mit-Arbeiter. In *Sozialwirtschaft* 1, 10–13.

Kortendieck, G. (2013). Kunde. In K. Grunwald, G. Horcher & B. Maelicke (Hrsg.), *Handwörterbuch der Sozialwirtschaft* (S. 599–602). 2. Aufl., Baden-Baden: Nomos.

Kortendieck, G. (2011). *Marketing für den Sozialen Bereich.* Augsburg: ZIEL.

Merchel, J. (2015). *Management in Organisationen der Sozialen Arbeit.* Weinheim und Basel: Beltz Juventa.

Möller, S., Fassnacht, M., & Heider, R. (2009). Wenn der Kunde mehr ist als ein Käufer und Nutzer – Motive kollaborativer Wertschöpfungsprozesse. In M. Bruhn & B. Stauss (Hrsg.), *Kundenintegration* (S. 265–280). Wiesbaden: Gabler.

Schaarschuch, A. (2003). Die Privilegierung des Nutzers. Zur theoretischen Begründung sozialer Dienstleistungen. In T. Olk & H.-U. Otto (Hrsg.), *Soziale Arbeit als Dienstleistung* (S. 150–169). München: Luchterhand.

Vargo, S. L., & Lusch, R. F. (2004). Evolving to a New Dominant Logic for Marketing. In *Journal of Marketing* 68, 1–7.

Weiber, R., & Ferreira, K. (2015). Von der interaktiven Wertschöpfung zur interaktiven Wertschaffung. In M. Bruhn & K. Hadwich (Hrsg.), *Interaktive Wertschöpfung durch Dienstleistungen* (S. 31–55). Wiesbaden: Springer Gabler.

Die Analyse von Einzelfällen als methodisches Instrument beim Auf- bzw. Ausbau interorganisatorischer Kooperationsbeziehungen

Claus Reis

Abstract

Netzwerke sind seit geraumer Zeit auch im Sozial- und Gesundheitswesen fast schon eine Selbstverständlichkeit. Trotzdem zeigen empirische Studien immer wieder teilweise massive Defizite in der Zusammenarbeit zwischen Organisationen. Im Anschluss aus Arbeiten im Umkreis von Yriö Engeström wird ein Konzept vorgestellt, wie „Produktionsnetzwerke", d. h. Formen verbindlicher Kooperation, aufgebaut und stabilisiert werden können. Hierzu werden in Planungskonferenzen, an denen Akteure aus unterschiedlichen Organisationen teilnehmen, Analysen von Einzelfällen zum Ausgangspunkt genommen, um Ziele und Strategien gemeinsamen Handelns zu entwickeln. Abschließend werden zentrale Ergebnisse aus einem Projekt vorgestellt, das dieses Konzept erfolgreich eingesetzt hat.

Netzwerke und andere Formen interorganisatorischer Kooperation sind seit geraumer Zeit auch im Sozial- und Gesundheitswesen fast schon eine Selbstverständlichkeit, weshalb es zunächst verwunderlich erscheint, dass immer noch recht häufig eine „verbesserte Zusammenarbeit" gefordert wird. Ganz so selbstverständlich sind Kooperationen offenbar nicht, in der Realität bereiten sie mehr Schwierigkeiten als der unbefangene Außenstehende vermuten würde. Der vorliegende Beitrag beschäftigt sich mit den Fragen, worin diese bestehen und wie sie bewältigt werden können. Er streift dabei nur kurz die bereits vielfach vorgetragene „Notwendigkeit" von Kooperation, um dann eine spezielle Form, das „Produktionsnetzwerk", kurz vorzustellen (Abschnitt 1). Das Spezifikum des hier vorgetragenen Ansatzes ist die Orientierung am Einzelfall als Grundlage strategischer Planung (Abschnitte 2 und 3). Abschließend werden Ergebnisse eines Forschungs-

und Entwicklungsprojektes vorgestellt, in dem dieser Ansatz empirisch erprobt wurde (Abschnitt 4).

1 Verbindliche Kooperation in Produktionsnetzwerken

Die Lebenssituation vieler Menschen, die Unterstützungsleistungen des Staates und/oder sozialer Organisationen in Anspruch nehmen müssen, ist häufig hochkomplex und steht quer zu den meist parzellierten Zuständigkeiten von Verwaltungen. Dies hat der Gesetzgeber erkannt und deshalb in vielen Sozialgesetzbüchern Kooperationsverpflichtungen für die Akteure kodifiziert. Darüber hinaus ist es inzwischen selbstverständlich, in Förderprogrammen Kooperation als Arbeitsgegenstand festzuschreiben. Damit wird reflektiert, dass erst das verbindliche, koordinierte Zusammenwirken unterschiedlicher arbeitsmarkt-, sozial- und bildungspolitischer Akteure angemessene Unterstützungsleistungen sicherstellen kann, die den Adressat*innen gesellschaftliche Teilhabe ermöglicht. In der Praxis zeigen sich trotz dieser Rechtsvorschriften immer wieder Hindernisse einer an sich notwendigen Kooperation. Diese liegen sowohl im formal-strukturellen und im informellen organisationskulturellen Bereich als auch in der Einbeziehung verschiedener Formen von Professionswissen und organisationsspezifischen Arbeitsformen.

Studien aus dem Kontext der US-amerikanischen Fürsorgereform haben gezeigt, dass Kooperation aus strukturellen Gründen häufig nur schwer zu realisieren ist (Corbett und Noyes 2004, 2005a, b, 2006, 2008; Sandfort 2007). Corbett und Noyes argumentieren, dass bei allen Kooperationsvorhaben unabhängig vom Grad der Kooperation die gesamte Organisation in ihrem „institutionellen Milieu" im Blick behalten werden muss. Selbst bei einer Kooperation mit „nur" einem Teil der Organisation ist immer die ganze Organisation beteiligt. Dies gilt natürlich umso mehr, je intensiver die Kooperation ist. Sie kritisieren, dass bei der Einführung integrierter Modelle der Leistungserbringung meist nur über Änderungen in den Verfahren und Regelwerken sowie in den administrativen Systemen nachgedacht werde, nicht aber über Auswirkungen auf die Organisationskultur und internen informellen Regeln. Demgegenüber lege eine Sichtweise von Organisationen als „Eisberge" nahe, dass auch das Geschehen „unterhalb der Wasseroberfläche" zu betrachten sei, nämlich Führungsstile, Organisationskulturen und spezifische Sinnsysteme.

Hasenfelds Konzept der „Praxisideologie" („practical ideology", Hasenfeld 2010) ermöglicht Anschlüsse an wissenssoziologische Überlegungen und rückt die Konstruktionsleistung von Organisationen und deren Personal in den Vordergrund. Personenbezogene Dienstleistungen werden im Schnittfeld von institutionsspezifischem praktischen Wissen und einem in individuellen beruflichen Biografien erworbenen „Professionswissen" erbracht. Dieses bildet eine Wissensbasis, die in unterschiedlichen Situationen und Fallkonstellationen eingesetzt wird, und „die sich ebenso aus bewusst gelernten Fakten, Theorien, Regeln usw. konstituiert wie aus erfahrungsvermittelten Einsichten, Weisheiten, Konzepten usw., wobei all das durch persönlichkeitsspezifische Einstellungen, Haltungen usw. oder (…) durch ein ‚professionelles Selbst' in berufsrelevantes Wissen transformiert wird" (Fried 2003, S. 80).

Immer wieder wird nach Lösungen gesucht, die diese wohl grundlegenden Hindernisse von Kooperation lösen oder zumindest einhegen. Der Zusammenhang von Professionswissen, Organisation und interinstitutioneller Kooperation wurde im Rahmen eines von den Universitäten Bath und Birmingham (England) durchgeführten Forschungs- und Entwicklungsprojektes explizit bearbeitet. Hintergrund war das im Jahre 2004 in England vom dortigen Familienministerium aufgelegte Programm zur Verhinderung der sozialen Ausgrenzung von Kindern. Ein wesentlicher Bestandteil des Programms war die Förderung interinstitutioneller Kooperation zwischen Akteuren der Jugendhilfe, Schulen, Kinderpsychologen und anderen Institutionen, die mit Kindern und Jugendlichen befasst sind. Im Rahmen des Programms wurden etliche wissenschaftliche Untersuchungen durchgeführt und Literatursurveys erstellt, die sich mit Formen und Problemstellungen interinstitutioneller Kooperation beschäftigten (Warmington et al. 2004; Edwards et al. 2009). Eine dieser Untersuchungen wurde im Rahmen des Projekts „Learning in and for Interagency Working" von 2004 bis 2007 durchgeführt.

Die Studie verfolgte zwei Fragestellungen: Was und wie lernen Professionelle im Zusammenhang mit der Entwicklung kooperativer Antworten auf das Problem drohender Ausgrenzung von Kindern? Welche organisatorischen Bedingungen sind hierbei förderlich? Theoretischer Bezug war die kulturhistorische Tätigkeitstheorie, die auf den russischen Psychologen Lev Vygotskij zurückgeht und von Yrjö Engeström der Universität Helsinki weiterentwickelt wurde. Kerngedanke ist, dass sich menschliches Handeln innerhalb von „Tätigkeitssystemen" vollzieht, die in ihren Netzwerkbeziehungen zu anderen Tätigkeitssystemen gesehen werden müssen. Dabei ist „ein Tätigkeitssystem (…) immer eine Gemeinschaft vieler Standpunkte, Traditionen und Interessen. Die Arbeitsteilung in einer Tätigkeit schafft verschiedene Positionen für die Mitglieder, die Mitglieder tragen ihre jeweils eigene unterschiedliche Geschichte, und das Tätigkeitssystem selbst enthält verschiedene historische Schichten und Stränge, die in seine Gegenstände, Regeln und Konventionen eingeschrieben sind" (Engeström 2008, S. 65). Die „Vermittlung" zwischen den Akteuren innerhalb eines Tätigkeitssystems und ihren „Gegenständen" erfolgt durch Werkzeuge und Symbole und dies bedeutet, dass die „Gegenstände" als solche erst im Zuge der Vermittlung „konstruiert" werden. Engeström ist von seiner disziplinären Herkunft her Erwachsenenpädagoge und fokussiert in seinen Forschungen auf organisationales Lernen. Dieses siedelt er in der Auseinandersetzung verschiedener Tätigkeitssysteme an den Schnittstellen gemeinsam geteilter Gegenstände an. Gelingt diese Auseinandersetzung, so erweitert sich der „Blick" der einzelnen Tätigkeitssysteme („expansives Lernen").

Der Autor hat diese Forschungsstränge im Rahmen mehrerer Forschungsprojekte verknüpft mit Überlegungen zu „Produktionsnetzwerken", d. h. verbindlichen Kooperationsstrukturen zwischen eigenständig operierenden, teilweise sogar konkurrierenden Organisationen (Reis et al. 2016). Ausgangspunkt war die Überlegung, dass es bei der Bearbeitung komplexer Problemlagen nicht genügt, Case Management für den Einzelfall zu etablieren (das wäre eine notwendige, aber nicht hinreichende Bedingung), sondern dass es parallel einer verbindlichen Kooperation aller für die einzelnen Aspekte einer komplexen Problemsituation zuständigen Institutionen und Organisationen bedarf. Die hierzu notwendige Konstruktion ist das Handlungskonzept Produktionsnetzwerk, in dem unterschiedliche Akteure gemeinsam an der Produktion sozialer Dienstleistungen beteiligt sind. Das bedeutet, dass (im organisationssoziologischen Sinn) autonome Organisationen über einen z. T. längeren Zeitraum hinweg gemeinsam Dienstleistungen erbringen. Hierzu ist ersichtlich ein intensiverer bzw. dauerhafter Kooperationszusammenhang erforderlich als bei anderen Netzwerktypen, z. B. Informationsnetzwerken, in denen Informationen ausgetauscht werden. Die mit dieser Kooperation verbundene Herausforderung stellt sich auf zwei Ebenen:

- als Kooperation zwischen zwei (oder mehreren) Organisationen mit jeweils spezifischen Zwecken, Hierarchien und Mitgliedschaftsbedingungen, die sich in unterschiedlichen Aufbau- und Ablauforganisationen niederschlagen;
- als Kooperation zwischen Mitarbeiter*innen dieser Organisationen, die vor dem Hintergrund der jeweiligen spezifischen Arbeitsbedingungen handeln, und möglicherweise über einen unterschiedlichen beruflichen Hintergrund und ein spezielles Professionswissen verfügen.

Die Herausforderung ist dann besonders groß, wenn es darum gehen soll, dauerhafte und verbindliche Netzwerkstrukturen zu schaffen und zu stabilisieren. Und die Herausforderung wird dann gesteigert, wenn die zu vernetzenden Organisationen unterschiedlichen organisationalen Feldern[1] angehören, unterschiedliche

---

1   Mit dem Begriff „organisationales Feld" bezeichnen die amerikanischen Soziologen DiMaggio und Powell „jene Organisationen, die gemeinsam einen abgegrenzten Bereich des institutionellen Lebens konstituieren: die wichtigsten Zulieferfirmen, Konsumenten von Ressour-

professionelle Arbeitsweisen zur Anwendung kommen und unterschiedliche professionelle Standards gelten.

Produktionsprozesse in den beteiligten Organisationen werden zu einer (potenziellen) integrierten Leistung („supply chain") zusammengefügt. Dadurch erfolgt ein Eingriff in die Geschäftsprozesse der einzelnen Organisationen bei gleichzeitiger Bewahrung ihrer Selbständigkeit (keine vollständige „Integration" bzw. „Vertiefung"). Allerdings ist es nicht notwendig, dass alle Mitglieder eines Produktionsnetzwerkes bei allen Aktivitäten beteiligt sind – um von einem Produktionsnetzwerk zu sprechen, reicht es aus, dass alle Beteiligten verbindlich ihre Bereitschaft erklären, dann zu einer gemeinsamen Leistung beizutragen, wenn dieser sachlich klar definierte Beitrag benötigt wird. Damit eine solche Perspektive bei den Mitarbeitenden keine Abwehr auslöst (Franz 2013), ist es eine wichtige Aufgabe der Organisationsspitze, die Rückkopplung von Kooperationsbeziehungen zum Gegenstand reflexiven Handelns zu machen, indem z. B.

- Anlässe, Umfang und Intensität von Kooperationsbeziehungen geplant werden. Das bedeutet auch, durch die Definition von Zielgruppen und Einzugsbereichen („Sozialräumen") Segmente der Organisation festzulegen, die erwartbar von den durch Kooperation induzierten Entwicklungen betroffen sein werden. Diese Segmente können dann als „Experimentierfelder" dienen.
- Die Kontakte zu Netzwerkpartnern zum Anlass gezielten (und damit von der Organisationsspitze geförderten) organisationalen Lernens gemacht werden, das tatsächlich eigene Routinen, Rituale und Werte zur Disposition stellt. Hilfreich sind hier Instrumente wie Hospitationen, gemeinsame Fortbildungen, gemeinsame Projekte u. ä.
- Kooperationsbeziehungen durch Personen gepflegt werden, die auf Grund ihrer hierarchischen Einbindung in der Lage sind, Impulse rasch und mit Nachdruck in die Organisation weiterzuleiten. Es können Stabsstellen geschaffen oder Projektgruppen installiert werden – in allen Fällen geht es darum, Kooperation systematisch aufzubauen und zu nutzen und die irritierenden Effekte produktiv zu verarbeiten. Das bedeutet auch, dass die Personen, die mit diesen Aufgaben betraut sind, über Kompetenz im doppelten Wortsinne verfügen müssen: Fachkenntnisse im Hinblick auf Projekt- und Netzwerkmanagement und innerorganisatorische Entscheidungskompetenz.

---

cen und Produkten, Regulierungsbehörden sowie die Organisationen, die ähnliche Produkte oder Dienstleistungen herstellen bzw. anbieten" (DiMaggio und Powell 2009, S. 149).

2 Einzelfall und Planung

Nach dem Konzept Engeströms konstruieren Organisationen die „Gegenstände" ihrer Tätigkeit in einem komplexen Zusammenhang aus formaler Struktur, Arbeitsaufträgen, Organisationskultur, professionellen Wissensbeständen etc. Soweit es zur Ausbildung von Kooperationsstrukturen kommt, bezieht sich diese auf gemeinsame „Gegenstände", die allerdings aus einem jeweils spezifischen Organisationskontext heraus konstruiert werden. „Ko-Konfiguration" bedeutet deshalb die (u. U. langwierige) Herausbildung eines gemeinsam geteilten Blicks auf diesen Gegenstand. Hierdurch entsteht das o. g. expansive Lernen.

Im Kontext von Sozial- und Arbeitsmarktpolitik sind unterschiedliche „Gegenstände" denkbar, die zur Kristallisation verteilter Expertise beitragen könnten. Prominent sind dabei natürlich genau die Themen, die zur Etablierung organisationaler Felder beigetragen haben, d. h. von mehreren Organisationen arbeitsteilig und z. T. kooperativ, z. T. konkurrierend bearbeitet werden. Sie bilden den Ausgangspunkt für Diskurse, die im Rahmen von Fachplanungen geführt werden. Diese Diskurse stützen sich auf Daten, die überwiegend aus Expertensystemen gewonnen werden, wie z. B. der Sozialberichterstattung. Ein wesentliches Merkmal dieser Daten ist es, dass sie sich auf einen abstrakten Merkmalsraum beziehen, Strukturen abbilden und gerade deshalb von individuellen Lebensverhältnissen abstrahieren. Strukturen sozialer Ungleichheit und lokaler Versorgung wirken sich zwar im Einzelfall aus, werden aber fallunabhängig generiert. Sie werden über die Analyse sozialstatistischer und ökonomischer Daten fassbar, die systematisch von Besonderheiten absehen. Die Programmatik sozialstaatlicher Intervention setzt an diesen überindividuellen Strukturen an, beabsichtigt die Beeinflussung rechtlicher und/oder ökonomischer Strukturen und die Gestaltung von Sozialräumen. Die „pädagogische Intervention" (Kaufmann 2012) ergänzte immer schon diese Programmatik, wurde aber nie zur zentralen Figur sozialpolitischer Gestaltung. So besteht eine konzeptionelle, häufig auch institutionelle und organisatorische Trennung zwischen „Fallarbeit" und „Fachplanung", individueller Hilfe und sozialpolitischer Intervention. So gesehen können die „Gegenstände" der gemeinsamen Arbeit sowohl aus der Fachplanung als auch über die Fallarbeit erschlossen werden.

Um eine intensive interinstitutionelle Kooperation zu realisieren, muss diese Trennung aufgehoben werden, damit der gemeinsame „Gegenstand" der Arbeit unterschiedlicher Professionen und Organisationen in den Fokus genommen werden kann: die (hilfebedürftige) Person in ihren sozialen (und damit strukturell geprägten) Lebensbedingungen. Ein möglicher Weg hierhin, der durch die Arbeiten von Corbett und Noyes, Engeström et al. und Warmington aufgezeigt wird, besteht darin, an der täglichen Arbeit an einem „Fall" anzusetzen. Hierfür gibt es im Wesentlichen drei Gründe:

- Einzelfälle und ihre „Geschichte" bieten konkrete Anhaltspunkte dafür, unterschiedliche Perspektiven zu entwickeln und am konkreten Material zu explizieren. Sie bieten einen „Überschuss an Anknüpfungen. Dies erlaubt anders als bei hoch selektiven, standardisierten Datensätzen, Varianz in der Nutzung und Verwertung. So lässt eine Geschichte verschieden gerichtete Demonstrationen, Schlüsse und Urteile zu. (…) Der Überschuss an Zeichen, Markern, Modulen etc. offeriert vielfältige (Re-)Konstruktionen einerseits (…)" (Scheffer 2014, S. 245).
- Die Einzelfälle sind Konstruktionen unterschiedlicher, am „Fall" beteiligter Professionen, keine Profession kann substanziell eine Deutungshoheit in Anspruch nehmen. Der Diskurs über den Fall ist diesem bereits inhärent – was genutzt werden kann, um die „verteilte Expertise" als komplexe Expertise zu realisieren.
- Die konkrete Tätigkeit bildet den Berührungspunkt unterschiedlicher Organisationen, die für dieselben Personen Leistungen erbringen. Bei näherer Betrachtung zeigt sich rasch, dass die Fachkräfte unterschiedlicher Organisationen mit der gleichen Person (oder Familie) arbeiten, dies aber auf durchaus unterschiedliche Weise tun. Der scheinbar „gemeinsame" Fall erweist sich so als eine Ansammlung organisationsspezifischer „Fälle", deren Gemeinsamkeit erst noch herausgearbeitet werden muss.

Der Fall bildet den Ausgangspunkt über unterschiedliche „Fallsichten", Schnittstellen, Bearbeitungsformen u. a. m. zu reflektieren. Aber auch wenn mit Fällen begonnen wird, ist deren Bearbeitung nicht zureichend, um eine gemeinsame Perspektive zu entwickeln. Das „Besondere" muss auf das „Allgemeine" bezogen werden und das „Allgemeine" besitzt eine den Einzelfall übersteigende Bedeutung. Ein Fall entsteht allgemein, „wenn Einzelnen, Gruppen oder Gemeinschaften aus ihrer eigenen Perspektive heraus oder aber aus der Perspektive der Gesellschaft heraus ein Problem angeheftet wird, das es zu lösen gilt." (Giebeler 2007, S. 11). Ein Fall ist somit stets eine soziale Konstruktion: „Eine Person ist kein Fall und entsprechend spricht, arbeitet oder schläft ein Fall nicht. Vielmehr (…) können diese Lebensäußerungen einer Person (…) nur vor einem bestimmten thematischen und/oder interventionspraktischen Hintergrund für einen beobachtenden Dritten zum Fall werden" (Maiwald 2008, S. 5).

Die Theorie der „Konstruktion sozialer Probleme" bietet einen Bezugsrahmen, um diesen Zusammenhang weiter zu vertiefen. Den Vertretern des „Sozialkonstruktionismus" geht es generell darum, die Entstehung sozialer Probleme als Resultat gesellschaftlicher Konstruktionen zu analysieren. Groenemeyer schreibt hierzu: „*Doing social Problems* ist die Anwendung von Regeln, Techniken und Wissen auf individuelle Problemlagen und Problemsituationen. Grundlage hierfür ist ein Prozess der Kategorisierung und ihrer Begründung in Rahmen von legitimierten Wissensbeständen, die für die Institutionen der Problembearbeitung typisch sind. Hierzu wird in der Regel auf Gesetzestexte und Vorschriften, Diagnosehandbücher, Risikochecklisten oder Programme zurückgegriffen, die als ein selbstverständliches Wissen routiniert angewendet werden und die Grundlage für Aushandlungsprozesse mit den Betroffenen darstellen" (Groenemeyer 2010, S. 17). Damit geraten auch strukturelle Machtverhältnisse in den Blick. Der Prozess der Konstitution sozialer Probleme wird als mehrstufiger Prozess gesehen, die Analyse erstreckt sich über unterschiedliche Ebenen, Felder oder Arenen, die jeweils spezifische Kontexte und Rahmenbedingungen für Problematisierungen und damit auch für die Arbeit in Institutionen und Organisationen der Problembearbeitung darstellen. Die Ebenen folgen verschiedenen Logiken, sind aber systematisch miteinander verbunden. „Für Institutionen der Problembearbeitung sind öffentliche Diskurse und die in ihnen etablierten Problemkategorien von Bedeutung, insofern sie die Organisationen mit Legitimation und Reputation für die von ihnen durchgeführten Maßnahmen und Angebote versorgt" (Groenemeyer 2010, S. 29).

Im Prozess der politischen Bearbeitung formulierter „legitimer" Probleme bilden sich „politische Domänen", die u. U. die Ausbildung „organisationaler Felder" begünstigen. Die gesellschaftlichen Diskurse werden auf diese Weise durch die Institutionen und Organisationen gefiltert. Es sind die institutionellen Settings, die letztlich den entscheidenden Einfluss auf das Handeln der Akteure haben: „Not only are social problems representations organizationally produced and preferred models for interpretations, but their use is conditioned by prevailing local preferences, practices and resources. Both image and attachment are organizationally embedded (...); categories and practices through which they are applied reflect local interpretative circumstances and culture" (Holstein und Miller 2003, S. 87). Die Analyse des Handelns der Fachkräfte wird auf diese Weise systematisch mit der Analyse diskursiver Praktiken verknüpfbar: sowohl die konkrete Problemarbeit im Organisationsalltag wie auch Organisationsstrukturen und Masterdiskurse werden Gegenstand der Analyse.

Organisationen sehen konkrete Personen als „Fälle", d. h. nehmen die Lebenswirklichkeit und die Subjektivität von Menschen nach Kriterien (selektierend) wahr, die an eigenen oder übernommenen (z. B. gesetzlich definierte Zuständigkeiten) Regeln ausgerichtet sind. Hinzu kommen von Seiten der Mitarbeiter*innen u. U. professionell geprägte Wahrnehmungsmuster. Die „Bearbeitung" von Fällen erfolgt nach organisatorisch und/oder professionell geprägten Handlungsmustern. Damit vollzieht sich die situative Interaktion zwischen Personen, der Fachkraft einerseits und dem/der Leistungsadressat*in anderseits, innerhalb strukturell geformter Bedingungen – sie ist zwar spezifisch, aber nicht von den strukturellen Bedingungen ablösbar, die auch auf Seiten der Adressat*innen (also der „Person") wirken. Treffen Personen auf mehrere Organisationen bzw. deren Vertreter*innen, werden mehrere „Fälle" parallel (aber nicht unbedingt gleichzeitig) konstruiert und konstituiert. In jedem „Fall" wird ein je spezifisches Bild der Person gezeichnet, das handlungsleitend für die jeweilige Interaktion ist und damit rekursiv die Wahrnehmungs- und Handlungsstrukturen der Beteiligten stabilisiert (aber auch u. U. modifiziert). Es reicht jedoch nicht aus, aus mehreren Fällen einen Fall zu machen, d. h. eine multiperspektivische Betrachtung anzustreben. In diesem Falle würde die Basis des organisatorisch geprägten selektiven Blicks erweitert – aber die „Person" u. U. dennoch verfehlt, da die Nutzerperspektive fehlt, d. h. die Perspektive der Person, die zur/zum Leistungsadressat*in wurde. Um zu einer (annähernd vollständigen) integrierten Darstellung einer Fallkonstellation (bestehend aus mehreren, aus der Perspektive der Organisationen definierten „Fällen") zu kommen, muss deshalb die Nutzerperspektive eingeführt werden – entweder direkt (durch die unmittelbar Betroffenen) oder indirekt durch die Rekonstruktion von Sinnzusammenhängen, die sich an der Fallgeschichte zeigen.

In einem „Fall" kreuzen sich immer subjektive und objektive Perspektiven, geht es einerseits um Personen mit ihrem subjektiven Handeln, ihren Motiven, ihrem subjektiv gemeinten Sinn und andererseits um den „objektiven" Sinn, den diese Handlung für andere hat. Ein „Fall" bezieht sich in der Sozialen Arbeit (wie in der Pädagogik) somit immer auf subjektives, das „Besondere", stellt dieses aber in einen breiteren Kontext – nur dadurch kann von „Fall" die Rede sein: „Jeder Fall ist das Resultat hoch selektiver Prozesse der Zurichtung und Abstraktion. Ereignisse sind in ihrer Urform und in der Gestalt, in der sie (…) zum Fall werden, durchsetzt und geprägt von persönlichen Eigenarten, besonderen Umständen, situativen Zufällen etc., die es schwer, wenn nicht unmöglich machen, das Geschehen umgehend als ‚Fall von X' zu identifizieren. Deshalb besteht ein wichtiger Schritt der Fallkonstruktion darin, diese kontingenten Elemente auszuwaschen" (Bergmann 2014, S. 428). Aber: „der Fall existiert zwar nur qua Subsumption, er geht jedoch in der Subsumption nicht auf. Auch wenn er seine Bestimmung als ‚Fall von X', also durch Bezug auf einen allgemeinen Satz erhält, ist ihm ein Überschuss an Sinn eigen, der ihm einen eigenen epistemischen Status verleiht" (Bergmann 2014, S. 429). Fallrekonstruktion setzt am Fall an, beansprucht aber „gesicherte Aussagen treffen zu können – und zwar zum einen zu dem jeweils konkreten Fall, aber auch über den Einzelfall hinaus, indem Typologien zu weiteren und zukünftigen Fällen eines bestimmten Feldes entwickelt werden. Der Rekonstruktion geht jedoch die Konstruktion voraus – die Konstruktion sozialer Begebenheiten als ‚Soziales Problem'" (Giebeler 2007, S. 15). Damit sind aber zwei Ebenen bezeichnet:

- die Ebene der Interaktion, in der die Subjektivität des Klienten zum Zuge kommt, der besondere, subjektive Sinn seiner Handlungen im Fokus steht und in Verbindung gebracht wird zu den (teils damit in Widerspruch stehenden) objektiven Bedeutungen dieser Handlungen. Es gehört zum „Fallverstehen", diesen subjektiven Sinn so gut es geht zu erschließen, wobei dieser nie vollständig verstanden werden kann;

- die Ebene der Strukturrekonstruktion, in der nicht nur die sozialen und rechtlichen Bedingungen identifiziert werden, die erst den „Fall" ausmachen, sondern auch subjektive Verhaltensweisen als Manifestationen von „Typen" angesehen werden können.

Jeder Fall weist somit überindividuelle, strukturelle Momente auf: „Um den Sinngehalt geistiger Gebilde zu erschließen, ist es (...) weder hinreichend noch unbedingt notwendig, die individuellen Motive, Vorstellungen und Überzeugungen ihrer Erzeuger in Erfahrung zu bringen: nicht hinreichend, weil darin die objektiven Bedeutungsüberschüsse nicht enthalten sind; nicht unbedingt notwendig, weil die Kenntnis der Absichten und Antizipationen des Urhebers zwar den Zugang zum Sinngehalt seines Werkes erleichtern, in vielen Fällen jedoch auch den Blick für dessen objektive Bedeutung verstellen kann" (Schneider 2009, S. 30 f.).

Die beiden Seiten des Falles, das Besondere wie das Allgemeine, sind ko-präsent, können aufeinander bezogen, aber auch voneinander getrennt werden: „Man kann einen Fall in seiner Beispielhaftigkeit wahrnehmen, indem man ihn vergleichend neben andere Fälle hält, mit dem Ergebnis, dass er als ‚ein Fall von X' identifiziert wird und seine Identität durch den Bezug auf eine allgemeine Regel erhält. Man kann einen Fall aber auch in seiner Einzigartigkeit wahrnehmen, indem man ihn – abgekoppelt von Bezügen auf allgemeine Regeln – als biografische Einheit über die Zeit konstruiert, wodurch er in seiner Individualität und Besonderheit (...) hervortritt" (Bergmann 2014, S. 429). Fallverstehen und Fallrekonstruktion können somit methodisch voneinander getrennt werden – um die strukturellen Aspekte eines Falles zu bearbeiten, muss nicht der subjektiv gemeinte Sinn bis in alle Verästelungen erschlossen werden, letzteres kann aber sehr wohl Thema einer Fallkonferenz sein, die auf individuell zugeschnittene Unterstützung abzielt, während sich die „Planungskonferenz" dem Fall in seiner allgemeinen Bedeutung widmet. Die Fallrekonstruktion liefert also das Material für Planungen, ergänzt, bereichert und konterkariert somit systematisch die Daten, die im Rahmen von Sozialberichterstattung gewonnen und aufbereitet werden. Die pädagogische Kasuistik ist „in der Lage, in aktuellen und konkreten Entscheidungssituationen Anhaltspunkte für die Zukunft zu geben und Wegweiser zu sein" (Hörster 2010, S. 378).

3 Die Planung von Leistungsprozessen

Während sich Fallkonferenzen mit Einzelfällen auseinandersetzen, ist es für Planungskonferenzen wichtig, aus einer (überschaubaren) Anzahl von Einzelfällen gesicherte Aussagen über Strukturen generieren zu können, die dann zum Gegenstand gemeinsamer Planungen werden können. Hierzu kann auf eine Idee zurückgegriffen werden, die der brasilianische Pädagoge Paolo Freire im letzten Jahrhundert entwickelt hat. Die Idee besteht darin, im Zuge pädagogischer Arbeit (z. B. im Kontext von Alphabetisierungskursen) die „generativen Themen" zu identifizieren, die das Leben und die Lebensverhältnisse der Menschen bestimmen. Diese sollten nicht von den Pädagogen vorgegeben, sondern in der gemeinsamen Arbeit entwickelt werden (Freire 1991).

In ähnlicher Weise werden zunächst Einzelfälle, die von den Fachkräften als „typisch" angesehen werden, gemeinsam rekonstruiert. Auf der Basis einer Anzahl von Fällen werden dann fallübergreifende Themen benannt und „generative Themen" herausgearbeitet, die gemeinsam im Akteursnetzwerk bearbeitet und zum Gegenstand von Planungen gemacht werden. Die Arbeit an Einzelfällen darf jedoch nicht zu dem systematischen Fehlschluss führen, „Fälle" zum Ausgangspunkt von Planungen zu machen, gleichzeitig aber die strukturellen Lebensbedingungen dann auszublenden, wenn sie in den „typischen Fällen" nicht thematisiert werden. Zwischen den Themen aus typischen Fällen und den thematisierbaren strukturellen Bedingungen kann, aber muss nicht, eine Schnittmenge bestehen. Deshalb muss diese klassische Planungsperspektive auch in den Planungskonferenzen eingenommen werden. Deshalb ist der systematische Unterschied zwischen „fallübergreifenden Themen" und den „generativen Themen" eines Netzwerks zu beachten: Erstere beziehen sich auf ein Set von Fällen, die als „typische Fälle" deklariert wurden, letztere umfassen mehr als das, nämlich auch Themen, die in den bearbeiteten Einzelfällen gar nicht oder nur am Rand vorkommen, sich aber z. B. über Ergebnisse von Jugendhilfeplanung oder Sozialplanung zeigen, z. B. ein hohes Mietniveau etc., die soziale oder demografische Struktur eines Stadtteils etc. Resultat dieser Arbeit ist ein Themengerüst, das den Ausgangspunkt für gemeinsame Planungen darstellt. Allerdings ist zu beachten, dass der Fokus auf die Nutzer*innen erhalten bleibt und dieser Fokus auch für die nächsten Planungsschritte maßgeblich ist. Auf der Grundlage des „Themengerüstes", das über die Diskussion typischer Fälle und einschlägiger Ergebnisse aus Sozialplanung und Sozialberichterstattung entwickelt wurde, wird von den am Netzwerk beteiligten Akteuren ein gemeinsames Zielsystem erarbeitet, das den Rahmen für weitere strategische und operative Planungen darstellt. Gegenstand dieser Planungen kann die Gestaltung von Dienstleistungsketten sein, die die Leistungen verschiedener Organisationen systematisch miteinander verknüpfen und vorhandene Schnittstellen überbrücken. Hinter dieser Konzeption steht die Idee der Prozessorganisation (Gaitanides 1983). Zu deren Kernelementen gehört erstens die *konsequente Orientierung an Anforderungen und Ergebnissen*. Jede Planung oder Neugestaltung von Leistungsprozessen beginnt bei den Anforderungen der Hilfeberechtigten; den Endpunkt stellen die erwünschten Ergebnisse dar. Dadurch wird die Sichtweise der Hilfeberechtigten auf die Prozesse in den Mittelpunkt gerückt. Die Orientierung an Anforderungen und Ergebnissen für die Hilfeberechtigten ermöglicht gerade bei der Gestaltung von Abläufen, die sich über mehrere Organisationen hinweg erstrecken, die Formulierung und Gestaltung gemeinsamer, abgestimmter Vorgehensweisen. Zweites Kernelement ist die *Koordination der Prozesse*. Es muss definiert werden, welche funktional getrennten, aber zusammengehörigen Leistungen miteinander zu einem Leistungsmodul verknüpft werden können. Übergänge an den Schnittstellen werden definiert und so Brüche, Parallel- und Blindleistungen reduziert. Sind die bisher isolierten Einzelleistungen durch die horizontale Betrachtung über Stellen, Abteilungen oder Einrichtungsgrenzen hinweg miteinander verknüpft, ergibt sich ein neuer Zusammenhang, der im Ideal für die Hilfeberechtigten effektiver und die beteiligten Organisationen effizienter organisiert werden kann. Ein Leitsatz von Prozessorganisationen lautet: Die Konzentration liegt auf den Nutzen generierenden Leistungsprozessen. Diese stehen im Fokus, denn sie ermöglichen die Erfüllung der Anforderungen bzw. der gewünschten Ergebnisse. Drittes und letztes Kernelement der Prozessorganisation ist deren *kontinuierliche Verbesserung*. Nach der Beschreibung und Festlegung der Leistungsmodule sowie der Durchführung der Aktivitäten ermöglicht die Prozessorganisation die regelhafte Überprüfung der Prozessqualität. Werden die Ziele erreicht? Wie zufrieden sind die Hilfeberechtigten? Wo zeigen sich aus der Sicht der beteiligten Organisationen Probleme bei den Einzelleistungen? Werden die richtigen Leistungen erbracht, gibt es Versorgungslücken, Doppelleistungen? Wie funktionieren die Schnittstellen? Diese und alle weiteren interessierenden Fragen müssen mit allen beteiligten Organisationen gemeinsam beantwortet werden. Die Prozessbeschreibungen in den Leistungsmodulen liefern für die Kommunikation die notwendige Grundlage. Das Ergebnis der Analyse ist die Basis für eine Anpassung, die die gemeinsame Planung der Prozesse auf der nächsten Stufe ermöglicht.

4 Produktionsnetzwerke in der Praxis: Ergebnisse des Projektes „Dienstleistungen Hand in Hand – Teilhabe und Integration in Arbeit für Langzeitbezieherinnen und -bezieher durch zielgruppenbezogene Produktionsnetzwerke"

Die oben vorgestellten konzeptionellen Überlegungen wurden empirisch im Rahmen eines vom Ministerium für Arbeit, Integration und Soziales (MAIS) des Landes Nordrhein-Westfalen aufgelegten Projektes überprüft, das vom Institut für Stadt- und Regionalentwicklung (ISR) der Frankfurt University of Applied Sciences wissenschaftlich begleitet wurde. Das Pilotprojekt fußte auf Vorarbeiten und Materialien aus verschiedenen Forschungs- und Entwicklungsprojekten, die das ISR in der Vergangenheit durchgeführt hatte. In allen diesen Projekten ging es darum, koordinierte Hilfen für Personen und Familien im Einzelfall (z. B. im Rahmen des Handlungskonzepts Case Management) zu verknüpfen mit der Entwicklung von Unterstützungsnetzwerken, in denen Organisationen aus unterschiedlichen institutionellen Kontexten *verbindlich* zusammenarbeiten. Während die Methodik des Case Managements für die Einzelfallarbeit inzwischen durch professionelle Standards gesichert ist (DGCC 2015), war es ein wichtiger Entwicklungsschritt, Vorgehensweise und Instrumente für die verbindliche Kooperation von Organisationen aus unterschiedlichen „Rechtskreisen" und ausgeprägten Eigeninteressen zu beschreiben und zu erproben. In diesem Pilotprojekt wurden von 01. 01. 2014 bis 31. 12. 2015 an vier Projektstandorten Produktionsnetzwerke mit Hilfe des oben dargestellten Konzeptes aufgebaut – und zwar bezogen auf unterschiedliche Zielgruppen mit Langzeitbezug von Leistungen des SGB II: Kinderreiche Familien, Alleinerziehende, psychisch Erkrankte. Das Projekt zeigte eindeutige positive Ergebnisse auf vier Ebenen:

Adressat*innen. Grundsätzlich zeigte sich an allen Standorten eine Erweiterung des adressatenbezogenen Professionswissens, d. h. ein wachsendes Bewusstsein über die Lebenslage der Zielgruppe und eine Erweiterung des theoretischen Wissens über die Spezifika der Zielgruppe. Dies führte zu einem anderen Umgang mit den spezifischen Merkmalen der jeweiligen Adressat*innengruppen, was von den betroffenen Klient*innen positiv vermerkt wurde.

Fachkräfte. Bei den Fachkräften zeigte sich eine Erweiterung des Wissens über die Professionsgrenzen hinaus sowie ein steigendes Wissen über die Arbeitsprozesse der Netzwerkpartner. Sie erhöhten sowohl ihr *Fallwissen* als auch ihr *Planungswissen* sowie die Qualität der Beratung.

Organisation. Die neuen verbindlichen Formen von *Kooperation* führten an zwei Standorten zu einer *Veränderung* in den beteiligten Organisationen. Die neu definierten übergreifenden Leistungsprozesse zogen veränderte innerorganisatorische Abläufe nach sich. Ein Beispiel ist in einem Jobcenter die Umstellung der Betreuung von Einzelpersonen auf die Betreuung von Bedarfsgemeinschaften.

Kooperation. Durch die gemeinsame Arbeit stieg das gegenseitige Prozesswissen, ein neues Verständnis von gemeinsamer Arbeit war feststellbar. Eine friktions- und konkurrenzärmere Kooperation konnte partiell realisiert werden.

Aus den Ergebnissen des Pilotprojektes können *einige Lehren für zukünftige Implementationen von Kooperationen* (im Sinne dieses Konzeptes) gezogen werden:

1. Das Konzept Produktionsnetzwerk kann auf unterschiedliche Weise erfolgreich umgesetzt werden. Es ist kein „neues Netzwerk", das zu den vielen bestehenden Netzwerken dazu kommt oder mit ihnen konkurriert, sondern ein Konzept zum Aufbau und zur Überprüfung interinstitutioneller Kooperation.
2. Der Kern dieses Konzepts besteht aus zwei Elementen:
   - Die Konzentration der Zusammenarbeit verschiedener Organisationen auf die Aufgabe, Personen effektiv zu unterstützen, indem Leistungen gebündelt werden (Fallbezug). Hierzu bedarf es einer gemeinsamen Sicht auf Probleme und Ressourcen dieser Personen, über institutionelle und professionelle Barrieren hinweg: ein gemeinsames „Fallverständnis", in dem auch die Perspektive der Adressat*innen eine wichtige Rolle spielt.
   - Die Verbindlichkeit dieser Zusammenarbeit, die geschaffen wird durch gemeinsam geteilte Ziele und möglichst konkrete gemeinsame Planungen zur Realisierung dieser Ziele (Planungsbezug).
3. Das zentrale Instrument zur Umsetzung dieser Elemente sind Planungskonferenzen, an der Vertreter*innen der unterschiedlichen für die Leistungserbringung wichtigen Institutionen teilnehmen, z. B. Jobcenter, Jugendämter, Gesundheitsämter, freie Träger, aber auch stadtteilbezogene Organisationen. Aufgabe dieser Planungskonferenzen ist es nicht, Einzelfälle zu „lösen", sondern über die Analyse von typischen Einzelfällen verallgemeinerbare Wege der gemeinsamen Problemlösung zu entwickeln. In der konkreten Umsetzung wird das Handlungskonzept somit zu einem Instrument der kommunalen Sozialplanung.
4. Um das Konzept von anderen Formen der Netzwerkbildung abzugrenzen, ist es wichtig, auf die Bedeutung der *Fallorientierung* als Planungsinstrument einerseits, die gemeinsame *Zielorientierung* andererseits hinzuweisen. Beides stellt die lokalen Akteure vor Herausforderungen:

- „Fallarbeit" scheint traditionell reserviert für die „operative Ebene", strategische Planung und Sozialplanung nutzen „Fälle" üblicherweise bestenfalls zur Illustration und setzen sie nicht systematisch für die Analyse komplexer Zusammenhänge ein.
- Die Entwicklung einer gemeinsamen konkreten Zielperspektive bis hin zur Planung von Leistungen und Aktivitäten liegt quer zu den organisationalen Eigeninteressen. Der gemeinsame gesetzliche oder politische Auftrag, der im SGB II sowie in anderen SGB angesprochen ist, steht in der Praxis häufig im Schatten der Autonomie von Einzelorganisationen. Das gilt für Organisationen wie das Jobcenter und kommunale Ämter genauso wie für freie Träger unabhängig von ihrer Größe.
5. Bei der Konzipierung von Produktionsnetzwerken ist es erforderlich, auf Leitungsebene vorab zentrale Entscheidungen zu treffen, um wichtige Voraussetzungen für erfolgreiches Arbeiten zu sichern:
   - Bereitschaft zur Einleitung von Prozess- und Strukturinnovationen sichern;
   - Personalauswahl, Entwicklung einer Strategie der Personalentwicklung;
   - Zusammenstellung des Kernnetzwerks;
   - Sicherung kontinuierlicher Arbeit;
   - Entwicklung einer „Beteiligungsstrategie" im Hinblick auf gemeinsame Planungsprozesse.
6. Immer dann, wenn es in Arbeitsfeldern zentrale Akteure gibt, ist es besonders wichtig, den Nutzen einer Beteiligung für die anderen Akteure herauszuarbeiten und transparent zu machen. Dieser Arbeitsschritt muss von den Koordinator*innen und den Leitungskräften des zentralen Akteurs gemeinsam geplant und realisiert werden.
7. Den Koordinator*innen kommt eine zentrale Rolle zu: sie müssen die Netzwerkbildung planen und moderieren, (potenzielle) Netzwerkpartner informieren und „ins Boot holen", Konfliktmanagement betreiben. Gleichzeitig müssen sie in der eigenen Organisation initiieren, dass Strukturen, Prozesse und Arbeitsweisen verändert werden. Hinzu kommen noch Dokumentation, Monitoring und ggf. Öffentlichkeitsarbeit. Dies erfordert nicht nur ein entsprechendes Qualifikationsprofil, sondern auch innerorganisatorisch die Anbindung an Leitung.
8. Die Architektur des Netzwerks (Anzahl und Zusammensetzung der Netzwerkpartner) ist von hoher Bedeutung. Dabei sind der grundsätzliche Zuschnitt (Sozialraumbezug oder „großräumige Versorgung", s. u.) und die hierarchische Position der Mitglieder (inklusive tragfähiger Vertretungsregelungen) besonders wichtig.
9. Der neuralgische Punkt der Netzwerkentwicklung liegt beim Übergang von der „Fallrekonstruktion" in die fallübergreifende Planung. Dieser Schritt muss für

alle Akteure nachvollziehbar sein, damit ein Verharren auf der Fallebene vermieden wird. Dieses Verharren kann auch eine Form kollektiver Abwehr darstellen, denn die Entwicklung gemeinsamer Ziele kann, wenn sie konkret genug ist, Konflikte zwischen Akteursgruppen hervorrufen oder wiederbeleben.
10. Das Zielsystem als Arbeitsprogramm für das Netzwerk muss arbeits- und politikfeldübergreifend gestaltet sein, um die Versäulung in der Versorgungsstruktur aufzubrechen.
11. Es ist zu erwarten, dass die Netzwerkarbeit erhebliche Rückwirkungen auf die Arbeit in der eigenen Organisation und in den anderen beteiligten Organisationen haben wird. So müssen Selbstverständnis und Arbeitsmethoden des Case Managements erweitert, Geschäfts- und Informationsprozesse verändert und neue Maßnahmen entwickelt werden. Diese konkrete Weiterentwicklung bestehender Organisationsstrukturen ist eine Erfolgsbedingung im Hinblick auf eine optimale Unterstützung von Nutzer*innen – sie erfordern aber Kompetenzen (im doppelten Wortsinn) bei den Koordinator*innen und die Legitimation durch die Leitungsebene sowie deren Bereitschaft, Umsetzung auch nach innen durchzusetzen. Daher ist die durchgängige Einbindung und Information sowohl der Leitungsebene wie der operativen Ebene ein wichtiger Faktor, die Umsetzung abzusichern. Gleichzeitig muss zu Beginn geklärt sein, auf welche Weise Projektergebnisse in die Gesamtorganisation rückgekoppelt werden.
12. Sozialraumbezogene Netzwerke haben den Vorteil, dass planerische Entscheidungen unmittelbar für die Handlungsebene genutzt werden können und der Rückkopplungsprozess nach „Modellbedingungen" funktionieren kann. Breiter angelegte Netzwerke benötigen eine „Transformationsebene", die genau geplant werden muss. Letzteres hat möglicherweise den Vorteil, eine größere Reichweite zu realisieren, setzt aber ein funktionierendes Repräsentationssystem voraus. Im Aufbau sind vermutlich lokal begrenztere, schmalere Netzwerke sinnvoll, die aber bereits auf Transformation hin konzipiert werden.
13. Es gibt eine Reihe wichtiger Netzwerkpartner, wie z.B. Schule oder Akteure des Gesundheitswesens, die durch strukturelle Gegebenheiten keinen passenden Ansprechpartner*in in ein Netzwerk entsenden können. Deshalb ist es wichtig, das Thema der Kooperation mit diesen potenziellen Partnern und die optimale Form der Einbindung bereits frühzeitig zu thematisieren. Auch hier liegt eine wichtige Aufgabe der Koordinator*innen.
14. Verbindliche längerfristige Kooperation zwingt alle Akteure*innen dazu, eigene Routinen und Denkgewohnheiten auf den Prüfstand zu stellen, neue Perspektiven zuzulassen und letztlich auch zu experimentieren. Ohne Veränderungsbereitschaft der Beteiligten wird deshalb „Kooperation" nie mehr sein als ein Lippenbekenntnis, das faktisch mehr schreckt als motiviert.

Literatur

Argyris, C. (2002). *Die lernende Organisation: Grundlagen, Methoden, Praxis.* Stuttgart.
Bergmann, J. R. (2014). Der Fall als epistemisches Objekt. In J. R. Bergmann, U. Dausendschön-Gay & F. Oberzauchner (Hrsg.), *„Der Fall". Studien zur epistemischen Praxis professionellen Handelns* (S. 423–440). Bielefeld: transcript.
Corbett, T., & Noyes, J. L. (2005a). The challenge of institutional „milieu" to cross-systems integration. In *Focus* 1, 28–35.
Corbett, T., & Noyes, J. L. (2005b). Cross-system innovations: The line-of-sight exercise, or getting from where you are to where you want to be. In *Focus* 1, 36–41.
Corbett, T., & Noyes, J. L. (2006). *Integrated Human Service Models: Assessing Implementation Fidelity Through the „Line of Sight" Perspective,* Working Draft, Milwaukee. http://legis.wisconsin.gov/lc/publications/rl/rl_2007-21.pdf Zugegriffen: 25. September 2009.
Corbett, T., & Noyes, J. L. (2008). *Human Services Systems Integration: A conceptual Framework,* Working Draft, Madison.
Corbett, T., & Noyes, J. L. (2004). Service and systems integration: A collaborative project. In *Focus* 2, 27–29.
Deutsche Gesellschaft für Care und Case Management (DGCC) (Hrsg.) *Case Management Leitlinien. Rahmenempfehlungen, Standards und ethische Grundlagen.* Heidelberg: Medhochzwei.
DiMaggio, P. J., & Powell, W. W. (2009). Das „stahlharte Gehäuse" neu betrachtet. Institutioneller Isomorphismus und kollektive Rationalität in organisationalen Feldern. In S. Koch (Hrsg.), *Neo-Institutionalismus in der Erziehungswissenschaft* (S. 57–84). Wiesbaden: VS Verlag für Sozialwissenschaften.
Edwards, A., Daniels, H., Gallagher, T., Leadbetter, J., & Warmington, P. (2009). *Improving Inter-professional Collaborations. Multi-agency working for children's wellbeing.* London and New York.
Engeström, Y. (2008). *Entwickelnde Arbeitsforschung. Die Tätigkeitstheorie in der Praxis.* Berlin: Lehmanns.
Franz, M. (2013). Widerstand in interorganisationalen Kooperationen. Konzeptionelle Überlegungen und empirische Rekonstruktion. In K. Dollhausen et al. (Hrsg.), *Erwachsenenpädagogische Kooperations- und Netzwerkforschung. Theorie und Empirie Lebenslagen Lernens* (S. 69–88). Wiesbaden: Springer VS.
Freire, P. (1991). *Pädagogik der Unterdrückten. Bildung als Praxis der Freiheit.* Reinbek: Rowohlt.
Fried, L. (2003). Pädagogische Programme und subjektive Orientierungen. In L. Fried, B. Dippelhofer-Stiem, M.-S. Honig & L. Liegle (Hrsg.), *Einführung in die Pädagogik der frühen Kindheit* (S. 54–85). Weinheim, Basel, Berlin: Beltz.
Gaitanides, M. (1983). *Prozessorganisation. Entwicklung, Ansätze und Programme prozessorientierter Organisationsgestaltung.* München: Vahlen.
Giebeler, C. (2007). Perspektivenwechsel in der Fallarbeit und Fallanalyse. In C. Giebeler, W. Fischer, M. Goblirsch, I. Miethe & G. Riemann (Hrsg.), *Fallverstehen und Fallstudien. Interdisziplinäre Beiträge zur rekonstruktiven Sozialarbeitsforschung* (S. 9–22). Opladen & Farmington Hills.

Groenemeyer, A. (2010). Doing Social Problems – Doing Social Control. In A. Groenemeyer (Hrsg.), *Doing Social Problems: Mikroanalysen der Konstruktion sozialer Probleme in institutionellen Kontexten* (S. 13–56). Wiesbaden: VS Verlag für Sozialwissenschaften.

Hasenfeld, Y. (Hrsg.) (2010a). *Human Services As Complex Organizations.* 2. Aufl., Newbury Park, London, New Delhi.

Holstein, J. A., & Miller, G. (2003). Social Constructionism and Social Problems Work. In dies. (Hrsg.), *Challenges and Choices. Constructionist Perspectives on Social Problems* (S. 70–91). New York.

Hörster, R. (2010). Kasuistik. In K. Bock & I. Miethe (Hrsg.), *Handbuch qualitative Methoden in der Sozialen Arbeit* (S. 377–386). Opladen & Farmington Hills: Barbara Budrich.

Kaufmann, F.-X. (2012). Konzept und Formen sozialer Intervention. In G. Albrecht & A. Groenemeyer (Hrsg.), *Handbuch soziale Probleme* (S. 1285–1304). Wiesbaden: Springer VS.

Lipsky, M. (1980). *Street-Level Bureaucracy. Dilemmas of the Individual in Public Services*. New York.

Maiwald, K.-O. (2008). Die Fallperspektive in der professionellen Praxis und ihrer reflexiven Selbstvergewisserung. Allgemeine Überlegungen und ein empirisches Beispiel aus der Familienmediation. In *Forum Qualitative Sozialforschung* 1, http://qualitative-research.net/fqs/Forum Qualitative Sozialforschung Zugegriffen: 15. April 2017.

Reis, C., Geideck, S., Hobusch, T., Schu, M., Siebenhaar, B., & Wende, L. (2016). *Produktionsnetzwerke in der lokalen Sozial- und Arbeitsmarktpolitik. Aufbau kooperativer Strukturen und Weiterentwicklung sozialer Dienstleistungen am Beispiel des SGB II*. Frankfurt am Main: Fachhochschulverlag.

Sandfort, J. (2010). Human Service Organizational Technology. Improving Understanding and Advancing Research. In Y. Hasenfeld (Hrsg.), *Human Services as Complex Organizations* (S. 269–290). Los Angeles u. a.

Scheffer, T. (2014). Geschichten zur Fallarbeit. In J. R. Bergmann, U. Dausendschön-Gay & F. Oberzauchner (Hrsg.), *„Der Fall". Studien zur epistemischen Praxis professionellen Handelns* (S. 225–248). Bielefeld: transcript.

Schneider, W. L. (2009). *Grundlagen der soziologischen Theorie*, Bd. 3. Wiesbaden.

Warmington, P., Daniels, H., Edwards, A., Brown, S., Leadbetter, J., Martin, D., & Middleton, D. (2004). *Interagency Collaboration: a review of the literature*. Bath/Birmingham.

Teil III

Ethik, Moral und (Sozial-)Geschäft

Grundlagen von Ethik in Management und Leadership

Armin Schneider

Abstract

Wenn davon ausgegangen werden kann, dass Management und Leadership in Non-Profit-Organisationen nicht nur eine Funktion für die enge betriebswirtschaftliche Organisation hat, sondern auch eine Wirkung auf Rahmenbedingungen, Gesellschaft und Politik haben soll, dann muss sich dies auch in einer Ausrichtung auf eben diese Felder niederschlagen. Ethische Fragestellungen sind nicht nur im Umfeld von Skandalen und Fehlentwicklungen von Bedeutung, wenngleich sie in diesen Fällen besonders hervortreten. Unterschiedliche Ethikkonzepte können hier Orientierung zum moralischen Handeln geben. Dabei ist neben der individuellen und der gesellschaftlichen Ebene auch die organisatorische Ebene zu betrachten. Genau dort sind wichtige ethische Fragen im Management zu verankern und als feste Reflexionsschleifen „einzubauen".

Management und Leadership sind in vielfältiger Weise nicht nur für die Steuerung und Entscheidungsfindung in Organisationen wichtige Funktionen, sondern sind damit auch mehr oder weniger mittelbar für die Gestaltung, Nutzung und Umsetzung gesellschaftlicher Normen und Werte bedeutsam. Da in differenzierten Gesellschaften Organisationen in vielfältiger Art für das Zusammenleben eine hohe Bedeutung haben, soll im nachfolgenden Beitrag herausgearbeitet werden, wie Ethik in Management und Leadership vor allem in Non-Profit-Organisationen zur Bedeutung gelangt und wie Modelle aussehen können, eine ethische Reflexion hier voranzutreiben.

Ethik ist zunächst einmal nichts anderes als die Reflexion des Sittlichen, das Nachdenken über das was gemacht wird, aus welchen Gründen auch immer, dabei spielt die Kategorie „gut" oder „schlecht" eine entscheidende Rolle. Und schon hier wird die Schwierigkeit einer ethischen Reflexion im Falle von Management deutlich: Entscheidungen, die getroffen werden, sind nur dann möglich, wenn es Alternativen zu diesen Entscheidungen gibt. D. h. jede Entscheidung ist ein Wagnis oder anders ausgedrückt eine Wette auf die Zukunft. Da die Aufgabe einer Führungskraft sehr wesentlich mit Entscheidungen verbunden ist, müssen Entscheidungen auf ihren ethischen Gehalt hin betrachtet und überprüft werden: „Wenn heute gehandelt werden muss und die Folgen erst in der Zukunft ihre Wirkung entfalten, so kann niemand wissen, wie richtig gehandelt wird. Das ist einer der Gründe, warum jede Rationalität nur „begrenzt" sein kann. Die Unsicherheit ist durch sie prinzipiell nicht zu beseitigen" (Simon 2015, S. 66). Von dieser Prämisse ausgehend, bleibt jede Entscheidung (auch und gerade einer Führungskraft) zunächst einmal offen für eine spätere ethische Bewertung ihrer Wirkung. Selbst bei sorgfältiger Prüfung aller Alternativen, kann eine Entscheidung zu negativen Konsequenzen führen. Dessen eingedenk muss eine ethische Reflexion erst einmal bescheiden sein, was ihre voraussagenden Möglichkeiten angeht. Sie muss aber, um selbst wirksam zu werden, Management- und Leadership-Prozesse analysieren und hier nach Möglichkeiten der Einflussnahme suchen und dies muss nicht nur nach einer Entscheidung etwa in Form einer Bewertung der Folgen der Fall sein.

Wenn davon ausgegangen werden kann, dass Management und Leadership in Non-Profit-Organisationen nicht nur eine Funktion für die enge betriebswirtschaftliche Organisation hat, sondern auch eine Wirkung auf Rahmenbedingungen, Gesellschaft und Politik haben soll, dann muss sich dies auch in einer Ausrichtung auf eben diese Felder niederschlagen. Dann muss Ethik quasi über die Organisation hinausreichen und Möglichkeiten eröffnen, Rahmensetzungen zu beeinflussen.

Auf dieser Grundlage gilt es nachfolgend zunächst die Bedeutung ethischer Fragestellungen für Non-Profit-Organisationen herauszustellen und dabei besonders die Funktion von Management und Führung herauszuarbeiten. In einem zweiten Schritt werden dann Grundkonzepte von Ethik auf Ihre Anwendung im Non-Profit-Management hin untersucht. Schließlich gilt es Möglichkeiten ethischer Verantwortung in Form von mehr oder weniger institutionalisierten Prozessen und Strukturen in Organisationen zu verdeutlichen. Am Ende werden Möglichkeiten der ethischen Orientierung vorgestellt.

1 Ethische Fragestellungen in Non-Profit-Organisationen

Geht man davon aus, dass Non-Profit-Organisationen ihren „Profit" nicht aus monetären Größen schöpfen, sondern sehr stark auf ihre Reputation angewiesen sind, dann sind Fragestellungen der Ethik für solche Organisationen sehr bedeutsam. Dabei ist relativ unerheblich, ob es sich um ein Krankenhaus, ein Jugendamt, eine Wohlfahrts- oder eine Umweltorganisation handelt. Wenn Skandale oder Fehlentwicklungen in einer dieser Organisationen ans Tageslicht kommen, leidet nicht nur die Organisation selbst, sondern eine ganze Branche. Was die monetären Einnahmen angeht, so geht entweder die Spendenbereitschaft zurück oder aber die Organisation steht unter verstärkter öffentlicher Beobachtung, was sich ebenfalls sehr bald über politische und andere Entscheidungen auf die Einnahmen und den Bestand der Einrichtung auswirkt. Da das moralische Handeln von Einzelnen in der Organisation bzw. der Organisation an sich, immer auch vom Rahmen und vom jeweiligen Management abhängig ist, muss ein besonderes Augenmerk auf Management und Leadership gerichtet werden. Management verkürzt als das Haushalten innerhalb bestehender Regeln und Leadership als das mehr oder weniger visionäre Schaffen von Regeln in einer Organisation üben sowohl direkt in der jeweiligen Person als auch indirekt durch das Setzen, Einhalten und Einfordern von Prozessen und Strukturen Einfluss auf das Verhalten aller Organisationsmitglieder aus.

Studien (American Society of Chartered Life Underwriters & Chartered Financial Consultants and Ethics Officer Association 1997; Chevalier und Kaluza 2015) zeigen auf, dass sowohl das Führungsverhalten Stress und Druck am Arbeitsplatz verursacht als auch, dass dies oft eine Ursache für das unmoralische Verhalten der Beschäftigten ist.

Beispiele aus Skandalen und Fehlentwicklungen im Non-Profit-Management in den letzten Jahren lassen sich viele aufzählen, die teilweise durch die Justiz aufgearbeitet wurden, teilweise aber auch „nur" den jeweiligen Organisationen in ihrer Reputation geschadet haben (UNICEF-Spendenskandal, Limburger Bischofshaus, Altenpflegeskandale, Maserati-Affäre, ADAC-Skandal). Immer sind dabei ethische Fragen des Managements und des Leaderships in den jeweiligen Organisationen berührt. Als ein Paradebeispiel für eine organisierte Verantwortungslosigkeit im Bereich der Banken gilt die Deutsche Bank: „Durch die Verlagerung der wesentlichen Entscheidungen vom Vorstand ins Exekutivkomitee verliert der Aufsichtsrat weitgehend den Zugriff auf die Führung der Bank. (...) So führt die Existenz des Komitees nicht nur zu einer Machtverschiebung innerhalb der Bank, sondern vor allem zu einer Kultur der Verantwortungslosigkeit. Unter dem GEC [Group Executive Committee, A. S.] gibt es weitere Komitees und Subkomitees, und am Ende weiß keiner mehr, wer wofür die Verantwortung trägt, auch nicht

Ackermann, obwohl seine formale Kontrollmacht noch weiter wächst" (Fichtner et al. 2016, S. 19). Deutliche Parallelen lassen sich, wenn hier auch die betroffenen Summen und der Schaden für das Gemeinwohl erheblich geringer sind, beim Fall des Limburger Bischofshauses (Bischof Tebartz von Eltz): Im Abschlussbericht der externen Prüfungskommission stehen z. B. die folgenden Stichworte, die bezeichnend sind auch für viele andere Skandale:

- „keine klare Abgrenzung von Aufgaben und Kompetenzen"
- „ein in sich geschlossenes System geschaffen"
- „Das systematische Fehlen von Vorgaben"
- „keine situations- und bedarfsgerechte Lösung"
- „zur Verfügung stehende Kompetenzen werden systematisch nicht genutzt"
- „Die oben gemachten Feststellungen haben zum fast völligen Fehlen der zur Projektsteuerung erforderlichen Instrumente eines Bauherrn geführt"
- „(…) auch in seinen Auswirkungen auf die betroffenen Personen – einen sehr hohen Preis gefordert" (Prüfungskommission im Auftrag der Deutschen Bischofskonferenz 2014, S. 106)

Immer sind es neben vermeintlich unmoralischen Praktiken von Personen auch Organisationen mit ihren Strukturen und Prozessen, die mehr oder weniger das Handeln Einzelner in Kauf genommen haben, unterstützt oder nicht verhindert haben.

Vorsicht ist geboten, wenn Moral nur als Zweck einer Organisation herausgestellt wird und mit ihr im Sinne von Marketing geworben wird: „Die unternehmerische Vermarktung der Moral zielt auf *individuelle und instrumentelle Nutzenstiftung,* wie sie für Marketing als Steuerungs- und Sozialtechnologie üblich ist, beispielsweise indem Kundinnen mit gutem Gewissen (fair, regional, grün) konsumieren können bzw. sie zumindest kein schlechtes Gewissen haben müssen, weil in der Wertschöpfungskette keine so unschönen Dinge wie Kinderarbeit, lange klimaschädliche Transportwege, der Einsatz von Pestiziden oder Ähnliches zu befürchten sind" (Reinbacher 2016, S. 86). Eine Moral der Vermarktung wegen greift zu kurz und erinnert eher an das „Greenwashing" einiger Unternehmen, die sich einen ökologischen oder umweltfreundlichen Touch geben, jedoch in ihren wesentlichen Geschäftsfeldern auf solche Grundlagen verzichten. Moral kann positiv hervorstechen im Markt, muss aber dann ebenso unter ethischen Perspektiven überprüft werden, weder ist Erfolg mit Moral gleichzusetzen, noch ist Moral immer und direkt erfolgreich. Oder mit Sedláček: „Was würde aus Kants „moralischer Dimension der Ethik", wenn Ethik sich auszahlen würde? Wenn wir *um des Profits willen* Gutes tun, verkommt die Frage der Ethik zu einer bloßen Frage der Rationalität" (Sedláček und Pross-Gill 2012, S. 93).

2 Grundkonzepte der Ethik und ihre Anwendung im Non-Profit-Management

Grundsätzlich sind Management und Leadership (auch) für die Umsetzung von Werten und Leitlinien in einer Organisation verantwortlich. Das „auch" meint, dass sie dies neben anderen Aufgaben auch tun, aber es meint ebenfalls, dass für die Umsetzung von Werten einer Organisation auch die Mitarbeiter*innen eine Verantwortung tragen.

Unternehmerisches Handeln ist wichtig, bedarf aber der Einbindung in gesellschaftliche Werte: „Unternehmerisches Handeln ist für eine Gesellschaft notwendig und deswegen ethisch. Aber es muss immer eine Gemeinwohlorientierung haben, es kann niemals nur am Eigennutz und am Eigeninteresse orientiert sein. Fatal ist die Entkopplung von Risiko und Haftung. Ein freiheitliches System zerstört sich selber, wenn es Leute zu verantwortungslosem Handeln einlädt" (Huber 2013, S. 60). Damit werden die individuelle Handlung und die gesellschaftlichen Strukturen angesprochen, die miteinander verwoben sind. Strukturen und Regelungen können einen Einfluss auf das moralische oder nichtmoralische Verhalten von Menschen ausüben, ebenso wir Strukturen und Prozesse in einer Organisation.

Eine Unterscheidung zwischen Moral und Ethik ist für das Verständnis beider Bereiche wichtig. Während die Moral eher die Sitten beschreibt und sich um „Sittlichkeit" oder „was man tut" sowie Normen und Prinzipien kümmert, geht es bei der Ethik eher um das soziale System, die Reflexion des Sittlichen und Werte und Tugenden (Schneider 2016, S. 29).

Zur Ethik sind ganz verschiedene Grundkonzepte vorhanden, die sich ganz unterschiedlich auch auf die Frage nach der Ethik im Bereich von Management und Leadership auswirken. Die einzelnen Konzepte unterscheiden sich darin,

- „ob sie von der Einstellung des Einzelnen ausgehen (z. B. Gesinnung, gute Absicht),
- ob sie eine Ethik vom Ergebnis einer Handlung her beschreiben und bewerten (z. B. Nutzen, Folgen des Handelns) oder
- ob sie den Prozess der Ethik selbst zum Gegenstand haben (z. B. Diskurs oder eigene Einsicht" (Schneider 2016, S. 28).

Zu unterscheiden sind die einzelnen Ebenen einer ethischen Reflexion:

- das Handeln der einzelnen Führungskraft (Individualethik),
- das Handeln der Organisation (Organisations- oder Unternehmensethik),
- der Rahmen, in dem Organisation und Individuum handeln (Rahmenethik).

Schließlich ist auch zu fragen, ob eine Organisation verantwortlich handeln kann und wie der Verantwortungsbegriff für ganze Organisationen gefasst werden kann (Wem gegenüber ist eine Organisation für was verantwortlich? Wer in der Organisation hat Verantwortung? Gibt es eine Organisationshaftung und wenn ja, wie ist diese zu gestalten?).

Eine Übersicht über die wesentlichen Grundkonzepte zeigt Abbildung 1:

Abbildung 1 Ethische Grundkonzepte (eigene Darstellung in Anlehnung an Schneider 2016, S. 31–34)

Grundkonzept	Kurzdefinition
Prinzipienethik	Geht von der Gesinnung und der guten Absicht aus. Im Vordergrund stehen universale Prinzipien, die angewendet werden müssen.
Tugendethik	Gesinnung und Beweggrund einer Handlung sind bedeutsamer für ethisch fundiertes Handeln als Ergebnisse.
Ergebnisethik	Hier wird der Fokus auf das Ergebnis des Handelns gelegt, „der Zweck heiligt die Mittel".
Vertragsethik	Der Prozess der Entstehung von ethischen Überzeugungen und Werten steht im Vordergrund. Ableitung oft aus angenommenen Verträgen.
Befähigungsethik	Es gibt Grundbefähigungen, mit denen ein Mensch ein gutes Leben führen kann. Der Staat muss seinen Bürger*innen Befähigungen ermöglichen.

Ebenen ethischer Verantwortung

Für Ethik in einer Organisation ist es unerlässlich auch entsprechende Räume und Orte zu schaffen, an denen mit einer Distanz zum Alltag das Handeln der Organisation reflektiert werden kann. Solche Möglichkeiten haben auch eine positive Wirkung auf das Wohlbefinden und damit der Gesundheit der Mitarbeiter*innen in einer Organisation. Wie Chevalier und Kaluza (Chevalier und Kaluza 2015) am Beispiel von gesundheitlichen Auswirkungen einer indirekten Unternehmenssteuerung (durch flexible Arbeitszeiten, Führung durch Zielvereinbarung, Handlungs- und Entscheidungsspielräume, Zielspiralen (ständig steigende Leistungs- und Ertragsziele)) nachgewiesen haben, haben auch diese indirekten Formen der Steuerung Auswirkungen auf die Mitarbeiter*innen (positive Wirkungen z. B. durch Zielvereinbarungsgespräche, negative Wirkungen durch Zielspiralen). Als wichtige Schlüsse aus diesen Untersuchungen wird zum einen die Forderung nach realistischen Zielvereinbarungen mit Einflussmöglichkeiten der Beschäftigten erhoben, zum andern auch regelmäßige Reflexionstreffen vor allem von Führungskräften (Chevalier und Kaluza 2015, S. 10).

Die bereits erwähnte Rahmenethik fokussiert den Rahmen, in dem Organisationen und Individuen handeln, also z. B. die gesetzlichen Grundlagen, die gesellschaftlichen Regeln und die wirtschaftliche Ordnung. Es ergibt einen Unterschied, ob eine Organisation in einem marktwirtschaftlichen, rechtsstaatlichen, freiheitlichen und demokratischen System arbeitet oder nicht und ob und wie sich eine Führungskraft für sein Handeln oder Nichthandeln vor der Gesellschaft bzw. einem Gericht verantworten muss. Unterschiede gibt es auch diesbezüglich, ob eine Rechtsschutz willkürlich ist, ob er für alle gleich ist oder mehr oder weniger „käuflich". Solche Rahmenbedingungen beeinflussen das Handeln, das Risiko, bei unethischem Handeln entdeckt, aufgedeckt zu werden und persönliche oder institutionelle Vor- oder Nachteile zu erhalten.

Auf der Ebene des Individuums ist zu fragen, ob und wie das Handeln der einzelnen Führungskraft z. B. durch Berufskodizes, durch Führungsleitlinien und Sollensvorschriften in seinen Anforderungen flankiert und beeinflusst wird oder ob Personen ausschließlich auf sich selbst und ihren mehr oder weniger vorhandenen moralischen Kompass angewiesen sind oder nicht. Dabei kommt es dann auch darauf an, ob man davon ausgeht, ob man Führungskräften auf ihr moralisches Handeln hin ggf. schon im Vorfeld (z. B. bei Personalauswahlverfahren (Schneider 1993)) auswählen oder prüfen kann, oder ob es kontinuierliche ethische Diskurse beispielsweise auf der Führungsebene gibt. Gelegentlich werden auch Beobachtungen gemacht, dass sich Personen mit dem Erhalt von Macht ändern: „Gewöhnlich erhält niemand Macht, weil er unfreundlich, despotisch und rücksichtslos ist. Im Gegenteil steigen besonders leicht die Kollegen auf, die beliebt sind. Anstatt hilfsbereit, ehrlich und offen zu bleiben, werden sie nach der Beförderung aber plötzlich herrisch und unzugänglich. Sachliche Kritik wird dann nicht mehr als potentiell konstruktiv empfunden, sondern als böswilliger Versuch einer Demontage. Fähige Mitarbeiter werden als Konkurrenten identifiziert und abgesägt, um den Olymp der eigenen Macht zu sichern" (Loll 2010). Hierbei ist die Frage durchaus offen, ob diese Tendenzen vorher erkennbar sind und sich im Laufe der Führungstätigkeit durch entsprechende Anleitung und Weiterentwicklung beseitigen lassen.

Keltner (2016) geht von einem generellen Machtparadox aus: „Die Verführung der Macht hat zur Folge, dass wir gerade die Fähigkeiten verlieren die es uns in erster Linie ermöglicht haben, die Macht überhaupt zu gewinnen. (…) Sind wir Opfer des Macht-Paradoxes, untergraben wir unsere eigene Macht. Die anderen, von denen unsere Macht so entscheidend abhängt, fühlen sich durch uns bedroht und entwertet" (Keltner 2016, S. 15). In seinen Studien hat Keltner Wege zur Macht untersucht und beschreibt Macht (als Alltagsphänomen) als Möglichkeit, den Status anderer zu ändern, die gewonnen wird „indem wir die anderen in den sozialen Netzen stärken und ihnen Macht verleihen" (ebd., S. 21). Die Schwierigkeit oder das Paradox der Macht liegen darin, dass Macht dauerhaft zu Defiziten an Empathie und moralischem Handeln, zu einem eigennützigen, impulsiven Wesen führen und zu Unhöflichkeit und Respektlosigkeit (ebd., S. 22): „Der Preis der Verringerung von Empathie und moralischen Gefühlen ist beträchtlich. Wir verlieren die Leidenschaft, die uns zu Altruismus und Kooperation anspornt, die beide für dauerhafte Macht lebenswichtig sind. Die machtlosen Menschen finden wahrscheinlich viele machtvollere Menschen, die sich nicht um die Belange der Machtlosen kümmern" (ebd., S. 116).

Entscheidend scheinen in jedem Fall Haltungen, Einstellungen und innere Dispositionen zu sein, die das moralische oder nichtmoralische Handeln auf der Ebene des Managements und Leaderships prägen und beeinflussen. Auch das Bild vom Menschen spielt dabei eine Rolle, ob der Mensch nun als rational entscheidend und auf seinen eigenen Vorteil bedacht (Homo oeconomicus), als gesellschaftliches Wesen (Homo sociologicus) als Netzwerker (Homo cooperativus), als ethisch reflektierender Mensch (Homo ethicus) oder als auf die natürliche Umwelt hin ausgerichtet ist (Homo oecologicus) (Brinkmann 2010, S. 13 ff.).

Schließlich und endlich ist auf der Ebene der Organisation zu fragen, an welcher Stelle, an welchem Ort und mit welcher Befugnis dort eine ethische Reflexion überhaupt stattfinden kann. Hier sind sicherlich noch viele Möglichkeiten und Chancen gegeben, eine solche Reflexion nachhaltig in einer Organisation zu installieren. Dessen eingedenk, dass Organisationen in unserer Gesellschaft und Wirtschaft einen hohen Stellenwert haben und einen starken Einfluss auf das Leben von Individuen, muss auch hier die Frage nach der, wenn nicht unmittelbaren, so doch mittelbaren (durch das Handeln der Individuen in diesen Organisationen) Verantwortung gefragt werden. Dies reicht von rahmengesetzlichen Regelungen zur Installation, zur Haftung und zur Schließung von Organisationen, über freiwillige Selbstverpflichtungen im Sinne einer Corporate Governance und Regeln dazu, wie sie beispielsweise in vielen Wohlfahrtsverbänden vorhanden sind, bis hin zu einer Organisationshaftung.

3 Möglichkeiten ethischer Verantwortung

Zunächst ist auf der Ebene der Rahmenbedingungen, die durch politisches Handeln und gesellschaftliches Engagement sowie wirtschaftliche Entwicklungen mehr oder weniger gesteuert werden, zu überlegen und in entsprechende Rahmen einzubauen, wie Wertvorstellungen auch umgesetzt werden können, die es Organisationen und Individuen gleichermaßen ermöglichen, ethische Perspektiven in ihr Handeln überhaupt einzubinden. Wenn und solange Wettbewerbsvorteile in einem marktwirtschaftlichen System dadurch erreicht werden können, dass Kosten externalisiert werden können, dass Nachhaltigkeit nur proklamatorischen Charakter hat und Volkswirtschaften wegen unterschiedlicher Steuersätze gegeneinander ausgespielt werden können, zeigt dies nur die Notwendigkeiten entsprechender Veränderungen in den Rahmenbedingungen. Je stärker Non-Profit-Organisationen und insbesondere die Sozialwirtschaft in solchen Markt- und Wettbewerbsbedingungen eingebunden ist, umso stärker unterliegen sie ähnlichen Rahmenbedingungen. Daher gilt es, zum einen Einfluss auf diese Rahmenbedingungen auszuüben, zum anderen aber auch auf der Ebene der Organisation und der Individuen dennoch oder gerade deswegen ethische Verantwortung wahrzunehmen.

Eine eher freiwillige Regelung auf der Ebene der Organisationen ist die der Corporate Social Responsibility, die die gesellschaftliche Verantwortung der Unternehmen herausstellt. Mittlerweile ist dieser Gedanke auch in Bereichen der Sozialwirtschaft bzw. der Non-Profit-Organisationen angekommen. Hier ist jedoch auch kritisch zu fragen, wie solche Ideen dauerhaft die Externalisierung von Kosten der Organisation in Blick auf Gesellschaft und Umwelt verhindern oder beseitigen können, wenn die Rahmenbedingungen (siehe Rahmenethik) hier immer noch Wettbewerbsvorteile denen ermöglichen, die ohne Rücksicht auf Gesellschaft und Umwelt Dienstleistungen und Waren produzieren bzw. anbieten können.

Sinnvoll erscheint es ethische Reflexionsschleifen in grundlegende Steuerungsinstrumente der Organisationen einzuarbeiten und damit eine ethische Reflexion auch für Personen im Management und Leadership handhabbar zu machen. Dazu gehört es, z. B. Werte auch im Controlling, in Kennzahlensystemen, in Bilanzen einzuarbeiten (Schneider 2016, S. 45 f.) oder aber ethische Perspektiven auch in Veränderungsdesigns wie in Personal- und Organisationsentwicklung dauerhaft zu installieren (Schneider 2005).

Integrierte Ethik- und Wertemanagementkonzepte versuchen in grundlegenden Managementfunktionen ethische Dimensionen besprech-, verhandel- und absicherbar zu machen, indem die Werte und Prinzipien einer Organisation in Managementsysteme „eingebaut" werden (Schneider 2016, S. 48 ff.).

Viel diskutiert werden Möglichkeiten des Whistleblowings in Unternehmen, dabei geht es darum, Personen abzusichern, die Missstände in Organisationen aufdecken und öffentlich machen. Vielfach werden Whistleblower jedoch in ihren Organisationen oder von der Justiz verfolgt, daher wird an vielen Stellen ein Schutz für diese Personen gefordert. Die Whistleblower Bradley Birkenfeld (er deckte 2007 die Steuerhinterziehung bei der UBS-Bank in der Schweiz auf) und Antoine Deltour (er deckte 2010 ein Konstrukt in Luxemburg auf, mit dem Konzerne kaum Steuern in Europa zahlen) wurden beide durch Gerichte verurteilt u. a. wg. Beihilfe zur Steuerhinterziehung oder dem Verrat von Firmengeheimnissen, obwohl sie in hohem Maße Schädigungen der Firmen am Gemeinwohl nachgewiesen haben. Mittlerweile gibt es in den USA ein Programm, das die Enthüllung von Steuerhinterziehungen fördert und auch in England eine Initiative „Public Concern at Work". Die Beispiele zeigen, dass hier in Sachen gesetzlicher Rahmenbedingungen und der Macht der Organisationen noch Handlungsbedarfe bestehen. Dies ist notwendig, damit z. b. eine Steuergerechtigkeit auch für Konzerne auch möglich wird (Krause 2016).

Auf der Ebene des Individuums ist zu fragen, an welcher Stelle gerade bei Führungskräften eine ethische Orientierung in Aus- und Weiterbildung und in der Auswahl von diesen einen Stellenwert haben sollte. Ethik-Seminare scheinen zu kurz zu greifen. Eine alleinige Fokussierung auf Seminare scheint hier nicht von nachhaltiger Bedeutung zu sein, wie ein Interview-Ausschnitt aus DIE ZEIT nahelegt:

> „ZEIT: Kann ein Unternehmen überhaupt mit Erfolg Ethik kaufen?
> Kleinfeld: Ich kenne einen Berater, der war Ethik-Trainer bei der in den Enron-Skandal verwickelten Wirtschaftsprüfungsfirma Arthur Anderson. Der erzählt, dass auch bei Enron tolle Ethik-Schulungen abgehalten wurden. Auch super, sagten die Manager, zwei Tage *fun*, dann wieder *business as usual*. Es fehlte einfach die Einbettung in eine neue Unternehmenssteuerung. Das ist ein Erfolgsfaktor. Ein weiterer: Das Unternehmen muss langfristig orientiert sein. Die Veränderung braucht Zeit. (…)" (Kleinfeld 2014).

Demnach ist auch eine Verknüpfung mit der gesamten Organisation von hoher Bedeutung.

Um das oben genannten Macht-Paradox zu umgehen, kann sicherlich auf die Regel von Peter Drucker verwiesen werden: „And don't let people stay forever in a staff position in the office. Rotate them regularly back into work in the field. It's an old rule of effective armies that every officer rotates back into a troop command every few years" (Drucker 2005, S. 120). Diese regelmäßige Rotation schafft regelmäßige Perspektivwechsel, wie sie z. B. in verschiedenen Verfassungen oder auch Satzungen (maximal zwei Amtsperioden) festgeschrieben ist.

Von Seiten der Führungskraft selbst stellt Keltner fünf ethische Prinzipien auf, um das Macht-Paradox zu überwinden oder zu vermeiden:

1. „Sei dir deines Gefühls von Macht bewusst" (Keltner 2016, S. 157)
2. „Praktiziere Bescheidenheit" (ebd., S. 158)
3. „Behalte die anderen im Blick, gib mehr als du nimmst" (ebd., S. 159)
4. „Übe dich in Respekt" (ebd., S. 160)
5. „Verändere den psychologischen Kontext der Machtlosigkeit" (ebd., S. 160).

Ob diese Prinzipien allein zu einer anderen Einstellung und Haltung führen, ist zu bezweifeln. Wichtiger erscheint eine Einbindung in organisatorische Regelungen und entsprechende Rahmenbedingungen.

3.1 Ausblick: ethische Orientierung(en)

Ein besonderes Augenmerk ist angesichts der Globalisierungstendenzen und ökologischer Probleme auf eine Nachhaltigkeit im Management zu setzen, dabei darf jedoch die Nachhaltigkeit nicht als beliebiger Begriff strapaziert werden, sondern muss dafür sorgen, dass Manager*innen und Führungskräfte Entscheidungen dementsprechend gestalten können. Eine wesentliche Orientierung dabei ist die, ob es sich um Entscheidungen nur für das Jetzt handelt (Tendenz zum Green-Washing, um jetzt mit einem entsprechenden Anstrich und einem Labeling schnell Profite zu generieren), um eine Entscheidung Jetzt-für-dann handelt (hierbei wird der Begrenztheit materieller und immaterieller Ressourcen in den Blick genommen) oder ab schließlich eine Jetzt-für-jetzt-dann-und-andere-Entscheidung getroffen wird. Letztere bezieht zusätzlich die Rechte der derzeitig auch woanders lebenden Menschen (Lieferketten, Herstellungsländer, Arbeits- und Sozialbedingungen) in die Betrachtung und Entscheidungsfindung mit ein. (Müller-Christ 2014).

Mögliche Maßstäbe für ethisch verantwortbare Entscheidungen: Die Forschungsgruppe ethisch-ökologisches Rating (Hoffmann 2016) hat Kultur als normative Ressource erfasst und legt aus dieser Perspektive zehn Gebote vor, die auch eine Leitorientierung für Führungskräfte dienen können:

1. „Du sollst die biokulturelle Grundnorm (Überlebenssicherheit) in allen Handlungskontexten einhalten!" (Hoffmann 2016, S. 51)
2. „Du sollst keine Schmerzen verursachen!" (ebd., S. 54)
3. „Du sollst niemanden unfähig machen!" (ebd., S. 55)
4. „Du sollst niemandem Freiheit oder Chancen entziehen!" (ebd., S. 56)
5. „Du sollst niemandem seine Freude an etwas nehmen!" (ebd.)
6. „Du sollst nicht täuschen oder betrügen!" (ebd., S. 57)
7. „Du sollst deine Versprechen halten!" (ebd., S. 58)
8. „Du sollst fremdes Eigentum respektieren!" (ebd.)
9. „Du sollst dem Gesetz gehorchen!" (ebd., S. 59)
10. „Du sollst niemanden über das Können hinaus sittlich beanspruchen!" (ebd., S. 60).

Vielleicht kann auch das für die nächste Zukunft leitend sein, was Wöhrle (Wöhrle, S. 275) als Fazit in seinem Buch zum Thema Moral und Geschäft schreibt: „Die

Kosten und damit das Geschäft hatten in den letzten Jahren ein eindeutiges Übergewicht bekommen. Und wie immer, wenn die Waagschale nach der einen Seite zu weit ausschlägt, pendelt sie zurück. Offensichtlich muss einiges neu justiert und damit zurechtgerückt werden".

Literatur

American Society of Chartered Life Underwriters & Chartered Financial Consultants and Ethics Officer Association (1997). *Sources and Consequences of Workplace Pressure. Increasing the Risk of Unethical and Illegal Business Practices*. Bryn Mayr.

Brinkmann, V. (2010). *Sozialwirtschaft*. 1. Aufl., Wiesbaden: Gabler.

Chevalier, A., & Kaluza, G. (2015). Psychosozialer Stress am Arbeitsplatz: Indirekte Unternehmenssteuerung, selbstgefährdendes Verhalten und die Folgen für die Gesundheit. In *Gesundheitsmonitor* 1, 1–12.

Drucker, P. F. (2005). *Managing the non-profit organization. Practices and principles*. 1st Collins Business ed. New York, N. Y.: Collins Business.

Fichtner, U., Goos, H., & Hesse, M. (2016). Heimatlos. Finanzskandale. In *Der Spiegel* 43, 10–24.

Hoffmann, J. (Hrsg.) (2016). Systemänderung oder Kollaps unseres Planeten. Erklärung der Forschungsgruppe Ethisch-Ökologisches Rating der Goethe-Universität Frankfurt – Arbeitskreis Wissenschaft. Aktualisierung, Ergänzung und teils Neufassung des Frankfurt-Hohenheimer Leitfadens (FHL). Goethe-Universität Frankfurt am Main: Altius Verlag GmbH. Erkelenz: Altius Verlag (Geld & Ethik, Band 5).

Huber, W. (2013). Der große Götze Geld. Interviewerin: Evelyn Finger. In *Die Zeit* 18, 60.

Keltner, D. (2016). *Das Macht-Paradox. Wie wir Einfluss gewinnen – oder verlieren*. Unter Mitarbeit von Carl Freytag. Frankfurt, New York: Campus Verlag.

Kleinfeld, A. (2014). Es hakt bei der Führung. Interview mit der Beraterin Annette Kleinfeld. In *Die Zeit*, 21.

Krause, T. (2016). „Geld sollte nicht die Motivation sein, Unrecht aufzudecken" „Das sehe ich anders". In *Süddeutsche Zeitung Magazin*, 48–52.

Loll, A. C. (2010). Was Macht aus uns macht. In *Frankfurter Allgemeine Zeitung*, C1.

Müller-Christ, G. (2014). *Nachhaltiges Management. Einführung in Ressourcenorientierung und widersprüchliche Managementrationalitäten*. 2., überarb. u. erw. Aufl., Baden-Baden, Stuttgart: Nomos-Verl.-Ges; UTB (utb-studi-e-book, 4221). http://www.utb-studi-e-book.de/9783838542218. Zugegriffen: 8. August 2017.

Prüfungskommission im Auftrag der Deutschen Bischofskonferenz (2014). *Abschlussbericht über die externe kirchliche Prüfung der Baumaßnahme auf dem Domberg in Limburg*. Limburg.

Reinbacher, P. (2016). (Sozial-)Marketing: Das Geschäft mit der Moral?! In A. Wöhrle (Hrsg.), *Moral und Geschäft. Positionen zum ethischen Management in der Sozialwirtschaft* (S. 79–92). 1. Aufl., Baden-Baden: Nomos.

Schneider, A. (1993). *Ethik bei der Auswahl von Führungskräften. Herausforderungen an die Weiterbildung.* Frankfurt am Main, Berlin: Lang (Europäische Hochschulschriften Reihe 5, Volks- und Betriebswirtschaft, 1408).

Schneider, A. (2005). *Wege zur verantwortlichen Organisation. Die Bedeutung der ethischen und theologischen Perspektive für die Qualität der Organisations- und Personalentwicklung.* Zugl.: Frankfurt (Main), Univ., Diss, 2004. Frankfurt am Main, London: IKO – Verl. für Interkulturelle Kommunikation (Ethik – Gesellschaft – Wirtschaft, 19).

Schneider, A. (2016). *Ethik in Management und Leadership im Non-Profit-Sektor. Herausforderungen und Ansätze für bessere Entscheidungen in Organisatonen. Management sozialer Organisationen.* Studienbrief 2-020-1404. Brandenburg: HDL, Hochschulverbund Distance Learning.

Sedláček, T., & Pross-Gill, I. (2012). *Die Ökonomie von Gut und Böse.* Lizenzausg. Bonn: Bundeszentrale für Politische Bildung (Schriftenreihe/Bundeszentrale für Politische Bildung, 1270).

Simon, F. B. (2015). *Einführung in die systemische Organisationstheorie.* 5. Aufl., Heidelberg: Carl-Auer-Verl. (Carl-Auer compact).

Wöhrle, A. (Hrsg.) *Moral und Geschäft. Positionen zum ethischen Management in der Sozialwirtschaft.* 1. Aufl., http://gbv.eblib.com/patron/FullRecord.aspx?p=4561595. Zugegriffen: 8. August 2017.

Die Ökonomisierung der Sozialen Arbeit und der Umgang damit

Andrea Tabatt-Hirschfeldt

Abstract

Bei der Ökonomisierung der Sozialen Arbeit handelt es sich einerseits um einen fraglichen wissenschaftlichen Begriff, der aus Sicht der Wissenschaft wohl besser als Auswirkung Investiver Sozialpolitik bezeichnet würde. Andererseits findet ein Diskurs um die Ökonomisierung der Sozialen Arbeit in verschiedenen Fachbezügen statt, der auch in einschlägigen Publikationen geführt wird. Es finden sich ferner vielfältige Auswirkungen auf die Organisationen der Sozialen Arbeit und ihr Personal. Im Beitrag werden zwei verschiedene Formen des Umgangs mit der Ökonomisierung aufgezeigt: Im bzw. am System zu arbeiten.

Was ist eigentlich die Ökonomisierung der Sozialen Arbeit? Welche Gründe gibt es dafür und wie wirkt sie sich aus? Welche Möglichkeiten des Umgangs mit der Ökonomisierung gibt es? Und wie könnte schließlich die Weiterentwicklung aussehen? Mit diesen Fragen beschäftigt sich der Beitrag.

1 Zum Begriffsverständnis: „Ökonomisierung der Sozialen Arbeit"

Bei der Ökonomisierung auch Manageralisierung, Kommerzialisierung, Vermarktlichung, Verkaufmännischung oder Verbetriebswirtschaftlichung usw. der Sozialen Arbeit, geht es im Wesentlichen darum, dass „seit den 80-er Jahren… Prinzipien und Gesetzmäßigkeiten der Wirtschaft zunehmend an Bedeutung gewinnen, auch in gesellschaftlichen Fragen. Festzustellen ist, dass die Ökonomie statt eine ‚dienenden' Verantwortung für die Gesellschaft wahrzunehmen, die Definitionsmacht auch für die Erklärung gesellschaftlicher und sozialer Fragen übernommen hat mit dem Ziel, alle menschlichen Tätigkeit der Vormundschaft des Marktes zu unterstellen (Wacquant 2009, S. 41). Die grundlegende Idee ist, dass der Markt seinem Wesen nach auch das soziale Zusammenleben gerecht regeln könne" (Maus 2016, S. 84).

Insbesondere der Begriff der Ökonomisierung findet sich kaum in den einschlägigen Nachschlagwerken (Fachlexikon der Sozialen Arbeit (Deutscher Verein), Lexikon Sozialpädagogik/Sozialarbeit (Stimmer), Wörterbuch Soziale Arbeit (Kreft und Mielenz), Handbuch Sozialarbeit/Sozialpädagogik (Otto und Thiersch) oder Lexikon der Sozialwirtschaft (Maelicke). Unter den vielfältigen Definitionen in der Fachliteratur bringt es Galuske auf den Punkt: Ökonomisierung bedeutet die „Verschiebung des Kräfte- und Machtverhältnisses von Markt, Staat und privaten Haushalten zugunsten des Marktes" (Galuske 2002, S. 144). Bei der Ökonomisierung sozialer Dienste: geht es konkreter dabei um „die stärkere Betonung des wirtschaftlichen Austauschprozesses sozialer Dienstleistungen und die Etablierung wettbewerbliche Elemente in der sozialen Leistungserbringung" (Brünner 2007, S. 216). Öffentliche Leistungsträger werden dabei zur Vergabeinstanz sozialer Dienstleistungen um die frei-gemeinnützige und auch privat-gewerbliche Träger verhandeln. Das Verhältnis der Träger untereinander verändert sich entsprechend in Leistungsnehmer-Leistungserbringer-Beziehungen. Soziale Arbeit wird dabei als Dienstleistung angesehen. Die Erbringung Sozialer Arbeit als Leistungserstellungsprozess betrachtet, den es als ökonomisch effizienten Produktionsprozess zu optimieren gilt. Die leistungserbringenden Träger vermarkten dabei die soziale Dienstleistung gegenüber dem öffentlichen Kostenträger. Adressat_innen werden als Kund_innen bezeichnet.

2 Gründe: Ökonomisierung auf drei Ebenen

Der Grund für die Ökonomisierung der Sozialen Arbeit, wie auch anderer gesellschaftlicher Lebensbereiche, liegt in einem politischen Paradigmenwechsel eines geänderten Sozialstaatsverständnisses: vom Wohlfahrtsstaat zum Aktivierenden Staat. Dies bedeutet gleichsam einen Systemwechsel vom Recht auf soziale Leistungen (Wohlfahrtsstaat) hin zu einer Dualität von staatlicher Leistung und zu erbringender Gegenleistung, insbesondere der eigenen Arbeitskraft seitens der Adressat_innen (aktivierender Staat). Der Paradigmenwechsel im Verständnis um den Sozialstaat wirkt sich von der sozialpolitisch initiierenden Makroebene auf die Mesoebene, als Träger-Ebene und schließlich auf die Mikroebene der sozialen Leistungserbringung der Fachkräfte Sozialer Arbeit sowie in der Interaktion mit den Adressat_innen und ihrem Umfeld, aus (Abb. 1).

Die Ökonomisierung der Sozialen Arbeit und der Umgang damit 91

Abbildung 1 Ökonomisierung Sozialer Arbeit auf verschiedenen Ebenen (Bätz 2016)

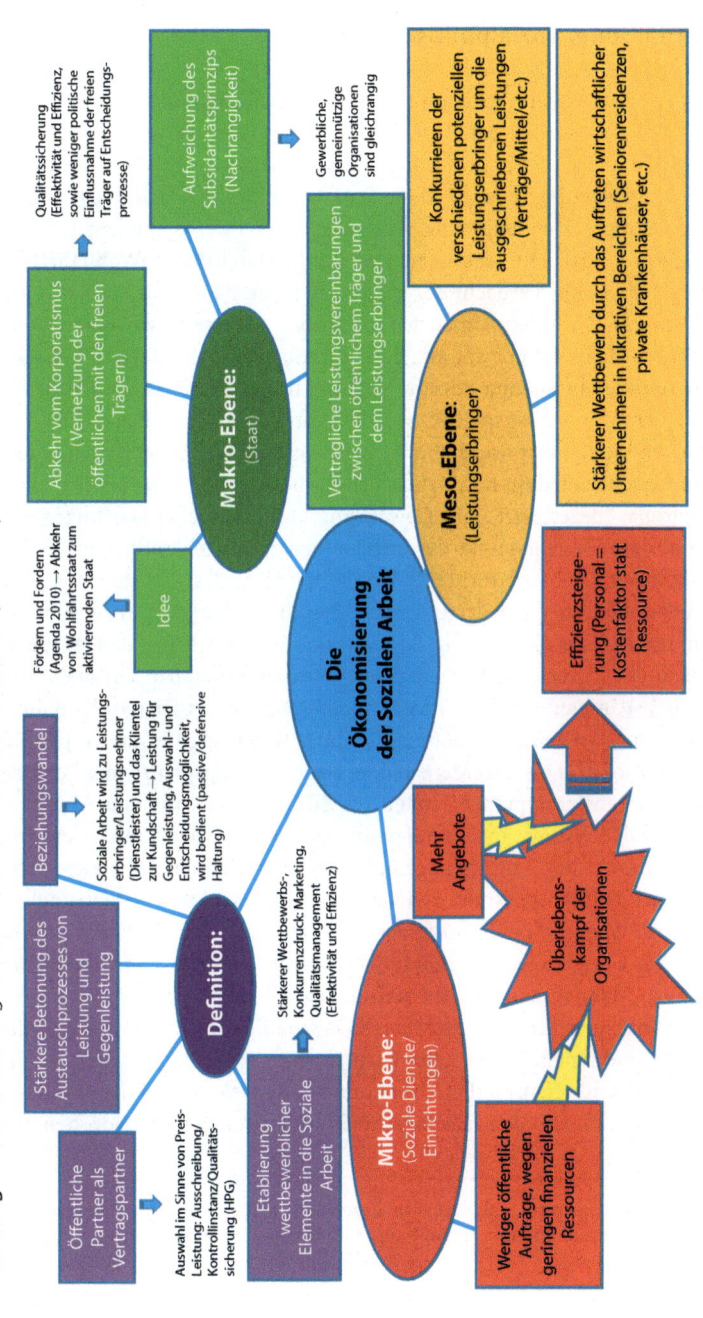

Die Ökonomisierung der Sozialen Arbeit

Makro-Ebene: (Staat)

- Abkehr vom Korporatismus (Vernetzung der öffentlichen mit den freien Trägern)
  - Qualitätssicherung (Effektivität und Effizienz, sowie weniger politische Einflussnahme der freien Träger auf Entscheidungsprozesse)
- Aufweichung des Subsidiaritätsprinzips (Nachrangigkeit)
  - Gewerbliche, gemeinnützige Organisationen sind gleichrangig
- Vertragliche Leistungsvereinbarungen zwischen öffentlichem Träger und dem Leistungserbringer
- Idee: Fördern und Fordern (Agenda 2010) → Abkehr von Wohlfahrtsstaat zum aktivierenden Staat

Meso-Ebene: (Leistungserbringer)

- Konkurrieren der verschiedenen potenziellen Leistungserbringer um die ausgeschriebenen Leistungen (Verträge/Mittel/etc.)
- Stärkerer Wettbewerb durch das Auftreten wirtschaftlicher Unternehmen in lukrativen Bereichen (Seniorenresidenzen, private Krankenhäuser, etc.)

Mikro-Ebene: (Soziale Dienste/Einrichtungen)

- Mehr Angebote
- Überlebenskampf der Organisationen
- Weniger öffentliche Aufträge, wegen geringen finanziellen Ressourcen
- Effizienzsteigerung (Personal = Kostenfaktor statt Ressource)

Definition:

- Stärkere Betonung des Austauschprozesses von Leistung und Gegenleistung
- Öffentliche Partner als Vertragspartner
  - Auswahl im Sinne von Preis-Leistung; Ausschreibung/Kontrollinstanz/Qualitätssicherung (HPG)
- Etablierung wettbewerblicher Elemente in die Soziale Arbeit
- Stärkerer Wettbewerbs-, Konkurrenzdruck; Marketing, Qualitätsmanagement (Effektivität und Effizienz)
- Beziehungswandel: Soziale Arbeit wird zu Leistungserbringer/Leistungsnehmer (Dienstleister) und das Klientel zur Kundschaft → Leistung für Gegenleistung, Auswahl- und Entscheidungsmöglichkeit, wird bedient (passive/defensive Haltung)

2.1 Makroebene: Sozialpolitische Rahmung

Das geänderte Sozialstaatsverständnis auf der Makroebene ist also ein politischer Imperativ, insofern ist der Begriff der Ökonomisierung verwirrend. Denn der Paradigmenwechsel ist politisch motiviert, nicht durch die Ökonomie. „Unter Globalisierungsbedingungen wird der Sozialstaat heute vornehmlich hinsichtlich seines Beitrages zur Steigerung nationaler Wettbewerbsfähigkeit beurteilt" (Wohlfahrt 2016, S. 11). Die klassische Transfersozialpolitik des Wohlfahrtsstaates unterliegt dabei dem Verdacht der Unproduktivität, daher soll der Sozialstaat produktiv umgebaut werden. Unter der rot-grünen Regierung von Bundeskanzler Schröder wurde er daher zum aktivierenden Staat umgebaut. Die neue investive Sozialpolitik zieht auf die bessere Nutzung der Humanressourcen ab. Ausgangspunkt der Aktivierungspolitik war die Feststellung, dass Deutschland im internationalen Wettbewerb wegen hoher Lohnkosten und einer geringen Frauenerwerbsquote, schlecht dastand, Deutschland wurde daher auch als der „kranke Mann Europas" bezeichnet. „Die Gewährung sozialstaatlicher Leistungen wird primär unter dem Gesichtspunkt der internationalen Kostenkonkurrenz (Standort- und Lohnvergleich) betrachtet" (Wohlfahrt 2016, S. 11). Aktivierung und Investition bedeutet aber auf der anderen Seite auch Nichtaktivierung und Deinvestition, die sich als Zweiteilung der Adressat_innen der Sozialen Arbeit widerspiegelt in der Unterteilung in produktive und unproduktive Gruppen mündet. Der (Rück-)Umbau des Sozialstaates manifestiert sich in Deutschland durch die Agenda 2010[1], der Sozialagenda der Schröder Regierung für das 21. Jahrhundert. Deutlich wird dies insbesondere in dem Gegenleistungsprinzip des Forderns und Förderns. Transferempfänger_innen schulden dem sie unterstützenden Sozialstaat ihre volle Leistung, insbesondere in Form ihrer Arbeitskraft. Diese wird im Gegenzug durch den Sozialstaat gefördert. Sozialverbände und Gewerkschaften haben in den Folgejahren immer wieder kritisiert, dass dieses Prinzip ungleich umgesetzt wird: Während das Fordern der Gegenleistung stark überwacht und bei unzureichender Umsetzung auch sanktioniert wurde, kam dem Fördern in Form von wirksamen Maßnahmen der Aktivierung wie z.B. in Form geeigneter Qualifizierungsmaßnahmen für eine nachhaltige Beschäftigung, ein geringer Stellenwert zu. Der Paradigmenwechsel kann auch als Wertewandel angesehen werden. Denn der Politik sind offensichtlich die ökonomischen Werte wichtiger als die sozialen. Dies kann den sozialen Zusammenhalt in der Gesellschaft bedrohen, weil

---

1 Senkung des Rentenniveaus, Erhöhung der Zuzahlung bei Medikamenten, Minderung des Krankengeldes, Einführung der Praxisgebühr, Einschränkung des Berufsunfähigkeitsschutzes, und im Zuge der sog. Hartz-Gesetze die Zusammenlegung von Arbeitslosen- und Sozialhilfe.

mit der beschriebenen Zweiteilung der Transferempfänger_innen ihrer Produktivität entsprechend, auch die Öffnung der (sozialen) Schere zwischen armen und reichen Bevölkerungsteilen vorangetrieben wird. Die Reformbemühungen des aktuellen SPD-Kanzlerkandidaten Schulz weisen nun den Weg für eine Kurskorrektur, als Reform der Agenda 2010. Gemeinsam mit Arbeitsministerin Nahles hat er eine Arbeitsmarktreform ausgearbeitet, bei der die befristeten Arbeitsverträge verringert werden sollen, eine Befristungen soll künftig nur noch bei schädlichen Gründen erfolgen, was allerdings auch schon im schwarz-roten Koalitionsvertrag stand. Ferner soll die Bezugsdauer von ALG I auf maximal 48 Monate angehoben und mit Qualifizierung, dem so genannten „Arbeitslosengeld Q" kombiniert werden. Insofern wird das Fördern gestärkt. Die Reformvorschläge weisen eine große Zustimmung bei 2/3 der Bevölkerung auf (Der Spiegel 2017).

2.2 Mesoebene: Träger und Akteure sozialer Leistungserbringung

Für die Steuerung in der Sozialen Arbeit ergibt sich folglich ebenso ein Paradigmenwechsel, gekennzeichnet durch geänderte Steuerungsverständnisse: vom „Recht zum Markt" und von der „Sach- zur Geldleistung" (Galuske 2007). Dadurch werden die Beziehungen der Träger und Akteure sozialer Leistungserbringung untereinander verändert, korporatistische Strukturen werden durch wettbewerbliche ersetzt. „Das Subsidiaritätsprinzip wird im Zuge der Durchsetzung des Leitbildes Effizienz ein weiteres Mal zum staatlichen Steuerungsinstrument, denn die Beziehung zwischen (staatlichen) Kostenträgern und Leistungserbringern auf der Basis von Entgeltvereinbarungen, Leistungs- und Qualitätsverträgen sowie strategischer Controllingsysteme verwandeln die „partnerschaftliche Zusammenarbeit" von Kostenträgern und Leistungserbringern endgültig in Auftraggeber-Auftragnehmer-Beziehungen" (Wohlfahrt 2016, S. 14 f.). Im Zuge von Leistungsvereinbarungen in Jugend- und Sozialhilfe (§ 78 SGB VIII und § 75 SGB XII) werden zwischen den öffentlichen Kostenträgern und leistungserbringenden Trägern, Verträge über die zu erbringenden Leistungen mit dem Klientel geschlossen. Das Selbstkostendeckungsprinzip wurde mit der Einführung der Pflegeversicherung abgeschafft. Über prospektive Pflegesätze werden zwischen den Sozialleistungsträgern und Trägern der stationären Kranken- und Altenhilfe, Pflegeleistungen verhandelt. Folglich kommt es zwischen den leistungserbringenden Trägern zunehmend zum Wettbewerb um die öffentlich finanzierten Sozialleistungen. Eine Leitidee des Paradigmenwechsels hin zum Wettbewerb war, dass es neben Kostenersparnissen auch zu Qualitätsverbesserungen kommt. In der Praxis kommt es jedoch zu einem Preiswettbewerb und kaum zu einem Qualitätswettbewerb. Damit entsteht Kostendruck seitens der öffentlichen Träger und Konkurrenzkampf zwischen den Leistungserbringern (Seithe 2010). Zum einen geht es den öffentlichen Trägern im Zuge von Haushaltskonsolidierungen häufig um Kostensenkung. Zum anderen ist die Qualität sozialer Leistungen schwer zu messen und bezieht sich auf unterschiedliche Ebene (Input, Effect, Output und Outcome). Diese Komplexität macht die Leistungsmessung nicht nur schwierig sondern auch (kurzfristig) teuer, wodurch ein Teufelskreis entsteht. Die Sprecher der sechs großen Wohlfahrtsverbände sprechen sich für einen Qualitäts- anstelle eines Preiswettbewerbs aus (Podiumsdiskussion ConSozial 2008). Statt weiterhin die Auswirkungen zu beklagen die durch eine revidierte Sozialgesetzgebung geschaffen wurde, würde man sich wünschen, dass sich auch die Spitzenverbände neu justieren. Anstelle die Hybridisierung als Verfall zu sehen, einhergehend mit der Klage über ein verbandliches Korsett auf operativer Ebene wäre es an der Zeit, über eine Neujustierung nachzudenken. Welche übergeordneten Werte und Leitbilder sind auch vor dem Hintergrund des Wettbewerbsvorteils der Sinnstiftung wirklich entscheidend? Nach dem Motto: so viel Orientierung wie nötig, so viel Ausgestaltungsspielraum wie nötig. Deutlich wird hier auch, dass es den frei-gemeinnützigen Trägern immer schwerer fällt in einem effizienzfokussierten Erbringungskontext, ihre ursprünglichen und originären sozialethischen, advokatorischen und zivilgesellschaftlichen Ziele zur Geltung zu bringen (Dahme et al. 2005).

Mit den im Sozialhilfe- und Jugendrecht 1999 in Kraft getretenen Neufassungen ist nur noch von „Leistungserbringern" und nicht mehr von freien Trägern die Rede. Damit halten vermehrt privat-gewerbliche Träger Einzug in den Markt sozialer Dienstleistungen. In der Altenhilfe beträgt beispielsweise „der aktuelle Marktanteil der Privatwirtschaft bei den ambulanten Trägern 63,9 % und bei den stationären Trägern 41,1 %" (Arbeitgeberverband Pflege 2016). „Ausgangspunkt dieser Entwicklung ist der politische Wille, die Haushaltskonsolidierungspolitik zum unbedingten Maßstab aller Neuordnungsbemühungen zu machen. Die im Zuge der „Ökonomisierungswelle" entstehenden quasi-marktlichen und marktlichen Strukturen und die von allen Akteuren mittlerweile gepflegte Effizienzsemantik sollten aber nicht darüber hinwegtäuschen, dass dieser Sektor nach wie vor in hohem Maße staatsabhängig ist und dass Qualität und Umfang der sozialen Dienstleistungen wesentlich durch öffentliches Leistungsrecht bestimmt werden. Auch unterliegt die Preisgestaltung nicht den „Marktgesetzen", sondern sie ist abhängig von politischen Beschlüssen und Aushandlungen zwischen den beteiligten „Sozialpartnern", also zwischen staatlichen Akteuren und freien Verbänden bzw. ihren Trägern und Einrichtungen" (Wohlfahrt 2016, S. 15). Allerdings hat ja gerade der politische Paradigmenwechsel die Ökonomie zum Primat erklärt und in entsprechende Sozialgesetzgebung manifestiert.

2.3 Mikroebene: Fachkräfte und Adressat_innen

Aufgrund des Kostendrucks der öffentlichen Träger, der sozialpolitischen Marktöffnung für privat-gewerbliche Träger und dem zunehmenden Konkurrenzkampf, geraten die frei-gemeinnützigen Träger sozialer Dienst in Finanzierungsnot und unterstehen mit der Ökonomisierung zunehmenden Insolvenzrisiken. Da die Personalkosten ca. 70–80 % der Gesamtkosten betragen, liegt hier das größte Einsparpotenzial (bspw. Arnold et al. 2014; Brinkmann 2008; Kolhoff 2017). Die Folgen werden unten erläutert. Ein technokratisches Qualitätsverständnis, das zunächst unreflektiert aus der Industriewirtschaft in die Sozialwirtschaft übertragen wurde, führt zu Standardisierungen und damit Bürokratisierung der Sozialen Arbeit. Dies verschärft die Problematik, weil das knappe Personal zunehmend mit fachfremden Aufgaben beschäftigt ist. Seithe verdeutlicht: „Die immer massiver werdende Dokumentationsflut, die dazu dienen soll, das Einhalten von – meist gar nicht sozialpädagogisch begründeten – Standards zu kontrollieren, raubt den PraktikerInnen die Zeit für die konkrete Arbeit mit der Klientel und führt damit zu einem distanzierten, formalisierten Dienstleistungsverständnis (hierzu Seithe 2012, S. 189; Eichinger 2009, S. 151 f.; Buestrich und Wohlfahrt 2008) und oft zu einer, die Fachkräfte lähmenden Bürokratisierung" (Seithe 2016, S. 148). Ebenfalls fiskalpolitisch motiviert herrscht in allen Feldern der Sozialen Arbeit mittlerweile der Grundsatz ambulant vor stationär. Aus fachlicher Sicht wären stationäre Hilfen geboten (Otto und Ziegler 2012), anderen Hilfen werden so lange hinausgeschoben, bis sich die Lage wesentlich verschlechtert hat (Messmer 2007). Damit unterstehen die Fachkräfte der Sozialen Arbeit zusätzlich unten dem Druck, Adressat_innen mit immer schwierigeren und komplexeren Bedarfslagen in aus fachlicher Sicht unzureichenden Settings, zu betreuen. Die oben beschriebene Zweiteilung der Klientel führt auch dazu, dass ein Konkurrenzkampf um leicht vermittelbarere, weniger kostenintensive und produktivere Adressat_innen entfacht (Zwei-Klassen-Sozialarbeit, Lutz 2008). Dies kann sich von der Konkurrenz um Leistungsverträge auf der Trägerebene (Mesoebene) bis in die Teams innerhalb von Einrichtungen (Mikroebene) ziehen.

3 Auswirkungen der Ökonomisierung

Die Auswirkungen der Ökonomisierung der Sozialen Arbeit lassen sich grob unterteilen in die Effekte auf die Organisationen als leistungserbringende Träger sowie die Folgen für das Personal, den Fachkräften der Sozialen Arbeit.

3.1 Organisationale Effekte

Neuordnung der Geschäftsfelder: Bei den Wohlfahrtsverbänden findet eine Veränderung in der Geschäftsfeldpolitik statt. Sie orientieren sich weniger an den Bedarfslagen vor Ort und können daher nicht mehr als traditionell wahrgenommene „Gemischtwarenläden" auftreten, d.h. einer gesamtumfassenden Erstellung sozialer Dienstleistungen in umfassenden Feldern der sozialen Arbeit (Becher 2000). Die ehemals gesamtverbandliche Leistungspolitik wird abgelöst durch eine zunehmende Ausrichtung der Leistungen an den örtlich finanzierbaren Gegebenheiten. Dies führt zu Ausformungen die nur noch schwerlich zu der übergeordneten Ausrichtung (Vision/Mission) des Wohlfahrtsverbandes passen, einhergehend mit der Frage, ob noch Sachzieldominanz oder doch Formalzieldominanz vorherrscht. Wohlfahrt führt aus: „Für die frei-gemeinnützigen Träger sozialer Dienste hat die effizienzzentrierte soziale Dienstleistungspolitik eine rasante Fahrt in eine immer ungewissere Zukunft ausgelöst (…). Die immer noch laufende effizienzpolitische Modernisierung des sozialen Dienstleistungssektors ist für alle Beteiligten mit hohen Risiken verbunden: Die freien Träger verlieren auf dem Weg in die sich immer dynamischer entwickelnde Sozialwirtschaft ihre ursprüngliche Identität (…)" (Wohlfahrt 2011, S. 19).

Größere Einheiten, Kooperationen und Netzwerke: der Zusammenschluss zu größeren Einheiten schafft Synergien. Zum einen durch arbeitsteilige, gemeinschaftliche Leistungserbringung, der Erweiterung des Leistungsspektrums bzw. regionale Ausweitung. Zum anderen durch Kostenvorteile infolge größerer Abnahmen von Verbrauchsmaterialien. Damit erfolgt auch eine Risikominimierung, Insolvenzen wird vorgebeugt. Dies kann am Beispiel des Gesundheitsmarktes verdeutlicht werden: „(…) die starren Grenzen zwischen ambulanter und stationärer Versorgung lösen sich auf. Die Ausdifferenzierung der Krankenhauslandschaft setzt sich fort. Effizienzsteigerung, Qualitätssicherung und Patientenorientierung erfordern verstärkte Spezialisierung und vermehrte Kooperationen zwischen den Kliniken sowie mit vor- und nachgelagerten Bereichen. Im Strukturwandel werden die privaten Krankenhäuser weiter Marktanteile gewinnen. Im ambulanten Bereich sind Medizinische Versorgungszentren und Gemeinschaftspraxen auf Expansionskurs" (Deutsch Bank Research 2010, zit. n. Rätz 2016, S. 205). Kooperationen oder Netzwerke bieten die Möglichkeit flächendeckender Versorgung, einhergehend mit der Konzentration auf eigene Stärken sowie die Möglichkeit der Spezifizierung der Netzwerkpartner. Im Wohlfahrtsmix gestalten die verschiedenen Akteure arbeitsteilig die soziale Leistungsversorgung (Wendt 2010, S. 40). Beispiele einer zunehmenden Netzwerkorientierung im sozialen Sektor sind Pflegestützpunkte, Sozialraumorientierung oder trägerübergreifende Budgets. Damit gewinnt Netzwerkmanagement als Schlüsselkompetenz sozialer Arbeit zunehmend an Bedeutung (Schubert 2008; Tabatt-Hirschfeldt 2011).

Ausgliederungen, „gGmbH-isierung": Die Ökonomisierung findet ihren Ausdruck auch in veränderten Rechtsformen. So verliert die traditionelle Form des Vereins zunehmend an Bedeutung, „in den letzten Jahren...wird ein Boom der Ausgliederung sozialer Betriebe in eine GmbH oder gGmbH" verzeichnet (Buestrich et al. 2008, S. 105). Eine Organisationsbefragung des Wissenschaftszentrum Berlin für Sozialforschung ergab, dass über die Hälfte der Rechtsformen bei 3.-Sektor Organisationen in Deutschland in den Jahren 2001–2011 in der Rechtsform der gGmbH gegründet wurden (Priller et al. 2013, S. 16). Dabei war „der Anteil von gGmbH-Gründungen in den letzten zehn Jahren ... in den Tätigkeitsfeldern mit Dienstleistungsorientierung, d. h. im Gesundheitswesen, in den Sozialen Diensten und Hilfen sowie im Bereich von Bildung, Erziehung und Kinderbetreuung, besonders hoch" (ebd., S. 15). Die so genannte „gGmbH-isierung" des Dritten Sektors hat verschiedene Gründe:

- *Beschränkung der Haftung:* der Geschäftsführer einer GmbH ist im Gegensatz zum Vorstand des Vereins nicht persönlich haftend.
- *Minimierung wirtschaftlicher Risiken:* Jede GmbH haftet für sich. So reißen einzelne Einrichtungen andere Einheiten oder den Gesamtverbund vor Ort nicht mit sich in die Insolvenz, wenn sie defizitär arbeiten.
- *Management:* Aufgrund des verstärkten Wettbewerbs und drohender Insolvenzen sind soziale Organisationen kaum noch ehrenamtlich zu führen. Mit der Einführung der gGmbH wird der vormals ehrenamtlich geführte Vorstand des Vereins durch hauptamtliche Geschäftsführer ersetzt.

3.2 Folgen für das Personal

Lohnabsenkung: Bis zur Einführung des TVöD im Jahr 2005 galt der BAT als Leitwährung für den sozialen Sektor. Seitdem ist eine zunehmende Tarifflucht zu verzeichnen. „Nicht-öffentliche Träger sehen von Tarifeingruppierungen ab und richten eigene Haustarife ein, was dann einkommensmäßig so gut wie alles bedeuten kann" (Wohlfahrt 2007, zit. n. Seithe 2016, S. 156).

Atypische und prekäre Beschäftigung: Insgesamt ist eine Abnahme der Normalarbeitsverhältnisse (NAV) in Deutschland zu verzeichnen: „Nach Mikrozensus ist die Zahl der Erwerbstätigen in Deutschland von 1998 bis 2008 von 32,7 auf 34,7 Mio. gestiegen, doch die Zahl der in Normalarbeit Beschäftigten ist von

23,7 Mio. auf 22,9 Mio., ihr Anteil von 72,6 % auf 66,0 % zurückgegangen" (Bartelheimer 2011, S. 386). Insofern ist fragwürdig, ob die als „Normalarbeit" bezeichnete unbefristete Vollzeitbeschäftigung im Gegensatz zu allen anderen Beschäftigungsverhältnissen, die als „atypisch" bezeichnet werden, in der Begrifflichkeit noch ihre Berechtigung hat. Im Vergleich zu allen Erwerbstätigen nimmt die Teilzeitbeschäftigung bei sozialen Berufen jedoch stärker zu: Im Zeitraum zwischen 1998 und 2008 nahm die Vollzeitbeschäftigung aller Beschäftigungsgruppen um 7 % (von 80 % auf 73 %) ab, im gleichen Zeitraum ist bei sozialen Berufen ein Minus 13 % auf 53 % zu verzeichnen. Höhere Befristungsquoten sind insbesondere in den ersten fünf Berufsjahren zu registrieren. Im Vergleich zu allen Erwerbstätigen (30 %) sind 49 % der Sozialarbeiter_innen und 55 % Erzieher_innen davon betroffen (Fuchs-Rechlin 2012, S. 33 f.). Prekär sind atypische Beschäftigungsverhältnisse, wenn sie nicht auf Dauer angelegt sind und es damit zu Brüchen im Lebenslauf kommen, eine geringe Integration in die sozialen Sicherungssysteme besteht oder/und kein existenzsicherndes Einkommen generiert werden kann (z. B. Aufstocker oder zusätzliche Minijobs). Trifft nur eines dieser Merkmale zu, so gilt das Beschäftigungsverhältnis als gering prekär, bei zwei oder allen drei Merkmale als hoch prekär. Während dies im Mikrozensusvergleich 17 % aller atypisch Beschäftigten prekär beschäftigt sind, sind es bei sozialen Berufen 25 % (Behrer und Fuchs-Rechlin 2013). Seithe erläutert: „Prekäre Arbeitsplätze im Bereich der Sozialen Arbeit haben vielfältige Erscheinungsformen. Auch die „Solo-Selbständigkeit", die sich innerhalb der Sozialen Arbeit erheblich ausgeweitet hat, ist als prekäre Arbeitssituation zu sehen. Innerhalb der Sozialen Arbeit besteht ständig eine hohe Bedrohung durch betriebsbedingte Kündigungen, weil viele Träger gezwungen sind, ihre Personalkosten so gering wie möglich zu halten und weil Träger letztlich vom Markt gehen müssen, wenn sie unter den herrschenden Konkurrenzbedingungen nicht mithalten können. Die prospektive Finanzierung der Sozialen Arbeit führt außerdem dazu, dass den MitarbeiterInnen häufig zum Jahresende gekündigt wird und sie – vielleicht – ab Januar wieder neu eingestellt werden. Viele Sozialarbeitende ‚hangeln' sich in ihrem Berufsleben von Verlängerung zu Verlängerung, von Projektvertrag zu Projektvertrag u. Ständig droht die Möglichkeit, den Arbeitsplatz zu verlieren, weil andere Arbeitskräfte bereit sind, die Stelle bei noch schlechterer Bezahlung einzunehmen. Durch befristete Verträge, Honoraranstellungen etc. besteht z. B. kein Kündigungsschutz" (Seithe 2016, S. 154 f.).

Deprofessionalisierung: Zur Aktivierungspolitik zählt auch, dass der Staat sich unter dem Primat des Bürokratieabbaus zurückzieht und Eigenvorsorge, Selbsthilfe sowie zivilgesellschaftliches Engagement stärkt. Während die Fachkräfte Sozialer Arbeit mehr administrative Tätigkeiten verrichten und weniger mit den Klienten arbeiten, wird diese Arbeit vermehrt durch weniger qualifizierte Berufsgruppen und Ehrenamtliche übernommen (Dahme et al. 2005). Maus ordnet als eine Folge der neoliberalen Entwicklung die Deprofessionalisierung der Sozialen Arbeit zu: „… Dazu gehört auch die ‚Verehrenamtlichung' von Hilfe und in der Konsequenz eine zunehmende Deprofessionalisierung Sozialer Dienste. Es ist heute nicht die ‚Volksgemeinschaft', die den Wert und die Bedeutung des Einzelnen bestimmt und ausgrenzt, sondern der ‚Markt'" (Maus 2016, S. 86). Seithe macht den Unterschied einer ergänzenden und ersetzenden Ehrenamtlichkeit deutlich: „Im Unterschied zu dem von jeher wichtigen und sinnvollen ehrenamtlichen Engagement von Bürgern, die in vielfältiger Weise und unzähligen Organisationen (Vereine, Kirchengemeinden etc.) ergänzend zur Organisation des Sozialstaates und ihrer professionellen Arbeit einen wertvollen gesellschaftlichen Beitrag leisteten, wird die neue Ehrenamtlichkeit ersetzend für die verminderten Leistungen des schrumpfenden Sozialstaates eingesetzt. Der sich hier vollzogene Wandel zeichnet sich exemplarisch an der Geschichte der Tafelbewegung in Deutschland ab" (Seithe 2016, S. 146).

Personalrekrutierung aus dem Ausland: Auf Grundlage der EU-Osterweiterung nimmt im Zuge der Arbeitnehmerfreizügigkeit (in Kraft seit 01.05.2011) auch der Arbeitszuzug von Fachkräften der sozialen Arbeit aus diesen Ländern nach Deutschland zu. So rekrutiert beispielsweise das Deutsche Rote Kreuz Pflegekräfte für Altenheime aus Litauen (CONZepte 2011) oder die Caritas vermittelt polnische Haushaltshilfen in deutsche Familien (Germeten-Ortmann 2011). Bedingt durch die Auswirkungen der Finanz- und Wirtschaftskrise führt insbesondere die hohe Jugendarbeitslosigkeit in Südeuropa (bspw. Portugal, Spanien, Italien und Griechenland) zu arbeitsmotivierten Wanderungsbewegungen auch in sozialen Berufen. Vor dem Hintergrund des Fachkräftemangels besonders in der Pflege und Kindererziehung, hat sich ein boomender Markt von Personalvermittlungen aus diesen Ländern nach Deutschland entwickelt. Allerdings wird diese nach Einschätzung der Fachleute eher von Personalvermittlungsagenturen aus dem betriebswirtschaftlichen Umfeld übernommen statt von Fachkräften der Sozialen Arbeit, die mit den Spezifika des Sozialmarktes vertraut wären (ConSozial 2015, Diskussion der Fachkräfte im Anschluss an den Vortrag Tippmeier und Shevchenko).

Jedoch lassen sich auch positive Wirkungen der Ökonomisierung auf die Soziale Arbeit verzeichnen. So leistet die Ökonomisierung Vorschub bei der Professionalisierung Sozialer Arbeit, was beispielsweise Freiwilligenkoordination und -management, Fundraising oder den Anschub der Qualitätsdebatte innerhalb der Sozialen Arbeit angeht. Ferner werden Innovationen befördert, wie beispielsweise die Entwicklung einer Methode zur Berechnung der sozialen Rendite (Social

Return on Investment (SROI); Halfer et al. 2009; Europäisches SROI Netzwerk: http://www.sroi-online.com/) oder die Diskussion um die Wirkung der Sozialen Arbeit (Outcome).

4 Möglichkeiten des Umgangs mit der Ökonomisierung

Im Folgenden werden zwei alternative Möglichkeiten des Umgangs mit der Ökonomisierung der Sozialen Arbeit aufgezeigt:

Im System arbeiten: Statt sich von der Politik unter das Primat der Wirtschaft stellen zu lassen, sollte sich die Soziale Arbeit emanzipatorisch der Betriebswirtschaft bedienen und sie für ihre Zwecke nutzen! D. h. betriebswirtschaftliche Instrumente werden genutzt, um die Qualität sozialer Arbeit sichtbar zu machen, die Position der Leistungserbringer gegenüber den Kostenträgern zu stärken oder Öffentlichkeitsarbeit zu betreiben usw.

Am System arbeiten: über politische Lobbyarbeit von den Disziplinen und Wissenschaften der Sozialen Arbeit wie auch des Sozialmanagements bzw. der Sozialwirtschaft her, in ihrem Sinne auf politische Entscheidungsstrukturen Einfluss zu nehmen. Ferner als Zukunftsaufgabe ein alternatives wirtschaftliches System einzufordern, dass auf Solidarität beruht.

4.1 Im System arbeiten: betriebswirtschaftliches Instrumentarium im Sinne der Sozialen Arbeit nutzen

Was damit gemeint ist verdeutlicht Schwester Magar, die erste Ordensfrau die die Caritas Deutschland als Vizepräsidentin vertritt:

> „Setzen wir dem Primat des Kapitals und der überhandnehmenden Ökonomisierung fast aller Lebensbereiche eine am Gemeinwohl orientierte Haushaltsführung entgegen, als Modell einer intelligenten Zusammenführung von Solidarität und Ökonomie, Nächstenliebe und Wirtschaft? (...)
>
> Neben der Kostenwahrheit gibt es immer auch die Wahrheit des Anderen. Es wird nicht genügen, sich auf ethische Werte zurück zu besinnen, sondern es geht um eine konsequente, nachhaltige Integration ins Tagesgeschäft, in die betrieblichen Abläufe hinein. Damit sind betriebswirtschaftliche Entscheidungen verbunden, die ethischen Maßstäben folgen und wirkungsvoll verhindern, dass allein die Kaufkraft eines in Not geratenen Menschen über seine Aufnahme und die Qualität der Hilfe bestimmt (...)

An uns liegt es, ihnen [den Ökonomen, Anm. d. Verf.] unser Selbstverständnis nahezubringen, sie in unsere Kultur einzuführen und zu begleiten. Gezielte Angebote im Bildungsbereich und der Personalentwicklung tragen dazu bei, die Menschen von der Sinnhaftigkeit einer nicht nur monetären Zielsetzung zu überzeugen. Fördergespräche, Zielvereinbarungen, die auf Werteorientierung und soziale Kompetenz ebenso abstellen wie auf betriebswirtschaftliche Umsicht und Verantwortung sind geeignete Führungsinstrumente, wenn durch Stil Verhalten und wertschätzende Sprache der Vorgesetzten die spezifische Kultur erfahrbar wird...

Wir brauchen also eine neue Solidarität. Erinnern wir uns an Momo: ausgerechnet eine Schildkröte führt sie aus der Gefahrenzone und rettet die Zeit. Ihr Name Kassiopeia bedeutet: Retterin aus der Verstrickung. Die Kassiopeia kann die Sozialwirtschaft unserer Gesellschaft aus der Verstrickung der absoluten Ökonomisierung retten" (Magar 2010, S. 32 ff.).

Beispiele wie dies gelingen kann, lassen sich in verschiedenen Bereichen der Sozialen Arbeit aufzeigen. Exemplarisch werden betriebswirtschaftliche Instrumente aus den Bereichen des Controllings, Qualitätsmanagements und Marketings aufgezeigt:

Beispiel Benchmarking und Wirkungsevaluation (Controlling): Durch einen Leistungsvergleich (Benchmarking) können unterschiedliche Träger gleichartige Leistungen der Sozialen Arbeit vergleichen und so auch einen Preis für angemessene fachliche Arbeit festsetzen. Dies stärkt ihre Positionen gegenüber den öffentlichen Trägern als Vergabeinstanzen, welche die leistungserbringenden Träger mitunter „gegeneinander ausspielen", insbesondere was die Preisfestlegung für sozialarbeiterische Leistungen betrifft (zum konkreten Beispiel: Tabatt-Hirschfeldt 2016). Die Ökonomisierung hat den öffentlichen Sektor ebenso erfasst, und sich in Form des Leitbildes eines Dienstleistungsunternehmens der Kommunalverwaltung im Rahmen des Neuen Steuerungsmodells (NSM) in den 1990er Jahren etabliert. In diesem Zusammenhang gewann die Messung eigener Leistungen (performance measurement) und die der Dienstleistungsnehmer an Bedeutung. Damit gerät auch die Wirkungsmessung als Evaluation des erfolgreichen strategischen Managements, dem strategischen Controlling zuzuordnen, in den Fokus der Betrachtung. Auf der operativen Ebene bedeutet dies, dass soziale Leistungserbringung als erfolgreiche Interaktion mit den Adressat_innen gemessen wird. „Die sozialen Professionen sollen nicht nur – wie bislang – Klienten betreuen und sozial integrieren, sondern auch einen Beitrag zur Lösung der Funktionsprobleme der Transfer- und Finanzierungssysteme leisten, was nachhaltige Konsequenzen für die Ziele und Standards professionellen Handelns hat. Die damit einhergehende Ersetzung professioneller Selbststeuerung und einzelfallbezogener Expertise durch standardisierte Assessment- und Diagnosebögen, Praxismanuals, Risikotabellen, Ist-Soll-Vergleiche und benchmarking-Verfahren zielt auf eine Vergleichbarkeit der Interventionsbasis und kann perspektivisch auch mit angelernten Fachkräften durchgeführt werden" (Wohlfahrt 2016, S. 20 f.). Während über lange Zeit die Überzeugung galt, dass „Soziale Arbeit als Fachdisziplin sei nur sich selbst (höchstens noch ihren Klienten) verantwortlich" war (ebd., S. 21), wodurch ihr auch ihre Wissenschaftlichkeit infrage gestellt wurde. „An dieses – die staatliche Regulierung und Reglementierung der Profession ausklammernde – Selbstverständnis knüpft nun eine mittlerweile auch in der Medizin, Psychologie und Kriminologie weitverbreitete Programmdiskussion an, die auf Evidenzbasierung abzielt und die in sozialen Dienstleistungsorganisationen Tätigen dazu zwingt, sich nicht nur der schon bekannten Effizienzkontrolle auf der Ebene der Organisation stellen zu müssen, sondern weit darüber hinausgehend sich auch einer Wirkungskontrolle und Leistungsmessung ihres Klientenkontakts öffnen zu müssen" (ebd.). Wesentlich dabei ist, dass die Wirkung Sozialer Arbeit auf verschiedenen Ebenen (s. o.) und aus verschiedenen Blickwinkeln (Fachkräfte der leistungserbringenden Organisationen, der öffentlichen Kostenträger wie auch Adressat_innen) betrachtet wird. Solchermaßen abgestimmte Sozialindikatoren bilden beispielsweise die Grundlage wirkungsorientierter Leistungsverträge.

Beispiel Qualitätswettbewerb (Qualitätsmanagement): Im Gegensatz zu einem industriellen Qualitätsverständnis geht im sozialen Bereich um einen umfassenden Denk- und Handlungsansatz in Organisationen, der sich im Leitbild (normativ) in Konzepten z. B. der Führung (strategisch) und im Selbstverständnis der Mitarbeitenden (operativ), also in allen Ebenen widerspiegelt (Bobzien et al. 1996). Börner und Müller verdeutlichen „Qualitätsmanagement aber als Verfahren verstanden, systematisch die Arbeit zu reflektieren und Entwicklungen bewusst zu machen, hat dagegen durchaus eine Berechtigung wie Beispiele aus der Praxis belegen. Es ergibt sich also die Forderung, Qualität für die Soziale Arbeit neu zu definieren und von der Logik der DIN-Normen deutlich abzugrenzen. Wenn man also über Qualität in der Sozialen Arbeit spricht, sollte man sich einigen, was damit gemeint ist. Derartige Diskussionen können den Kern Sozialer Arbeit herausarbeiten und verhindern ein Abgleiten in betriebswirtschaftliche Kategorien" (Börner und Müller 2016, S. 136). Ein Beispiel dafür ist ein Bundesmodellprojekt über Abstimmung der verschiedenen Akteure dazu, was Qualität bei den Hilfen zur Erziehung bedeutet (BMFSFJ 2009). Die Wohlfahrtsverbände haben mittlerweile verschiedene Qualitätsmanagementmodelle etabliert: (auf Basis) DIN-En ISO 9000 ff., EFQM bzw. Total Quality Management (Brückers 2009). Die Bundesarbeitsgemeinschaft der freien Wohlfahrtspflege (BAGFW) hat sich auf eine abgestimmte Qualitätspolitik mit gemeinsamen Grundprinzipien verständigt: „Mit diesen verbindlichen

Qualitätsanforderungen wollen wir zum einen eine Garantiezusage an die Nutzerinnen und Nutzer sozialer Dienste und Einrichtungen der Verbände sowie an die Kostenträger geben" (QM Datenbank BAGFW).

Beispiel Öffentlichkeitsarbeit (Marketing): Im Gegensatz zu den eher eindimensionalen Zielen der Wirtschaft (Gewinn) sowie Anspruchsgruppen (Kunden, Lieferanten) sind die Ziele in der sozialen Arbeit multikomplexer, ebenso die Stakeholder mit teils gegenläufigen Erwartungen und unterschiedlichen Mitteln der Machtdurchsetzung. So ist social marketing „eine spezifische Denkhaltung. Sie konkretisiert sich in der Analyse, Planung, Umsetzung und Kontrolle sämtlicher interner und externer Aktivitäten, die durch eine Ausrichtung am Nutzen und den Erwartungen der Anspruchsgruppen (z. B. Leistungsempfänger, Kostenträger, Mitglieder, Spender, Öffentlichkeit) darauf abzielen, die finanziellen, mitarbeiterbezogenen und insbesondere aufgabenbezogenen Ziele der Nonprofit-Organisation zu erreichen" (Bruhn 2005, S. 63). Öffentlichkeitsarbeit als Teil des Marketing-Mixes, bedeutet eine Kommunikationspolitik der Corporate identity nach Innen und Außen. Dies beinhaltet auch ein sozialanwaltschaftliches Handeln und ist damit originärer Bestandteil der Sozialen Arbeit. Baberg begründet: „Auf gesellschaftlicher Ebene muss sie (Soziale Arbeit, Anm. d. Verf.) der Stigmatisierung ihrer Klienten durch verstärkte Öffentlichkeitsarbeit zur Thematisierung sozialer Ungleichheit durch Engagement in Berufsverbänden, Gewerkschaften und Parteien, durch Öffentlichkeitsarbeit und Diskussionen im Kollegenkreis, in Verbands- und Fachzeitschriften entgegentreten" (Baberg 2016, S. 120). Als Bespiel lässt sich der Kinospot der Caritas „Achten statt Ächten" aufzeigen: http://www.youtube.com/watch?v=yndMbtIy5s8.

4.2 Am System arbeiten: sozialpolitische Lobbyarbeit

Am System arbeiten meint das System selber zu verändern, d. h. auf die Sozialpolitik Einfluss zu nehmen, die dann ihrerseits über entsprechend geänderte Sozialgesetze den Rahmen für die Soziale Arbeit bestimmt. In diesem Sinne geht es um sozialanwaltschaftliches Handeln als Soziallobbyismus. Dieser muss aber erst einmal entwickelt werden. Janßen zeigt auf: „Zunächst geht es um die Vernetzung und den Zusammenschluss der Beteiligten – Aktive, Akteure und andere Interessierte. Dann muss eine Analyse der Situation in den sozialen Arbeitsfeldern erfolgen, um schließlich mit klaren Forderungen gemeinsam an die Politik und die Öffentlichkeit zu gehen. Die Lobby für eine menschliche soziale Arbeit muss erst aufgebaut werden. Die Interessenvertretungen sind hier – genauso wie sonst gesellschaftlich – erst zu mobilisieren. Dabei ist bislang auch eine Frage aus der Arbeit der Interessenvertretungen ungelöst: nämlich die danach, wie können wir die Kolleginnen und Kollegen aus dem Arbeitsstress und ihrer Lethargie zum „Widerstand" bringen" (Janßen 2016, S. 267). Die Forderung um eine Re-Politisierung Sozialer Arbeit wird auch vom Berufsverband DBSH, gestellt:

- Soziale Arbeit braucht Gestaltungsfreiräume, um ihr Handeln im Sozialraum einzubeziehen, statt kleinteilige Aufgabenverteilung und Dienstleistungen nach standardisierten Handbüchern.
- Bessere finanzielle Ausstattung der Kommunen: um den qualitativen und quantitativen Abbau von Sozialleistungen zu stoppen.
- (Rück-)Umbau des Sozialstaates der an Bedarfen und nicht an der Eingliederung in den Arbeitsmarkt orientiert ist. Die Angebote der Sozialen Arbeit als müssen für alle Menschen, die sie benötigen, erreichbar und als individuelles Recht einklagbar sein.
- Stärkung der Politik gegenüber der Ökonomie, um sozialpolitische Handlungsfähigkeit zurück zu gewinnen: Soziale Arbeit braucht Rahmenbedingungen und Standards, die professionelles Agieren abseits aktueller finanzpolitischer Diskussionen und Entscheidungen ermöglichen (zur Beseitigung menschenunwürdiger Lebensverhältnisse, Verbesserung von Lebensqualität sowie die Förderung von Teilhabe und Inklusion etc.) (DBSH 2012, S. 5 f.).

Hier haben Soziale Arbeit und Sozialmanagement bzw. Sozialwirtschaft die Chance zusammen zu wachsen und gemeinsam die Re-Politisierung zu befördern. Denn Sozialpolitik ist originärer Bestandteil der Sozialwirtschaft/des Sozialmanagements, wie Wöhrle in seinem Grundlagenbuch bereits 2003 dargelegt hat (siehe Abb. 2).

Schwarz verdeutlichte anlässlich seiner Key Note auf dem INAS[2]-Kongress 2012 in Berlin: „Sozialarbeit und ihr politischer Kontext von Sozialstaat und Sozialpolitik stehen im Zentrum und bilden in der Beziehung zum Sozialmanagement den essentiellen Kern – das Sozialmanagement hat strategische und operative Funktionen und somit akzidentielle Bedeutung" (Schwarz 2012, S. 133).

Die Frage dabei ist, wie eine Re-Politisierung Sozialer Arbeit gelingen kann, in dem Sinne, dass „nicht individuelle Defizite, sondern gesellschaftliche und ökonomische Verhältnisse als Ursache sozialer Probleme erkannt werden" (Baberg 2016, S. 107).

Als ein Grund der Passivität der Fachkräfte Sozialer Arbeit macht Maus ihre apolitische Einstellung aus: „Der Großteil der Kolleginnen und Kollegen hält sich

---

2 INAS: Internationale Arbeitsgemeinschaft Sozialmanagement und Sozialwirtschaft e. V. (siehe: http://www.inas-ev.eu/)

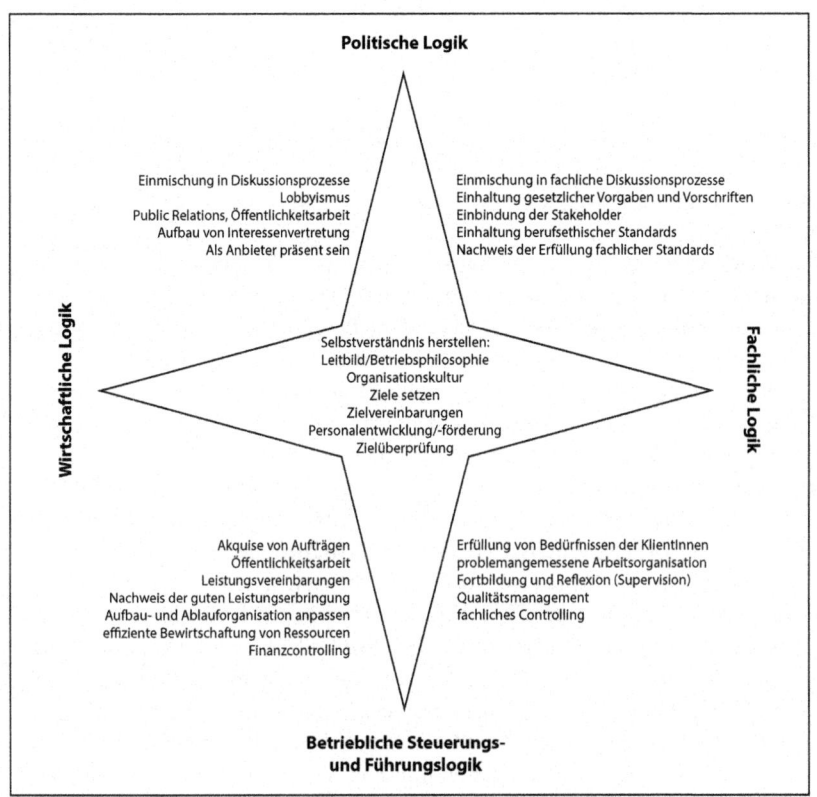

Abbildung 2 Logiken der Sozialwirtschaft (Wöhrle 2003, S. 151)

```
                          Politische Logik

     Einmischung in Diskussionsprozesse      Einmischung in fachliche Diskussionsprozesse
                         Lobbyismus          Einhaltung gesetzlicher Vorgaben und Vorschriften
     Public Relations, Öffentlichkeitsarbeit Einbindung der Stakeholder
          Aufbau von Interessenvertretung    Einhaltung berufsethischer Standards
                  Als Anbieter präsent sein  Nachweis der Erfüllung fachlicher Standards

Wirtschaftliche Logik                                                    Fachliche Logik
                     Selbstverständnis herstellen:
                     Leitbild/Betriebsphilosophie
                         Organisationskultur
                             Ziele setzen
                          Zielvereinbarungen
                     Personalentwicklung/-förderung
                             Zielüberprüfung

              Akquise von Aufträgen           Erfüllung von Bedürfnissen der KlientInnen
              Öffentlichkeitsarbeit           problemangemessene Arbeitsorganisation
              Leistungsvereinbarungen         Fortbildung und Reflexion (Supervision)
   Nachweis der guten Leistungserbringung     Qualitätsmanagement
      Aufbau- und Ablauforganisation anpassen fachliches Controlling
      effiziente Bewirtschaftung von Ressourcen
              Finanzcontrolling

                       Betriebliche Steuerungs-
                         und Führungslogik
```

aus der Politik raus. Sie erleben ihre Tätigkeit als Hilfe für die Menschen und negieren, dass sie zunehmend im Sinne eines neoliberalen Menschenbilds instrumentalisiert werden. ‚Wir mussten uns um die Menschen kümmern, für Politik hatten wir keine Zeit.' Dies war auch die Begründung der Kolleginnen im Dritten Reich, als Entschuldigung für ihr Mittun (s. a. Mitrovic 1989, S. 146 ff.). Es ist bedauerlich, dass sich Fachkräfte so wenig befassen, mit den Hintergründen von Veränderungen im Sozialen Feld, nicht die Interessen hinter sogenannten Reformen, Gesetzen oder Anordnungen reflektieren und diskutieren" (Maus 2016, S. 88). Offenbar wird die politische Arbeit, die erst den Ermöglichungs- und Erbringungsrahmen für die Soziale Arbeit setzt, nicht als originäre Tätigkeit betrachtet. Verhängnisvoll ist dies insofern, als gerade das fehlende politische Engagement dazu beiträgt, sich negativ auf die Rahmung Sozialer Arbeit wie beschrieben auswirkt, die Fachkräfte sich dann offenbar lieber immer „schneller im Rad drehen" und so zur Stabilisierung des Systems beitragen, statt das System zu verändern. Um diesen Teufelskreis zu durchbrechen und eine Re-Politisierung der Fachkräfte Sozialer Arbeit zu ermöglichen, gilt es eine Vision guter Sozialer Arbeit als Menschenrechtsprofession und ihrer Bedingungen zu erarbeiten und über Soziallobbyismus umzusetzen. Dies kann über einen gesellschaftlichen wie auch fachspezifischen Ethikdialog um Soziale Gerechtigkeit, Inklusion und sozialen Frieden stattfinden. Hierbei sollten verschiedene Ebenen zusammenwirken:

- Dialog zwischen Praxis und Wissenschaft: „(…) die Fachkräfte müssen verstärkt den Dialog mit Lehre und Wissenschaft suchen und diese ethischen Werte verinnerlichen. Dazu braucht es die Bereitschaft, sich über die bezahlte Arbeitszeit hinaus zu engagieren. Wer erwartet, dass unsere Anstellungsträger diese Zeit geben, der irrt. Warum sollten Sie den Widerstand unterstützen, wo sie sich doch auf dem Markt gut eingerichtet haben. Dass wir während der Arbeitszeit nicht den Freiraum haben, ist eine Ausrede"
- Starke gewerkschaftliche und berufsständige Vertretung als Soziallobbyist: „die sich einmischt in Politik und die berufsethischen Standards gegenüber der Politik vertritt und durchsetzen kann. Hier werden die berufspolitischen Fragen diskutiert und Antworten formuliert, die uns im beruflichen Alltag in der Auseinandersetzung um das Richtige unserer Arbeit helfen können. Ob diese berufsständische Organisation DBSH heißt oder zukünftig anders, ist doch egal. Wir brauchen eine Organisation mit einer guten finanziellen Ausstattung. Es hilft uns wenig, wenn kleine engagierte, lose organisierten Gruppen oder mutige Einzelkämpfer sich den Themen stellen und Widerstand leisten. Spaltung und kleinteilige Organisation hilft nur den Mächtigen, die die neoliberalen Interessen vertreten. Ein erster Schritt wäre eine organisierte Vernetzung der Gruppierungen und bestehenden berufspolitisch tätigen Verbände"
- Mut zum fachlichen Diskurs: D. h. der „Mut zum Streiten um den richtigen Weg. Nicht Harmonie führt uns weiter und die Verleugnung von Konflikten, sondern das miteinander streiten in einer Streitkultur, in der Respekt vor der Würde des Menschen und nicht Sieg oder Niederlage Kriterium ist." (Maus 2016, S. 91 f.)

Eine gemeinsame Vision könnte darin bestehen, eine andere Art von Wirtschaften über einen gesellschaftlichen Diskurs in die Politik und damit schließlich in die Sozialgesetzgebung einzubringen: solidarisches Wirtschaften. In einem emanzipatorischen Sinn geht es dabei um ein selbstbestimmtes, freiwilliges und demokratisches Miteinander. Voß verdeutlicht: „Ein wesentlicher Faktor des Gelingens dieser wirtschaftlichen Praxis ist das Miteinander der Beteiligten, ihr demokratisches Zusammenwirken und die Kultur der Kooperation, die jede Gemeinschaft für sich entwickelt" (Voß 2016, S. 241). Die Herausforderung dabei besteht darin, Diversity (Vielfalt und Unterschiedlichkeit) in der solidarischen Ökonomie zu leben und trotzdem Genauigkeit und Kritik- wie Reflexionsfähigkeit zu erhalten. Es geht also nicht um einfache Lösungen, sondern um ein Ringen und einem Diskurs über Ressourcenallokation. „Es gibt keine einfachen Antworten oder perfekten Lösungen. Die Versuche, innerhalb des Kapitalismus alternative ökonomische Strukturen aufzubauen, werden immer widersprüchlich sein und gleichzeitig Aspekte von Anpassung an Marktzwänge und Keimformen einer anderen Wirtschaft beinhalten. Diese Alternativen sind angreifbar und gefährdet. Die Ideen und Begriffe lassen sich kommerzialisieren und für beliebige politische Zwecke einsetzen, das sollte nicht übersehen werden" (ebd.). Auch solidarisches Wirtschaften kann folglich nicht sich selbst überlassen werden, sondern bedarf der politischen Gestaltung. „Die dringend notwendige Abkehr vom herrschenden Entwicklungsmodell einschließlich der globalen Durchsetzung menschenwürdiger Arbeitsbedingungen und eines schonenden Umgangs mit den Ressourcen kann sicher nicht allein durch solidarisches Wirtschaften erreicht werden, sondern erfordert ebenso politische Solidarität innerhalb der" Gesellschaft (ebd.).

Literatur

Arbeitgeberverband Pflege e. V. (2016). *Drittes Pflegestärkungsgesetz (PSG III) – Zusätzliche Milliardenkosten stoppen – Offener Brief an den Bundesrat 7. Dezember 2016.* http://www.arbeitgeberverband-pflege.de/wp-content/uploads/2016/12/Brief_zum_PSG_III.pdf Zugegriffen: 10. August 2017.

Arnold, U., Grundwald, K., & Maelicke, B. (2014). *Lehrbuch der Sozialwirtschaft.* 4., überarb. Aufl. Baden-Baden: Nomos.

Aufderheide, D., & Dabrowski, M. (2007). *Markt und Wettbewerb in der Sozialwirtschaft.* Duncker und Humblot.

Baberg, M. (2016). Soziale Ungleichheit als Ursache gesellschaftlicher und gesundheitlicher Probleme. In C. Müller, E. Mührel & B. Birgmeier (Hrsg.), *Soziale Arbeit in der Ökonomisierungsfalle?* (S. 107–121). Wiesbaden: Springer VS.

Bätz, F. (2016). Im Rahmen einer studentischen Gruppenarbeit im Bachelorstudium Sozialer Arbeit an der Hochschule Coburg. (unveröffentlicht).

Becher, B. (2000). Vernetzung und strategisches Verbandsmanagement – Entwicklungstendenzen der Freien Wohlfahrtspflege. In H.-J. Dahme & N. Wohlfahrt (Hrsg.), *Netzwerkökonomie im Wohlfahrtsstaat. Wettbewerb und Kooperationen im Sozial- und Gesundheitssektor* (S. 267–287). Berlin: Ed. Sigma.

Behrer, K., & Fuchs-Rechlin, K. (2013). Wie atypisch und prekär sind die Beschäftigungsverhältnisse in sozialen Berufen? In *Sozialmagazin* 1-2, 53–64.

Bertelsmann-Stiftung (Hrsg.) (2015). Kommunale Sozialausgaben – Wie der Bund sinnvoll helfen kann.
Bundesministerium für Familie, Senioren, Frauen und Jugend (BMFSFJ), ISA Planung und Entwicklung GmbH, Universität Bielefeld (2009). Praxishilfe zur wirkungsorientierten Qualifizierung der Hilfen zur Erziehung. In Wirkungsorientierte Jugendhilfe. Bd. 9. Münster.
Börner, H., & Müller, F. (2016). „Wie wir denken, so sprechen wir – wie wir sprechen, so denken wir". Von der Selbstachtung zum Widerstand gegen die Ökonomisierung am Beispiel Sprache – ein Workshopbericht. In C. Müller, E. Mührel & B. Birgmeier (Hrsg.), *Soziale Arbeit in der Ökonomisierungsfalle?* (S. 130–139). Wiesbaden: Springer VS.
Brinkmann, V. (Hrsg.) (2005). *Change Management in der Sozialwirtschaft*. Wiesbaden: Deutscher Universitäts-Verlag.
Brinkmann, V. (Hrsg.) (2008). *Personalentwicklung und Personalmanagement in der Sozialwirtschaft*. Tagungsband der 2. Norddeutschen Sozialwirtschaftsmesse. Wiesbaden: VS Verlag für Sozialwissenschaften.
Brünner, F. (2007). Die Rolle freier Träger angesichts der Ökonomisierung sozialer Dienste. In H.-J. Blanke (Hrsg.), *Die Reform des Sozialstaats zwischen Freiheitlichkeit und Solidarität* (S. 209–223). Tübingen.
Bruhn, M. (2005). *Marketing für Nonprofit-Organisationen, Grundlagen – Konzepte – Instrumente*. Stuttgart: Kohlhammer Verlag.
Buestrich, M., Burmester, M., Dahme, H.-J., & Wohlfahrt, N. (Hrsg.) (2008). Die Ökonomisierung Sozialer Dienste und Sozialer Arbeit. Entwicklungen – Theoretische Grundlagen – Wirkungen. In *Grundlagen der Sozialen Arbeit*. Bd. 18. Baltmannsweiler.
CONZepte (2011). *Diversity Management: Rekrutierung osteuropäischer Pflegekräfte. Interview mit Jürgen Hecht*. http://www.contec.de/conzepte/conzepte-03-2011/973-diversity-manag Zugegriffen: 20. Mai 2012.
Dahme, H.-J., Kühnlein, G., Wohlfahrt, N., Burmester, M., & Hans-Böckler-Stiftung (Hrsg.) (2005). *Zwischen Wettbewerb und Subsidiarität – Wohlfahrtsverbände unterwegs in die Sozialwirtschaft*. Berlin: Ed. Sigma
Deutscher Berufsverband für Soziale Arbeit (DBSH). *Heidelberger Erklärung – Berufspolitische Positionen des DBSH,* 24.10.2012
Böll, S., Dettmer, M., Höhne, V., Knaup, H., Müller, A.-K., Neukirch, R., Pfaffenzeller, M., Sauga, M., & Schmergal, C. (2017). Geteilte Republik. In *Der Spiegel 9*, 14–21. Hamburg: Spiegel Verlag
Droß, P.J., & Priller, E. (2012). Ökonomisierung im Dritten Sektor – Ergebnisse einer Organisationsbefragung. In *Stiftung und Sponsoring 3*, 28–29.
Erath, P. (2012). *Sozialarbeit in Europa – fachliche Dialoge und transnationale Entwicklungen*. Stuttgart: Kohlhammer.
Fuchs-Rechlin, K. (2012). Soziale Berufe – von der Wachstums- zur Zukunftsbranche? In *Sozial Extra* 3-4, 32–35. Springer Verlag.
Galuske, M. (2002). *Flexible Sozialpädagogik. Elemente einer Theorie Sozialer Arbeit in der modernen Arbeitsgesellschaft*. Weinheim/München: Juventa Verlag.

Galuske, M. (2007). Wenn Soziale Arbeit zum Management wird. Anmerkungen zum aktivierenden Umbau der Sozialen Arbeit und seinen Niederschlägen in der Methodendebatte. In E. J. Krauß, M. Möller, & R. Münchmeier (Hrsg.), *Soziale Arbeit zwischen Ökonomisierung und Selbstbestimmung* (S. 333–372). Kassel: University Press.

Germeten-Ortmann, B. (2011). *Heraus aus der Grauzone. Ein Projekt des Caritasverbandes.* Vortrag ConSozial vom 03. 11. 2011.

Giesecke, H. (2012). Sozialarbeit – ein Berufsfeld mit Zukunft? In *Sozial Extra* 3-4, 29–31. Springer Verlag.

Janßen, C. (2016). Betriebsräte und Mitarbeitendenvertretungen gegen Ökonomisierung. In C. Müller, E. Mührel & B. Birgmeier (Hrsg.), *Soziale Arbeit in der Ökonomisierungsfalle?* (S. 245–270). Wiesbaden: Springer VS.

Kolhoff, L. (2017). *Finanzierung der Sozialwirtschaft – Eine Einführung.* 2., vollständig überarb. Aufl., Wiesbaden: Springer VS.

Koziol, K., Pförsch, W., Heil, S., & Albrecht, K. (2006). *Social Marketing – erfolgreiches Marketingkonzepte für Nonprofit-Organisationen.* Schäffer-Pöschel Verlag.

Lutz, R. (2008). Perspektiven der Sozialen Arbeit. In *Politik und Zeitgeschichte (APuZ)*, 12–13.

Magar, Sr. E.-M. (2010). Die absolute Ökonomisierung verhindern. In Bundesarbeitsgemeinschaft der Freien Wohlfahrtspflege (Hrsg.), *Sozialwirtschaft – mehr als Wirtschaft? Bericht des 6. Kongress der Sozialwirtschaft vom 14./15. Mai 2009 in Magdeburg.* Edition Sozialwirtschaft, Bd. 27, (S. 31–35). Baden-Baden: Nomos.

Messmer, H. (2007). *Jugendhilfe zwischen Qualität und Kosteneffizienz.* Wiesbaden: VS Verlag für Sozialwissenschaften.

Maus, F. (2006). Soziale Arbeit ist (k)ein Instrument neoliberaler Politik!? In C. Müller, E. Mührel, & B. Birgmeier (Hrsg), *Soziale Arbeit in der Ökonomisierungsfalle?* (S. 79–93). Wiesbaden: VS Verlag für Sozialwissenschaften.

Otto, H.-U., & Ziegler, H. (2012). Impulse in eine falsche Richtung – Ein Essay zur neuen „Neuen Steuerung" der Kinder- und Jugendhilfe. In *Forum Jugendhilfe* 1, 15 ff.

Preis, W. (2006). Unfassbar neoliberal! In *Forum Sozial*, 32–37. Schäffer-Poeschel Verlag.

Rätz, W. (2016). Ökonomisierung zerstört das Gesundheitswesen. In C. Müller, E. Mührel & B. Birgmeier (Hrsg.), *Soziale Arbeit in der Ökonomisierungsfalle?* (S. 194–207). Wiesbaden: Springer VS.

Schubert, H. (Hrsg.) (2008). *Netzwerkmanagement, Koordination von professionellen Vernetzungen – Grundlagen und Praxisbeispiele.* Wiesbaden: VS Verlag für Sozialwissenschaften.

Schwarz, G. (2012). Sozialarbeit – Sozialmanagement zwischen Professionalisierung und Problematisierung, Key Note 1. In A. Wöhrle (Hrsg.), *Auf der Suche nach Sozialmanagementkonzepten und Managementkonzepten für und in der Sozialwirtschaft* (S. 133–170). Bd. 1. Augsburg: Ziel Verlag.

Seithe, M. (2010). *Schwarzbuch Soziale Arbeit.* Wiesbaden: VS Verlag für Sozialwissenschaften.

Seithe, M. (2015). Veränderte Sprache und veränderte Soziale Arbeit. In *Forum Sozial* 2, 11–19.

Seithe, M. (2016). Ökonomisierung und ihre Folgen in der Kinder- und Jugendhilfe. In C. Müller, E. Mührel & B. Birgmeier (Hrsg.), *Soziale Arbeit in der Ökonomisierungsfalle?* (S. 141–158). Wiesbaden: Springer VS.

Sonderband der beiden Zeitschriften SOZIALwirtschaft und Blätter der Wohlfahrtspflege (2016). Baden-Baden: Nomos.

Tabatt-Hirschfeldt, A. (o. J.). Ökonomisierung und deren Bedeutung für Schule und Jugendhilfe. In H. Bassarak (Hrsg.), *Lexikon der Schulsozialarbeit* (unveröffentlicht).

Tabatt-Hirschfeldt, A. (2016). Die Ökonomisierung der Sozialen Arbeit und ihre Alternativen. In A. Wöhrle (Hrsg.), *Moral und Geschäft – Positionen zum ethischen Management in der Sozialwirtschaft* (S. 47–64). Baden-Baden: Nomos.

Tabatt-Hirschfeldt, A. (2010). Wettbewerb und Wohlfahrtsmix: Neue Rollen der Träger in der Sozialwirtschaft – Und wo bleibt der Klient? In L. Kolhoff & A. Tabatt-Hirschfeldt (Hrsg.), *Veränderungen der Wohlfahrtsproduktion* (S. 16–28). Baltmannsweiler: Schneider-Verl. Hohengehren.

Tippmeier, T. (2015). Innovative Wege: Ausländische Fachkräfte gewinnen, begleiten und entwickeln – FRÖBEL Bildung und Erziehung gemeinnützige GmbH, Vortrag CONSozial 21. 10. 2015 (unveröffentlicht).

Tippmeier, T. (FRÖBEL Bildung und Erziehung gemeinnützige GmbH), & Shevchenko, N. (Begemot GmbH) (2015). *Tandemvortrag: Innovative Wege: Ausländische Fachkräfte gewinnen, begleiten und entwickeln*. Vortrag CONSozial 21. 10. 2015.

Voß, E. (2016). Solidarische Ökonomie – Möglichkeiten und Beispiele selbstorganisierter Projekte und Unternehmen, ihre Grenzen, Widersprüche und Ambivalenzen. In C. Müller, E. Mührel & B. Birgmeier (Hrsg.), *Soziale Arbeit in der Ökonomisierungsfalle?* (S. 225–244). Wiesbaden: Springer VS.

Wendt, W. R., & Wöhrle, A. (2007). *Sozialwirtschaft und Sozialmanagement in der Entwicklung ihrer Theorie*. Augsburg: Ziel-Verlag.

Wendt, W.-R. (2010). Arrangements der Wohlfahrtsproduktion in der sozialwirtschaftlichen Bewerkstelligung von Versorgung. In W.-R. Wendt (Hrsg.), *Wohlfahrtsarrangements, Neue Wege in der Sozialwirtschaft, Forschung und Entwicklung in der Sozialwirtschaft* (S. 11–49). Baden-Baden: Nomos.

Wöhrle, A. (2013). *Grundlagen des Managements in der Sozialwirtschaft*. Baden-Baden: Nomos.

Wohlfahrt, N. (2016). Die Ökonomisierung Sozialer Arbeit als politisches Projekt. In C. Müller, E. Mührel & B. Birgmeier, B. (Hrsg.), *Soziale Arbeit in der Ökonomisierungsfalle?* (S. 9–22). Wiesbaden: Springer VS.

Wirtschaft- und Unternehmensethik als Kritik der Grauzonen sozialwirtschaftlichen Moralunternehmertums

Andreas Langer

Abstract

Eine Wirtschafts- und Unternehmensethik der Sozialwirtschaft zielt auf die ‚Grauzonen' des Aktionsbereiches von ‚Moralunternehmen' zwischen wertorientiertem Entscheiden und rechtlich Sanktionierbarem. In dieser Grauzone geht es auch jenseits der Gewinnorientierung um ethisch reflektierte Entscheidungen. Eine Wirtschafts- und Unternehmensethik nimmt dabei vor allem die (nichtintendierten) Nebenfolgen einer notwendiger Weise ökonomisierten Sozialwirtschaft in den Blick. Die Wirtschafts- und Unternehmensethik diskutiert dabei kritisch, ob Appelle genügen, um ethisches Verhalten herbeizuführen, oder ob die Rahmenbedingungen so gestaltet werden müssen, dass auch wertmaximierende Nutzensorientierung nicht zu Nachteilen für Gesellschaft, Sozialstaat und Adressaten Sozialer Arbeit führen.

1 Wirtschafts- und Unternehmensethik in der Sozialwirtschaft, ein Problemaufriss

1.1 Ethik als Antwort auf Grauzonen

Denkt man an Wirtschafts- und Unternehmensethik so denkt man an ‚unmoralische' Praxen von Unternehmen oder Management. Es geht um ein solches Handeln, welches augenscheinlich in einer Grauzone stattfindet. Es verstößt nicht gegen Gesetze aber ist dennoch irgendwie nicht ‚OK'. Dieses Handeln wird auch medial immer öfter diskutiert und hat auch nicht selten mit einer globalisierten Welt zu tun. Es kann zum Beispiel sein, dass Produkte sehr günstig in Drittwelt- oder Schwellenländern hergestellt werden, die günstigen Produktionskosten gehen zu Lasten viel zu niedriger Löhne, inakzeptabler Arbeitsbedingungen bis hin zu Kinderarbeit. Oder aber die günstigen Produkte gehen zu Lasten der Umwelt, weil das Einhalten von Umweltstandards eben kostspielig ist und in anderen Ländern als Deutschland oder der EU weitaus niedrigere Umweltstandards herrschen. Oder es geht um Preisdumping bzw. Niedriglöhne in der heimischen Wirtschaft – während Managementgehälter ins Unermessliche steigen. Das Dumme dabei ist nur: Irgendwie sind wir alle daran beteiligt, wir alle sind Mitspieler in diesem Spiel. Wie könnten wir uns sonst für einen Preis von 100–200 Euro modisch kleiden? Wie könnten wir hochmoderne Kommunikationsgeräte für einige hundert Euro erstehen? Oder wie könnte man immer günstigere Lebensmittel im Handel finden?

Es hat aber nur begrenzt Sinn, lediglich am individuellen Verhalten anzusetzen, also an unserem Konsum, obwohl dies auch wichtig ist. Vielmehr geht es darum, auch Unternehmen dazu zu bringen, ‚ethisch' zu handeln, also genau diese Grauzonen nicht auszunutzen. Es geht auch um ‚moralisches' Management. Für den Entstehungsort der Wirtschafts- und Unternehmensethik, nämlich dem privat-gewinnwirtschaftlichen Sektor, taucht da aber ein massives Problem auf. Ethisches Unternehmertum oder moralisches Management widerspricht zumeist einer der Haupt-Rationalitäten dieses Sektors, der Gewinnerzielung bzw. der Gewinnmaximierung. Weil dies so ist, muss diese Spielart der Ethik gut begründet sein und man muss deutlich kennzeichnen, worum es geht: Nämlich um das Zusammendenken von Ethik und Wirtschaft. Im Fokus der Wirtschafts- und Unternehmensethik steht also das verantwortbare wirtschaftliche Handeln.

1.2 Grauzonen in der Sozialwirtschaft?

Was hat das alles aber nun mit der Sozialwirtschaft zu tun? Man könnte denken, zuerst einmal gar nichts. Denn zwei Bedingungen scheinen nicht erfüllt. Erstens tauchen die genannten Phänomene in der Sozialwirtschaft (so gut wie) nicht auf, und das hat einen bestimmen Grund. Zweitens gilt das leitende Prinzip der Gewinnmaximierung eben nicht, sondern wir haben es mit ‚Moralunternehmern' zu tun.

In der Sozialwirtschaft geht es um soziale Dienstleistungen und diese lassen sich praktisch gar nicht in einer globalisierten Wirtschaft kostengünstig im Ausland herstellen. Auch sind die Möglichkeiten für Billiganbieter aus dem Ausland in Deutschland tätig zu werden sehr begrenzt. Soziale Dienstleistungen sind personalintensiv aber zumeist nicht in hohem Risiko umweltbelastend zu sein. Gemeinnützige Unternehmen können nicht gewinnbringend verkauft werden und die Managementgehälter sind begrenzt. Gibt es hier überhaupt diese Grauzonen zwischen rechtswidrigem und unbedenklichem Leitungshandeln? Denn schließlich greift das Gewinnmaximierungsprinzip nicht, es handelt sich in der Sozialwirtschaft um Moralunternehmer (Hasenfeld 1992), die wegen Sachzielen tätig werden (der soziale Zweck) und das Formalziel (Gewinnerzielung) dominieren. „In other words, human service organizations are also ‚moral entrepreneurs', influencing public conceptions via the moral categorization of their clients" (Hasenfeld 1992, S. 11)

Natürlich gibt es zweifelhafte Fälle von professionellem oder managementorientiertem Handeln. Man will nur an Fehler denken, die z. B. zu massivem Kindswohlgefährdungen führen oder auch zu Missbrauch in stationären Einrichtungen für Kinder, Jugendliche oder Menschen mit Behinderung. Dies sind auf jeden Fall Themen der Organisation, der Führung oder der Systementwicklung (denn so ist z. B. Systemversagen bei massiven Kindswohlgefährdungen gutachterlich festgestellt worden, nicht individuelles versagen). Diese Themen sollen aber eher in einer Organisationsethik verortet werden, weil es nicht zentral um wirtschaftliches Handeln geht.

Im vorliegenden Beitrag soll es nun also darum gehen, die Themen und Probleme einer Wirtschafts- und Unternehmensethik in der Sozialwirtschaft aufzuschließen, zu identifizieren und Lösungsoptionen anzubieten. Dabei ist dieser Beitrag als ‚Parallelveröffentlichung' zu dem Handbuchbeitrag von Alexander Brink und mir im zugleich erscheinenden ‚Handbuch der Sozialwirtschaft' (Grunwald und Langer 2018) zu verstehen, unter dem Titel „Wirtschafts- und Unternehmensethik in der Sozialwirtschaft".

„Soziale Organisationen zwischen Markt und Moral". Während sich der Artikel im Handbuch um eine übergreifende Begründung der Wirtschafts- und Unternehmensethik bemüht, soll es in diesem Artikel im Kern um das herausarbeiten der wirtschafts- und unternehmensethisch relevanten Themen und Probleme gehen. Dieser Beitrag entstand im Rahmen einer Tagungsreihe der BAG Sozialwirtschaft/Sozialmanagement an Hochschulen. Diese BAG beschäftigt sich seit den 1990er Jahren damit, dass sich aus dem Betätigungsbereich der traditionellen Wohlfahrt(sorganisationen) ein prosperierender Wirtschaftssektor entstanden ist, in dem moderne Unternehmen auf Märkten und in spezifischen Rahmenbedingungen tätig sind. Die Sozialwirtschaft gilt mittlerweile als ernstzunehmendes Element der deutschen und internationalen Wirtschaft, er ist Innovationsmotor und wichtiger Akteur auf dem Arbeitsmarkt. Es sind wichtige Wirtschaftsprinzipien auch in den Bereich der Sozialwirtschaft eingezogen worden.

2 Wirtschafts- und Unternehmensethik als Veränderung der Rahmenbedingungen

2.1 Was ist Ethik und Wirtschafts- und Unternehmensethik?

Ethik soll im Rahmen dieses Diskussionsbeitrags als ‚kritische Theorie der Moral verstanden werden. Ethik wird also reflexiv der Moral, den Werten, den moralischen Normen entgegengesetzt. Frankena (1972, S. 20) bezeichnet sie als „philosophische Reflexion über die Moral, moralische Probleme und moralische Urteile".

In diesem Ansatz sind zwei leitende Punkt enthalten. Erstens geht es darum, was Moral ist. Eher im Sinne Aristoteles geht es hier nicht nur um die Moral mit universalistischer Geltung, sondern auch um das, was man Ethos nennt, also z. B. „eingespielte Selbstverständlichkeiten, das Gewohnte (ethos), lokale Wertüberzeugungen aber auch universalisierbare Geltungen". Diese werden mit einer Ethik „mit ‚Warum-Fragen' konfrontiert" und die Ethik findet ihre Aufgabe darin „Legitimationen, Rechtfertigungen und Orientierungen offenzulegen" (Langer 2006, S. 226). Damit ergibt sich für die Sozialwirtschaft ein ganz eigener Zugang, es werden nämlich nicht nur die Wertüberzeugungen der ‚Moralunternehmer', also deren selbstverständliche handlungsorientierende Normen und Wertüberzeugungen offengelegt (deskriptiv) und auf ihre Geltung und Gültigkeit befragt (normativ). Ebenso geht es auch darum, die Folgen des Handelns zu analysieren und prospektiv zu bewerten, es geht also um Gestaltungsempfehlungen mit deren innewohnenden Problematiken der Implementierung und Befolgung. Sondern es werden auch deren neue Werte, wie z. B. Effizienz, Effektivität, Wettbewerb, Kundenorientierung usw. für eine kritische Reflexion aufgeschlossen. Diese Arbeitsschwerpunkte einer Ethik sind in der Abbildung 1 nochmals dargelegt.

Abbildung 1   Ethos-Ethik-Konzeption (in Anlehnung an Langer 2006, S. 42)

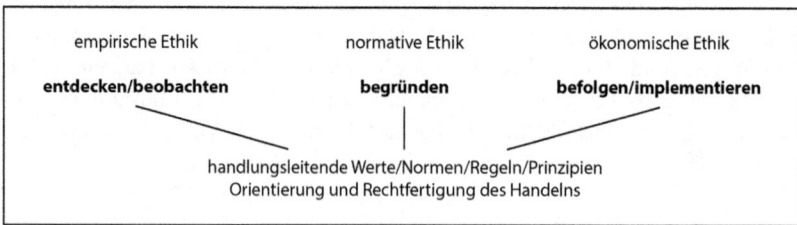

empirische Ethik	normative Ethik	ökonomische Ethik
entdecken/beobachten	**begründen**	**befolgen/implementieren**

handlungsleitende Werte/Normen/Regeln/Prinzipien
Orientierung und Rechtfertigung des Handelns

Ohne Frage beschäftigt sich ein Großteil der Ethik oder Moraltheorie mit der Frage nach der (universellen) Begründbarkeit von Werten, von Moral, von Orientierungen – die möglichen Ansätze sind hier kaum noch aufzuzählen, in jüngster Zeit spielen gerechtigkeitstheoretische Ansätze eine bedeutende Rolle. Natürlich findet diese Diskussion einen Anknüpfungspunkt in (Wert-)Überzeugungen und (moralischen) Gefühlen (deskriptiv) und reflektiert die Auswirkung auf das Handeln (Implementierung). Jedoch liegt der Schwerpunkt immer noch darin, moralische Sätze und Imperative – als Handlungsmaxime – möglichst allgemeingültig (universell) zu begründen. Brink und Langer (2018) stellen einen versprechenstheoretischen Ansatz zur Diskussion, der um weit näher an der empirischen Wirklichkeit der Unternehmen und der Wirtschaft liegt, als z. B. Gerechtigkeit oder Menschenwürde.

Um es nochmals zusammenzufassen, eine ethosorientierte Wirtschafts- und Unternehmensethik konzentriert sich eher auf die vorfindbaren und gelebten Werte, moralischen Orientierungen und handlungsleitenden Regelungen der Sozialunternehmen in der Sozialwirtschaft und konfrontiert diese mit Sollensanforderungen aber auch Fragen der Implementierung, also der (Aus-)Wirkungen. „Zum einen gibt es die soziale, politische und rechtliche Verankerung personaler Rechte in einer Rahmenordnung wie der Verfassung, den Gesetzen, der Wirtschafts- und Wettbewerbsordnung, im Justizapparat oder in Verwaltungsvorschriften; zum anderen sind sie auch im Rahmen ethisch qualifizierter Konventionen, institutionalisierter Selbstbindung oder in Form kollektiver Verhaltensnormen, sowie in sozialethisch reflektierten Regeln eines ethisch guten Zusammenlebens einer Gesellschaft festgehalten" (Mack 2002, S. 35). In diesem Rahmen blicken wir also eher auf die ‚Grauzonen' zwischen unbedenklichem ‚wertorientiertem' Handeln und (sozial-)rechtlich sanktionierbarem Verhalten.

Abbildung 2 Systematisierung der wirtschafts- und unternehmensethischen Gegenstände (eigene Darstellung)

(Sozial)rechtliche Sanktionierung, vermeidbare Risiken	Grauzone/Fragen der Ethik	Wertorientiertes Handeln

Diese tabellarische Übersicht zeigt die erste Systematisierung, die im Laufe dieses Beitrags weiterentwickelt wird.

2.2 Der Bedeutungszuwachs ökonomischer Orientierungen und die Anreize

Seit den 1990er Jahren wird die Sozialwirtschaft durch Steuerungsinstrumente weiterentwickelt, die einen Rahmen darstellen, „der zu einer Freisetzung von Effizienzpotentialen führen kann und soll. Eine nennenswerte Effizienzsteigerung wird jedoch nur dann eintreten, wenn für den einzelnen Betrieb hinreichend Druck besteht, effizient zu handeln" (Kulosa, 2003, S. 240 f.). Die Rede ist hier vom Neuen Steuerungsmodell auf der Seite der öffentlichen Träger, von Vermarktlichung und verstärkter Unternehmensorientierung auf der frei-gemeinnützigen Seite. Verfolgt man diese Sichtweise, dann muss die Sozialwirtschaft spätestens seit dieser ‚ökonomischen' Wende vor dem Hintergrund dieser wesentlichen politischen Entscheidungen betrachtet werden. Dies lässt sich hervorragend an der Kinder- und Jugendhilfe nachvollziehen (Bahle 2007). Sie kann als ein Modellbereich der Umstrukturierung des bundesdeutschen Wohlfahrtsregimes betrachtet werden, mit ihren Etappen der Fürsorgeorientierung, bundesweiten Standardisierung durch die Einführung des SGB VIII (KJHG), der Neuen Steuerung sowie der Herauslösung aus dem Korporatismus hin zu Trägerpluralität, Privatisierung, Wettbewerbs- und Effizienzorientierung und zur wesentlichen Veränderung der Finanzierungssysteme (vom Kostendeckungsprinzip bis hin zur Leistungsfinanzierung im Modell des persönlichen Budgets).

Im Zuge dieser Transformation hat das Steuerungsmedium Geld einen Bedeutungszuwachs erlangt. Auch sozialwirtschaftliche Unternehmen sind gezwungen wirtschaftlich zu handeln, es entsteht eine mehrfache Finanzierungslogik zwischen Ressourcenmobilisierung (zumeist in einem Finanzierungsmix) und Ressourcenverwendung – auch ‚Moralunternehmungen' können insolvent gehen haben aber auch die Möglichkeit (in begrenztem Rahmen) Rücklagen zu bilden. Ökonomischer Druck – oder ökonomisch gesprochen spezifische Anreizsetzungen und Sanktionen – hat jedoch nicht nur die gewünschten Verhaltensweisen und Effekte zur Folge. Den Anreiz- und Sanktionssystemen ist auch eine ‚Anreizmoral' inhärent, die nicht selten zu unintendierten Nebeneffekten – zu Fehlern und Effizienzverlusten – führt. Über die institutionelle Seite der Dilemmata, Fehler und Paradoxien wurde bislang im Kontext sozialer Institutionen nur wenig geforscht, obwohl bereits Ergebnisse aus der ökonomischen Theorie in die Soziologie und Politikwissenschaften eingeflossen sind. Jede Art der Steuerung erscheint demnach, sei sie ökonomisch orientiert oder traditionell hierarchisch-administratorisch, als der Gefährdung ausgesetzt, negative Anreizwirkungen der eigenen Instrumente zu implizieren.

Unter den unterschiedlichen Spielarten der Wirtschafts- und Unternehmensethik (Brink und Langer 2018) befasst sich vor allem die Neue Institutionenökonomik und die Moral-Ökonomik nach Karl Homann (2002) mit Anreizsetzungen. Sozialwirtschaftliche Unternehmen werden nicht in den Kontext von Wahlhandlungen unter Knappheitsbedingungen, sondern unter Interaktionsproblemen gestellt. Die Ökonomik fokussiert dabei drei wesentliche Interaktionsprobleme, die der Handlungssteuerung über Regeln bedürfen: (a) Es geht um das Sicherheitsproblem, nämlich dass Abhängigkeiten, die durch Arbeitsteilung und Spezialisierung entstehen, der Gefahr unterliegen, durch ‚free rider-Verhalten' ausgebeutet zu werden. (b) Sodann geht es um die Lösung des Koordinationsproblems: In interdependenten Interaktionszusammenhängen bewirkt die Entkoppelung von Handelndem, Handlungsmotiv und Handlungsfolgen, dass das Handlungsergebnis nicht mehr allein von einem Akteur abhängig ist, sondern ebenso von den Reaktionen und Antizipationen der anderen Akteure in Bezug auf diese Handlung. (c) Schließlich geht es um die Einführung von Regeln zur Lösung des moralischen Problems, dass nämlich insbesondere moralisches Handeln und (Vor-)Leistungen einzelner Akteure durch andere ausgebeutet werden können.

Zur ökonomischen Analyse der NPOs geht es nach diesem Ansatz um eine problembezogene Analyse der institutionellen Verhältnisse, die in diesem Sinne der „Erklärung zwecks Gestaltung" (Homann und Suchanek, 2000, S 395 ff.) dient. Wer gestalten will, muss in ihrer Lesart über Kenntnisse jener Zusammenhänge verfügen, auf die der gestaltende Eingriff oder die Reform wirkt bzw. wirken soll. „Zur Erklärung und Gestaltung sozialer Phänomene/Probleme sind die gemeinsamen und konfligierenden Interessen der beteiligten Akteure zu erheben, und dann sind die Bedingungen und Strategien zu untersuchen, unter denen bzw. durch die sie ihre Interessen geltend zu machen versuchen, wodurch sie immer in „Soziale Fallen" (zu) geraten (drohen)" (ebd., S. 413). Es geht also um die Analyse einer impliziten ‚Anreizmoral' (Wilkesmann 2001) für soziale Dienstleistungs-Institutionen. Dies wurde in Langer (2004) ausführlich geleistet.

2.3 Zur Topografie der moralischen ‚Grauzonen': Nebeneffekte und Verhalten unter ökonomischen Anreizsetzungen

Um nun einen ersten Einblick in strafbare Praktiken von Moralunternehmen zu bekommen reicht z. B. ein Blick in mehrere Jahrgänge der Zeitschriften ‚Sozialwirtschaft, Zeitschrift für Sozialmanagement' und ‚Sozialwirtschaft aktuell'. So geht es zum Beispiel um Abrechnungsbetrug (AWO KV Altenkirchen/Westerwald; Diakonie Poeing), um den Missbrauch gemeinnütziger Vorteile und die Nebeneffekte, die jeweils ökonomischer Steuerung folgen können.

Für die nun folgende tabellarische Systematisierung (siehe Abb. 3), aber auch die nachfolgende Beschreibung ist zu beachten, dass es jeweils darum geht, An-

Abbildung 3 Topografie der wirtschafts- und unternehmensethischen Probleme (eigene Darstellung)

(Sozial)rechtliche Sanktionierung	Grauzone/Fragen der Ethik	Wertorientiertes Handeln
Kooperation und sozialräumliche Verbundpraxis		
Kartellbildung und Exklusion von Anbietern	*Pfadabhängige Trägerkonstellationen*	*Subsidiarität*
Verstoß gegen Vergaberecht und Korruption	Lopezisierung	Vertrauensaufbau in langfristiger Zusammenarbeit
Verstoß gegen die Freiheit der Berufsausübung	Verdrängungspolitik und Schaffung von Abhängigkeiten	Überwindung von Fragmentierung und Versäulung
Strategische Unternehmensentwicklung		
Vermeidung rechtlich riskanter Situationen	*Spezialisierung/Streamlining*	*Ganzheitlicher Auftrag des Fürsorgeprinzips*
Vermeidung von Rechtsfolgen	Marktrückzug und einseitige Spezialisierung	Verantwortungsübernahme in der Daseinsvorsorge
Mangelnde Bedarfsdeckung	Innovationsverlust durch ‚organizional slack'	Anpassung an dynamische Bedarfe der Nutzerinnen
	Priorisierung nach Finanzierbarkeit	
Strategische Produktentwicklung		
Rechtsfolgen und Nichterfüllung von Leistungsverträgen	*Risiko-Selektion*	*Handeln innerhalb von Rahmen- und Leistungsverträgen*
Vermeidung von Rechtsfolgen aufgrund nicht erbringbarer Leistungen	Der schicke Patient Creaming up Die ‚schicke' Leistung	
Strafrechtliche Verstöße: Abrechnungsbetrug	*Abrechnungsstrategien*	*Wirtschaftlicher Imperativ*
AWO KV Altenkirchen/Westerwald	Quersubventionierung und strategischer Leistungs- und Finanzierungsmix	Kaufmännisch korrekte Buchführung und Abrechnungspraxis sowie wirtschaftlich unkritische Refinanzierung
Diakonie Poeing		

(Sozial)rechtliche Sanktionierung	Grauzone/Fragen der Ethik	Wertorientiertes Handeln
Gemeinnützigkeit als wirtschaftlicher Vorteil und öffentliches Versprechen		
Verstöße gegen Gemeinnützigkeitsauflagen: Zweckentfremdung öffentlicher Mittel	*Effizienzorientierte Ressourcenverwendung*	*Sachorientierung, Solidarität und Gemeinwohl*
Ehlers/Treberhilfe Berlin	Markt- und Wettbewerbsorientierung von Sozialunternehmen, Sozialmarketing als systemerhaltende Strategie	Wertgebundene Verwendung der Mittel und Ressourcen, Begrenzung von Führungs- und Vorstandsgehältern, Verpflichtung wirtschaftliches Handeln
Tebartz van Elst/katholische Kirche		
Strategisches Personalmanagement		
Verstoß gegen Tariftreue/Niedriglohn	*Gleich-/Ungleichbehandlung Personal*	*widerspruchsfreie Unternehmensstrategie*
Einsatz von Outsourcing/Leiharbeit	Angleichung der Löhne an Marktbedingungen unter Kostendruck; Unterstützung (neuer) Niedriglohnsektoren	(wertorientierte)(christliche) Verantwortung gegenüber der Mitarbeiterschaft; Gebot der Nichtausbeutung Erwerbsarbeit; Kapitalismus-Kritik der Träger
Ausgründung trägerinterner nichtgemeinnützige Leiharbeitsfirmen		
Personalrechtsverschärfung	Benachteiligung und Eingrenzung Arbeitnehmerrechten durch (kirchliche) Spezialtarifverträge	
Qualität und Fachlichkeit der Dienstleistungen		
Verstoß gegen Rahmen- und Leistungsverträge/ Qualitätsvereinbarungen	*Kostenfaktor Qualität*	*Bedarfsorientiertes Handeln/Anwaltschaft*
Nichterfüllung möglicher Qualifikationsquoten	Einsatz zu gering qualifizierter Fachkräfte	Weiterentwicklung des Fachpersonals
Fehler bei der Fallbearbeitung	Transparenz und Kooperationsgebot bei der Aufklärung und Verbesserung Verdrängungseffekt Übertragungseffekt	Fachlichkeit für die DL-NutzerInnen; Eintreten für die Rechte der NutzerInnen
Verdecken von Verfahrensmissständen	Dienstleister als politisches und fachbezogenes Korrektiv des öffentlichen Trägers Überkompensation	Innovationshandeln als Gebot der Bearbeitung dynamischer Bedarfe

reize für ethisch zu reflektierende Unternehmens- und Managemententscheidungen aufzuzeigen. Es wurden bewusst Phänomene und Risikobeschreibungen aus der ‚Hochzeit' der Umsetzung von neuer Steuerung und ökonomischer Modernisierung herangezogen. Es wird nicht behauptet, dass die beschriebenen Verhaltensweisen und Entscheidungen empirisch durchgehend beobachtbar sind. Vielmehr sollen durch die nachfolgenden Argumentationen Themen ethischer Reflexion eröffnet werden. Lösungsoptionen und weitere Begründungen werden in Brink und Langer (2018) gegeben.

3 Anreizeffekte und Themen für die Wirtschafts- und Unternehmensethik

Vor dem Hintergrund dieser Einführung geht es jetzt also darum die möglichen Themen wirtschafts- und unternehmensethischer Reflexion zu identifizieren.

3.1 Kooperation und sozialräumliche Verbundpraxis

Sozialwirtschaft ist auf Kooperation und gegenseitiges Vertrauen angewiesen, aber auch auf die Verlässlichkeit und Zielgruppennähe der Anbieter. Der Zugang zu Anbietern der Sozialwirtschaft ist entscheidend von der lokalen Verbundenheit abhängig, aber auch von Erfahrungen, die die Nutzerinnen sammeln konnten. So muss es auch unter ethischen Gesichtspunkten diskutiert werden, dass z. B. langjährig etablierte Anbieter sich aus dem Feld der Leistungen für langzeitarbeitslose Menschen zurückzuziehen und nicht mehr für kommunale Daseinsvorsorge zur Verfügung stehen. Eine solche Marktbereinigung kann kurzfristige Spareffekte haben, eventuelle Versorgungslücken werden dabei kaum mitbedacht.

Marktrückzug: Lopezisierung und Preisdumping im Dienstleistungssektor
Die Veränderung im Korporatismus durch die eher markt- und ökonomieorientierte Steuerung führt in einigen Arbeitsfeldern der Sozialwirtschaft zu Auftraggeber-Auftragnehmer-Beziehungen, die zumeist mit Leistungsentgeltsystemen untermauert sind. In Anlehnung an die Praxis des ehemaligen VW-Einkaufschefs Jose Ignatio Lopez, der sich durch Preisdruck und verschärften Wettbewerb auch als ‚Kostenkiller' und ‚Sparkommissar' einen Namen machte, lassen sich im Sozialmarkt Phänomene der ‚Lopezisierung' erkennen. Im Sozialwesen ist es der sozialstaatliche Auftraggeber, der „versucht – ausgehend von seiner Monopolstellung in diesem Bereich – einen Wettbewerb um Effizienz und Effektivität

sozialer Dienstleistungen zu initiieren. Er experimentiert mit neuen Leistungsmodulen wie Kurzqualifizierung und versucht, konkrete Leistungsvereinbarungen mehr und mehr durch Großausschreibungen zu ersetzen. Die Vergabepraxis geht dabei in die Richtung: es zählt der Preis des Angebots, der sich bei sozialen Dienstleistungen einfach drücken lässt, in dem Qualität reduziert und gleich bei der Leistungserbringung manipuliert wird. Meist endet diese ungebremste Wettbewerbsdynamik in Personalkosteneinsparungen auf unterster Ebene" (Spindler 2005, S. 50). Vor dem Hintergrund massiven Sparzwangs sind hier Anreizeffekte zu Qualitätsverlusten, Preisdumping und letztlich Deprofessionalisierung gegeben. So treten z. B. ‚Billiganbieter' auf, die die Dienstleistungserbringung durch minderqualifiziertes oder unerfahrenes Fachpersonal erbringen oder in einem Ausschreibungswettbewerb Preise anbieten, die erheblich unter den Marktpreisen liegen, um Marktbereiche für sich erobern zu können.

Diese Entwicklung lässt sich an der Einkaufspolitik der Bundesagentur für Arbeit anschaulich explizieren, vor allem durch Effekte, die im Zuge der Implementierung von Arbeitsgemeinschaften innerhalb ALG II und Hartz IV auftreten. Durch eine rigide Ausschreibungspolitik sind die (freien) Träger der Jugendberufshilfe mit folgenden Phänomenen konfrontiert: „Erstens sind die Preise für die Maßnahmen teilweise bis zu 25 % gesunken; zweitens sind die Laufzeiten der Maßnahmen stark verkürzt worden; drittens findet ein häufiger Trägerwechsel statt und viertens werden hierdurch Kooperationsstrukturen zerschlagen" (Liga 2005, S. 14). Dieses Preisdumping setzt einige Dienstleister unter Zugzwang, so dass sich bereits bewährte und qualitativ seriös arbeitende Dienstleister vom Markt zurückziehen.

3.2 Strategische Unternehmensentwicklung

Selbstbeschaffung und Doppelstrukturen

Im Rahmen der Debatte um Qualitätskontrolle und Case-Management werden Doppelstrukturen der Diagnostik und Beurteilung vermutet, die auf die fehlende Vernetzung der Dienste zurückzuführen sind. „Im deutschen Diskurs wird der Eindruck erweckt, das Care/Case Management sei in jedem organisatorischen Zusammenhang als Gewinn anzusehen, weil es zu effizienteren und effektiveren Leistungen führe und als Grundlage zu begreifen sei für eine bessere Transparenz, Kundenorientierung und Kooperation zwischen unterschiedlichen Professionen" (Hansen 2005, S. 117). Es wird daher empfohlen, die Methode in allen humandienstlichen Betrieben, bei öffentlichen und freien Trägern, im Gesundheitswesen, im Pflegebereich oder in der Arbeitsverwaltung anzuwenden. Bei „komplexen Problemlagen wird sehr schnell eine Situation entstehen, bei denen Nutzer in verschiedene Case/Care-Management-Verfahren eingebunden sind. Es liegt auf der Hand, dass es zur Verdoppelung von Arbeiten, zu sich widersprechenden Zielsetzungen unterschiedlicher Hilfe- und Dienstleistungsideologien und damit zu unübersichtlichen Leistungsarrangements kommt (...). Die Vervielfältigung eines vergleichsweise aufwändigen, personalintensiven Unterstützungsverfahrens kann nicht als effizient angesehen werden" (ebd.).

Problematisch wird diese Methode auch als generelles Instrument und Prinzip der Leistungserbringung angesehen: „Viele Leistungen sind relativ einfach zu gestalten und zu organisieren und bedürfen nicht der Begleitung durch ein Case/Care Management. (...) Der universelle Einsatz des Verfahrens wäre letztlich nur eine neue, kostspielige Form der fürsorglichen Entmündigung" (ebd., S. 118).

Deutlich ist hier, dass Wettbewerb und Trägerkonkurrenz zu einer Vervielfachung der Dienstleistungen führen, was nicht selten der Fehleinschätzung aufsitzt, alternative Hilfeverfahren könnten auf standardisierbare Diagnoseverfahren zurückgreifen.

Ebenso lassen sich auf Seiten der Dienstleistungsnehmer Mitnahmeeffekte beobachten, die auf die komplexe Anbieterlandschaft, durch mangelnde Kooperation aber auch durch Datenschutzbestimmungen zurückgeführt werden können. Gerade in Großstädten induziert der Wettbewerb und der Kampf um den Kunden, dass verschiedene Träger und Einrichtungen ähnliche Leistungen anbieten und deshalb auch vorhalten. Am Beispiel der Drogenberatung und -hilfe sind Doppelstrukturen vorfindbar, die ihre Nutzer zu opportunistischem Verhalten anreizen, einem ‚Nutzertourismus' durch die Anbieterlandschaft.

Innovationsverluste durch Selbstbeschaffung und Organizational slack
Im Zuge dessen bemerkt Bauer, dass die Elemente der Neuen Steuerung, Ökonomisierung, Kontaktmanagement, Wettbewerb und Konkurrenz eher den Ausbau wohlfahrtsstaatlicher Strukturen und das Angebot innovativer Leistungen verhindern, anstatt dies zu fördern (Bauer 2003, S. 16), was er auf eine naturgemäße Stärkung von Selbsterhaltungskräfte unter Knappheitsbedingungen zurückführt. „Institutionen und deren Leistungen werden mächtiger, die Institutionenpolitik folgt marktstrategischen Gesichtspunkten und hat als oberstes Ziel Besitzstandswahrung; über inhaltliche/soziale Ziele wird nicht mehr gestritten." (Rose 2003, S. 9). Um die Marktstellung zu halten, konzentrieren sich Dienstleister im Sinne einer ‚Selbstbeschaffungs'-Strategie auf bestandssichernde und ‚profitable' Produktlinien und haben weniger Potentiale, in innovative Dienstleistungsangebote zu investieren.

Verstärkt werden diese Beharrungskräfte durch eine zu hohe Effizienzorientierung im Unternehmen, die Freiräume für Innovationshandeln vernichtet – dies wird als ‚organizational slack' verhandelt (Meyer und Leitner 2011).

Implizites Streamlining und DL-creep: Priorisierung der Leistungen nach Finanzierbarkeit

Ein weiteres Problem differenzierter Standardisierungen besteht darin, dass kaum das gesamte Leistungsspektrum personenbezogener Dienstleistungen erfasst werden kann. Im Rahmen des KJHG besteht durchaus der Anreiz, bestimmte „Leistungen mit zusätzlicher Priorität zu versehen" (Merchel 1996, S. 302). Demgegenüber besteht der Anreiz solche Dienstleistungen, die nicht so eindeutig als „Produkte" definiert werden können oder eine geringere Kosten-Nutzen-Relation versprechen, aus dem Leistungsportfolio zu streichen. Für den Bereich der freien Wohlfahrtspflege ergibt sich hier der implizite ‚streamlining'-Effekt, unter dem z. B. „die Mitwirkung in der kommunalen Sozialpolitik, die Förderung von Selbsthilfe oder Unterstützung von Initiativgruppen, das Einbringen sozialpolitischer Themen in die politische Dabatte (z. B. Armut, soziale Integration behinderter Kinder und Jugendlicher)" (Merchel 1996, S. 302) nicht mehr geleistet wird. Ein ähnliches Phänomen beschreibt das DRG-creep:[1] Da Diagnosen der Expertise folgen (z. B. ärztliche Diagnose) haben insbesondere Professionelle aber auch Organisationen den Anreiz eben die Diagnose so zu stellen, dass ihrem Interesse eine hohe finanzielle Vergütung anfällt.

3.3 Strategische Produktentwicklung

Ressourcenknappheit und ökonomische Anreizsetzung kann fehlerhaften Selektion von Bedarfen oder Nutzerinnengruppen führen, nämlich dass unkritische Bedarfe oder gut gängige Angebote verstärkt werden. So muss man die Grauzone ausleuchten, ob es ethisch eindeutig ist im stationären Bereich Nutzer_innen länger als unbedingt notwendig zu versorgen um eine Voll-Auslastung zu garantieren, durch die dann auch das wirtschaftlich erforderliche Ergebnis gesichert wird.

Der schicke Patient
Will sich ein Dienstleister vor unabsehbaren Nebenpflichten schützen, zeichnen sich mehrere Strategien ab, um hohe Risiken auszuselektieren:

Weitergabediagnose, Überdiagnose: Es werden zu ausführliche Diagnose stellen, die Mehrkosten oder Budgeterhöhung verursachen oder „schwierige Klienten" werden an teurere Spezialdienste weitergeben. In beiden Fällen geht es darum, dass unter Reputationserhalt und rechtlicher Sicherheit Delegationen nicht übernommen werden. In diesem Kontext ist es also rational, dass ein Professio-

---

[1] Vgl.: http://www.g-drg.de/dokumente/drg_glossar.php?m=15 (Zugriff 25.6. 2006)

neller ihm „anvertraute Werte sorgfältiger verwahrt oder verwaltet als sein eigenes Vermögen". Aber: Es wird ein „Grenznutzen (für den Kunden)" erzeugt, „der unter den Grenzkosten dieser Handlung beim Handelnden" liegt (v. Weizsäcker 1994, S. 138).

Risikoselektion: Die Verteilungspraxis von Klienten unter eingeschränkten Ressourcen wird gestützt durch die Monopolstellung großer Institutionen und Weitergabe schwerer Fälle unter unzureichenden Fallstunden an Sekundäranbieter. Für den Krankenhaussektor bedeutet dies: „Auch wenn der Versorgungsauftrag der meisten Krankenhäuser eine konsequente Risikoselektion nicht zulässt, so ist doch spürbar, dass man – aus betriebswirtschaftlichen Gründen sofort nachvollziehbar – die ‚schicken' Patienten (gute Risiken) ins eigene Haus bekommen, die Aufnahme ‚unschicker' Patienten (schlechte Risiken) dagegen minimieren möchte" (Kretschmer und Nass 2005, S. 255). Monopolstellungen und Lobbykonstellationen verstärken erzwungene Delegation der Diagnosen.

Creaming up (auch cream-skimming)

Eine Art der verdienstlichten Variante des Subsidiaritätsprinzips stellen negative Auswahleffekte über die Zahlungsbereitschaft dar. Erweitert in die Ressourcensemantik bedeutet dies, dass eine Auslese der „Kunden" nach vorrechtlichen Kriterien erfolgt, es gibt eine „Spaltung der Gruppe der Kunden" (Herrmann 2002, S. 23). Profilingmaßnahmen innerhalb Hartz IV (JobCenter für U25) müssen in ihrer stigmatisierenden Wirkung betrachtet werden. Wer sich nicht ausreichend darstellen kann, dem stehen bestimmte Leistungen nicht zur Verfügung (Liga 2005, S. 13). „Weiterhin wird zunehmend zwischen ‚Kunden' unterschieden. Attraktive, die ihr Geld einbringen, und die übrigen: eine Strategie des ‚creaming-up' schafft sich Raum" (Rose 2003, S. 8). Creaming up kann aber auch bedeuten, dass bestimmte Kundengruppen sich aufgrund von Erfahrung durchsetzen können, sich also verstärkt in Leistungen einkaufen. „Der Wunschklient weist Eigenschaften auf: Hilfeberechtigung, Hilfebedürftigkeit und die Bereitschaft des aktiven Mit-Tuns" (ebd., S. 9). Es bildet sich so eine Leistungsempfängerelite heraus.

Die ‚schicke' Leistung

Ein typischer Effekt der Fallpauschalisierung stellen Uminterpretationen dar. Professionelle sehen sich gezwungen, den individuellen Fall in vordefinierte Leistungsangebote zu zwängen und auf der anderen Seite ihre Leistungen interpretationsfähig gegenüber der Organisation darzustellen. Es werden tendenziell mehr Leistungen dargestellt als tatsächlich erbracht worden sind. Typisch für die stationäre Unterbringung im Rahmen der Hilfen zur Erziehung ist dabei die Belegungspraxis von Gruppen unter fallbezogener Finanzierung. Die oberste Priorität zur Belegung bzw. Entlassung von Adressaten scheint nicht mehr der persönliche Bedarf zu sein, sondern die Auslastung freier Kapazitäten. Entlassen wird also nur, wenn der freiwerdende Platz wiederbesetzt werden kann. Aufgrund hoher Vorhaltekosten besteht ein ständiger Anreiz, Betreuungsgruppen voll besetzt zu halten. Im Gesundheitswesen sind ähnliche Entwicklungen zu beobachten. „Unter DRG-Bedingungen besteht für die Krankenhäuser der Anreiz, möglichst viele Patienten stationär aufzunehmen, um die Anzahl der abrechenbaren Fallpauschalen zu steigern, gleichzeitig jedoch die im Rahmen von Diagnostik und Therapie eingesetzten Ressourcen zu minimieren, um die Wahrscheinlichkeit einer positiven Erlös-Kosten-Relation auf Fallebene zu erhöhen" (Kretschmer und Nass 2005, S. 257).

Diese strategischen Entwicklungen geben einen Anreiz um die Praxis der Quersubventionierung im strategischen Leistungs- und Finanzierungsmix einzusetzen. Quersubventionierung heißt dabei, dass leistungsstarke Produktbereiche (die sog. Cash Cows) durch erziele Überschüsse leistungsschwächere Bereiche unterstützen. Es kann aber auch bedeuten, dass Überauslastungen in Leistungsbereichen durch Unterdeckungen in anderen kompensiert werden.

3.4 Gemeinnützigkeit als wirtschaftlicher Vorteil

Ein typisches Begleit-Phänomen für Finanzierung über Budgetierung lässt sich jeweils am Jahresende feststellen, wenn nicht ausgeschöpfte Gelder verbraucht werden müssen. Diese eher harmlose ‚Notfallmaßnahme' deutet auf die Verpflichtung des angemessenen Umgangs mit öffentlichen Gütern hin. Diese Verpflichtung wird auch durch die Unternehmenspraxis strapaziert, wenn ein Verein für Obdachlosenhilfe (Treberhilfe) sich für seine Dienstreisen und Stadtteilführungen einen kostspieligen Luxuswagen (Maserati) unterhält – oder auch wenn eine Kirchengemeinde sich überproportionale Luxusgebäude leistet (Tebartz van Elst). Bekanntlich mündeten diese fragwürdigen Verhaltensweisen ja in strafrechtliche Verstöße, aber auch ohne diese rechtliche Komponente werden entscheidende ethische Frage aufgeworfen.

Beispiele solcher Phänomene sind auch in Krankenhäusern zu beobachten, wenn so genannte, Clinical Pathways/Klinische Behandlungspfade vorgegeben werden. „Generell werden im DRG-System die Krankenhäuser belohnt, die es schaffen, die Verweildauern in den Behandlungsgruppen möglichst kurz zu halten, ohne jedoch die untere Grenzverweildauer zu unterschreiten" (Kretschmer und Nass 2005, S. 265). Diese optimierten Behandlungsabläufe für meist gut standardisierbare Eingriffe oder Behandlungsverfahren können zwei Folgen haben, die der verfrühten Entlassung oder die der künstlich verlängerten stationären Behandlung ohne eine Entsprechung zum Gesundheitszustand. „Generell werden im DRG-System die Krankenhäuser belohnt, die es schaffen, die Verweildauern in den Behandlungsgruppen möglichst kurz zu halten, ohne jedoch die untere Grenzverweildauer zu unterschreiten. Für deutsche Verhältnisse extrem kurz anmutende Verweildauern in den Akutkrankenhäusern, wie man sie z. B. aus den USA kennt, haben den Begriff der ‚blutigen Entlassung' geprägt und werden sicherlich in gewissem Maße auch eine Bedeutung als ‚Benchmarks' für deutsche Krankenhäuser erlangen" (Kretschmer und Nass 2005, S. 259).

Die genannten Phänomene zeigen die Wahrscheinlichkeit, dass in der Organisation von personenbezogenen Dienstleistungen in hohes Maß an Anreizen zu opportunistischem Verhalten gegeben sind.

3.5 Strategisches Personalmanagement

Wenn der Preis ausschlaggebend für die Auftragserteilung wird, sind Konsequenzen für Qualität und Personalmanagement bei den kostenintensiven personenbezogenen sozialen Dienstleistungen zu befürchten. „Gerade in den Bereichen, in denen die Professionalität der Leistungserbringung das entscheidende Qualitätsmerkmal darstellt (…), kann diese Entwicklung dequalifizierend wirken" (Flösser 1996, S. 72) und die Ersetzung der Professionellen „durch nicht ausgebildete Kräfte, Freiwillige oder Halbprofessionelle" (Herrmann 2002, S. 23) zur Folge haben. Es ist die „Zunahme des Einsatzes von ‚geringqualifizierten' Arbeitskräften" zu befürchten (Bauer 2003, S. 15). Ethisch stellt sich hier die Frage, ob es vertretbar ist wissentlich oder beabsichtigt Drittanbieter zu engagieren oder selbst zu gründen, die dann Personal zu verschlechterten Konditionen beschäftigen.

Vor dieser Frage stehen mittlerweile ganze Branchen der Sozialwirtschaft, z. B. die Behindertenhilfe, wenn es um Assistenzmodelle und das Persönliche Budget als Arbeitgebermodell geht, die Ganztagsbetreuung, die einer Etablierung neuer Niedriglohnsektoren gleichkommt, oder auch die offene Kinder- und Jugendhilfe, wo mittlerweile. Kritisch zu betrachten ist auch nach wie vor die Benachteiligung und Eingrenzung von Arbeitnehmerrechten durch (kirchliche) Spezialtarifverträge.

3.6 Qualität und Fachlichkeit der Dienstleistungen

Personenbezogene soziale Dienstleistungen zeichnen sich im Rahmen des ‚unoactu'-Prinzips, der Ko-Produktion und Partizipation der Nutzerinnen und des prozesshaften Charakters von Bedarf und Fallentwicklung durch das Erfordernis einer hohen Fachlichkeit und durch massive Steuerungsprobleme aus. Zur Sicherung guter Qualität ist sogar die Eröffnung und Erhaltung von Handlungsspielräumen in Erbringungskontexten notwendig. Vor diesem Hintergrund wird es zur ethischen Frage, welche Steuerungsinstrumente eingesetzt werden können und mit welchen Nebeneffekten zu rechnen ist.

Verdrängung von Eigenverantwortlichkeit und Vertrauen

Mittels empirischer Studien zum so genannten „Verdrängungseffekt" (Frey 1997) wurde gezeigt, dass sich spezifisch gesetzte (monetäre) Anreize (Verträge, Boni) und moralisches, uneigennütziges oder eigenverantwortliches Verhalten gegenseitig beeinflussen. Besonders in Kontexten, die stark durch eigenverantwortliches Handeln und Vertrauensbeziehungen geprägt sind, andererseits aber einem hohen Risiko unterliegen, wie z. B. Case-Management in der Kinder- und Jugendhilfe, konnten Krone et.al. (2009) zeigen, dass implizite Leistungsanreize gesetzt werden, die kontraproduktive Wirkungen haben; z. B. der Missbrauch von Zielvereinbarungen zur Komplexitätsreduktion.

Übertragungseffekt

Hier geht es um das Phänomen, dass die Verdrängung von intrinsischer Motivation nicht nur auf das durch Anreize verstärkte Gebiet, beschränkt bleibt. Vielmehr lässt sich die Übertragung von Verdrängungseffekten auf andere Bereiche beobachten. „Ein Übertragungs-Effekt tritt umso wahrscheinlicher auf, je schwerer ein Agent seine eigene Motivation zwischen verschiedenen Gebieten differenzieren kann" (Frey 1997, S. 41). Der Übertragungs-Effekt hat für professionelles Handeln eine hohe Bedeutung, weil sich Verdrängungseffekte nicht nur auf Gebiete, sondern auch auf Kooperations-Personen bzw. Netzwerke und auf die Zeit beziehen können.

So ist zu beobachten, dass Personen ihre intrinsische Motivation bisweilen einschränken, wenn diese von einer anderen Person verdrängt wurde (Frey 1997, S. 42). Professionelles Arbeiten findet häufig in Teams, Kooperationsnetzwerken und geschlossenen Gruppen statt.[2] Diese Veränderungen in der intrinsischen Motivation können auch zeitliche Perioden betreffen, „die nicht direkt von einer externen Intervention betroffen wurden" (Frey 1997, S. 42). Auch lässt sich beobachten, dass Kooperationsbereitschaft und Arbeitsmotivation verdrängt bleibt, auch

---

2 „Der Übertragungs-Effekt ist um so größer – je inhaltlich ähnlicher die Bereiche; – je ähnlicher die dort behandelten Personen sind; – je stärker die zwischenmenschliche Interaktion in den Bereichen ist; – je ähnlicher die ablaufenden Prozesse sind; und – je mehr Normen und Gebräuche für alle Bereiche gelten." (Frey 1997, S. 44).

wenn die externe Intervention längst nicht mehr besteht. Rose fasst diese Effekte als weiteren Punkt der De-Professionalisierung zusammen: Man kann „durchaus die Befürchtung hegen, dass die in den Steuerungsinstrumenten vorgegebene Art der Erfolgskontrolle, die auf Messen und Zählen beruht, im beruflichen Selbstverständnis auf die Dauer Spuren hinterlässt, die eine „Lohnarbeitermentalität" einseitig fördern" (Rose 2003, S. 9). Diese Befürchtung wurde bereits von Krone et al. (2009) bestätigt.

Überkompensation der Gefahr des unzureichenden Einsatzes
Am Beispiel des Arzthandelns zeigt Weizsäcker, dass ein Auftragnehmer dazu tendiert, „das Ergebnis durch Anpassung seines eigenen Einsatzes an die Umstände" (v. Weizsäcker 1997, S. 138) zu stabilisieren. Die Folgen sind (unbezahlter) Mehreinsatz für Projekte oder Kunden mit Gefahr des „burn out", (Selbst-)Aufopferung für die Patienten und dadurch Gefährdung der eigenen Gesundheit. Das kann so weit gehen, dass sich Agenten rechtlich haftbar machen, wenn bestimmte Pflichten nicht erfüllt werden, egal, ob diese abrechenbar sind.

4   Fazit

Anstelle einer Zusammenfassung sollen zum Abschluss Lösungsperspektiven skizziert werden. Die bis hier geführte Argumentation hat gezeigt, dass es für ‚Moralunternehmer' auch im Bereich der Sachzielverfolgung und der Gemeinnützigkeit vielfältige Anreize gibt, ‚unethisch' zu handeln oder in Dilemmata zu geraten, die kaum noch moralisch korrektes Verhalten zulassen.

Als Lösungsoptionen der Unternehmens- und Wirtschaftsethik lassen sich vor dem Hintergrund unterschiedlicher Ansätze (zur Übersicht Brink und Langer 2018, Kap. 4) zwei große Linien der Denkschulen unterscheiden. Solche, die das Einhalten bestimmter Handlungsmaxime fordern und über ethische Apelle oder die Selbstbindung an ethische Prinzipien versuchen, ein erwünschtes verhalten herbeizuführen. Wesentliche immer wieder diskutierte Instrumente sind dann z. B.

- Führungsleitbilder, ethisch aufgeladene Balance Scorecard, Verhaltencodex (auf der individuellen Ebene)
- Coropate Responsibility, Leitbilder, Integrity Code, Wertemanagement, Stakeholder Dialoge (auf der Unternehmensebene)
- Umwelt- und Sozialstandards, Globale Prinzipien, Nachhaltigkeitsberichterstattung bis hin zu Ethik- und Ökofonds und Steuersysteme (auf der Systemebene) (nach Dietzfelbinger 2008)

Selbstbindung bedeutet, dass das Formalprinzip (Gewinnmaximierung) zugunsten ethischer Werteverwirklichung zurückgestellt wird.

Die Moralökonomik nach Homann geht hier einen anderen Weg. Mit ihr wird versucht Anreize so zu gestalten, dass ethische Entscheidungen gleichzeitig auch gewinnmaximierend sind. Die Moral wird auf diese Weise in die Rahmenbedingungen verlegt.

Literatur

Bahle, T. (2007). *Wege zum Dienstleistungsstaat. Deutschland, Frankreich und Großbritannien im Vergleich*. Wiesbaden: VS Verlag für Sozialwissenschaften.

Brink, A., & Langer, A. (2018). Wirtschafts- und Unternehmensethik in der Sozialwirtschaft. Soziale Organisationen zwischen Markt und Moral. In K. Grunwald & A. Langer (Hrsg.), *Sozialwirtschaft. Ein Handbuch für Wissenschaft und Praxis*. Nomos. (Im Erscheinen).

Bauer, R. (2003). Höher, weiter, schneller! Olympiade der Freien Träger? In *Sozial Extra 7*, 13–18.

Dietzfelbinger, D. (2008). *Praxisleitfaden Unternehmensethik*. Wiesbaden: Gabler.

Flösser, G. (1996). Kontraktmanagement – Das Neue Steuerungsmodell für die Jugendhilfe. In O. Flösser (Hrsg.), *Neue Steuerungsmodelle für die Jugendhilfe* (S. 55–74). Neuwied: Luchterhand.

Frankena, W. G. (1972). *Analytische Ethik. Eine Einführung*. München: DTV.

Frey, B. S. (1997). Moral und ökonomische Anreize: Der Verdrängungseffekt. In R. Hegselmann & H. Kliemt (Hrsg.), *Moral und Interesse. Zur interdisziplinären Erneuerung der Moralwissenschaften* (S. 111–132). München: De Gruyter Oldenbourg.

Grunwald, K., & Langer, A. (Hrsg.) *Handbuch der Sozialwirtschaft*. Nomos. Im Erscheinen.

Hansen, E. (2005). Das Case/Care Management, Anmerkungen zu einer importierten Methode. In *Neue Praxis 35*, 107–125.

Hasenfeld, Y. (1992). Theoretical Approaches to Human Service Organizations. In Y. Hasenfeld & A. D. Abbott (Hrsg.), *Human services as complex organizations. Newbury Park* (S. 3–23). Calif: Sage Publications.

Herrmann, P. (2002). Soziale Dienstleistungen im Mittelpunkt. In *SOCIALmanagement*, 22–25.

Homann, K. (2002). *Vorteile und Anreize: Zur Grundlegung einer Ethik der Zukunft*. Tübingen: Mohr Siebeck.

Homann, K., & Suchanek, A. (2000). *Ökonomik. Eine Einführung*. Tübingen: Mohr Siebeck.

Kretschmer, R., & Nass, G. (2005). DRGs im Krankenhausalltag – Ärztliche Entscheidungen im Spagat zwischen knappen Ressourcen und Ethik. In J. Eurich, A. Brink, J. Hädrich, A. Langer & P. Schröder (Hrsg.), *Soziale Institutionen zwischen Markt und Moral. Führungs- und Handlungskontexte* (S. 247–264).

Krone, S., Langer, A., Mill, U., & Stöbe-Blossey, S. (2009). *Jugendhilfe und Verwaltungsreform. Zur Entwicklung der Rahmenbedingungen Sozialer Dienste*. Wiesbaden: VS Verlag für Sozialwissenschaften.

Kulosa, M. (2003). *Die Steuerung wirtschaftlicher Aktivitäten von Kommunen. Eine betriebswirtschaftliche Analyse*. Stuttgart: Kohlhammer.

Langer, A. (2004). *Professionsethik und Professionsökonomik. Legitimierung sozialer Arbeit zwischen Professionalität, Gerechtigkeit und Effizienz*. Regensburg: Transfer-Verlag.

Langer, A. (2006). Dienstleistungsorientiertes Sozialmanagement. Vertrauensgüter – Führungspersonen – Professionalisierung. In *Zeitschrift für Sozialpädagogik* 3, 276–304.

Liga (Liga der freien Wohlfahrtspflege in Baden-Württemberg e.V.) (2005). *Konsequenzen der Arbeitsmarktreformen für die berufliche Bildung und Integration junger Menschen in Baden-Württemberg*. 1–29. https://premium-link.net/registration/popup1/newauth/http%3a//premium-link.net/$117615$0$/050519-Arbeitsmarktreformen_und_junge_Menschen.pdf$$$http%3a//www.liga-bw.de/neu/liga_wohlfahrtspflege/download.htm, Zugegriffen: 20. Juni 2005

Mack, E. (2002). *Gerechtigkeit und gutes Leben. Christliche Ethik im politischen Diskurs*. Paderborn: Schöningh.

Meyer, M., & Leitner, J. (2011). Warnung: Zuviel Management kann Ihre NPO zerstören. Managerialismus und seine Folgen in NPO. In A. Langer & A. Schröer (Hrsg.), *Professionalisierung im Nonprofit Management* (S. 87–104). Wiesbaden: VS Verlag für Sozialwissenschaften.

Merchel, J. (1996). Wohlfahrtsverbände auf dem Weg zum Versorgungsbetrieb? – Auswirkungen der Modernisierung öffentlicher Verwaltung auf Funktionen und Kooperationsformen der Wohlfahrtsverbände. In Merchel, J. & Schrapper, C. (Hrsg.), *„Neue Steuerung". Tendenzen der Organisationsentwicklung in der Sozialverwaltung* (S. 296–311). Münster.

Rose, B. (2003). Der gar nicht diskrete Charme von Markt und Modernisierung. In *SozialExtra*, 6–9.

Spindler, H. (2005). Hartz IV – Umsetzung, Chancen und Risiken. In *Archiv für Wissenschaft und Praxis der Sozialen Arbeit* 36, 50–61.

Weizsäcker, C.-C. (1997). Zeitpräferenz und Delegation. In *Zeitschrift für Wirtschaftspolitik* 43, 121–139.

Teil IV

Governance und Sozialwirtschaft

Orders of Governance

Ludger Kolhoff

Abstract

Governanceaspekte d. h. Formen der Koordinierung zwischen Akteuren, deren Handlungen von einander abhängig sind, die sich also gegenseitig unterstützen oder beeinträchtigen können, sind für die Sozialwirtschaft von hoher Bedeutung. In diesem Aufsatz werden die „Orders of Governance" vorgestellt. In einem ersten Schritt geht es um politische und wirtschaftliche Aushandlungs- und Problemlösungsprozesse (First-Order-Governance), die z. B. lokal oder regional erfolgen können. In einem zweiten Schritt werden institutionelle (Second-Order-Governance) und in einem dritten Schritt normative Rahmenbedingungen, die Grundsätze eines „Good Governance" (Third-Order-Governance) behandelt.

Während der Begriff Government Steuerungsansätze in politischen Systemen bezeichnet „the system or form by which a community or other political unit is governed", versteht man unter Governance „the act or manner of governing" (Oxford Dictionary). Beim Governance stehen Prozesse und nicht Steuerungsstrukturen im Vordergrund und es werden anders als beim Government, dass im Rahmen festgelegter Verfahren in institutioneller Form erfolgt, formelle und informelle Steuerungsstrukturen miteinander verbunden. Governance wird als Aushandlungsprozess verschiedener staatlicher und nichtstaatlicher Akteure im Rahmen von Netzwerken und Koalitionen und als neue Form der Koordinierung zwischen Akteuren verstanden, deren Handlungen voneinander abhängig sind (Benz et al. 2007, S. 9). Beispiele finden sich auf der Ebene der internationalen Beziehungen, denn jenseits des Nationalstaats ist ein Regieren nach dem klassischen Modus hierarchischer Steuerung gar nicht möglich (Mayntz 2010, S. 37). Hier finden wir ein Governance without Government (Benz et al. 2007, S. 12). Allgemein bekannt sind die Aushandlungsprozesse auf der internationalen Ebene, beispielsweise in der UN oder in der Europäischen Union, in denen formelle und informelle Ansätze zusammenwirken (Anhörungen, Lobbyismus und Aushandlungen). Für Benz et al. beschreibt der Governance-Begriff „die Realität des kompletten Regierens und kollektiven Handelns in Gesellschaften, in denen sich die Grenzen des Staates sowohl gegenüber der Gesellschaft als auch gegenüber der internationalen Umwelt längst aufgelöst haben" (Benz et al. 2010, S. 11). Für sie verweist der Begriff auf „neue Modi gesellschaftlicher bzw. politischer Steuerung und Koordination in komplexen Akteurskonstellationen und Interorganisationsgefügen" (Benz et al. 2010, S. 11). Mit Governance werden keine vollkommen neuen Phänomene beschrieben, sondern bereits seit längerem abgelaufene, oder noch ablaufende Veränderungen auf den Begriff gebracht.

Benz kennzeichnet folgenden Begriffskern des Governance:

1) „Governance bedeutet Steuern und Koordinieren (oder auch Regieren) mit dem Ziel des Managements von Interdependenzen zwischen (in der Regel) kollektiven Akteuren.
2) Steuerung und Koordination beruhen auf institutionalisierten Regelsystemen, welche das Handeln der Akteure lenken sollen, wobei in der Regel Kombinationen aus unterschiedlichen Regelsystemen (Markthierarchie, Mehrheitsregel, Verhandlungsregeln) vorliegen.
3) Governance umfasst auch Interaktionsmuster und Modi kollektiven Handelns, welche sich im Rahmen von Institutionen ergeben (Netzwerke, Koalitionen, Vertragsbeziehungen, wechselseitige Anpassung im Wettbewerb).
4) Prozesse des Steuerns bzw. Koordinierens sowie Interaktionsmuster, die der Governance-Begriff erfassen will, überschreiten in aller Regel Organisationsgrenzen, insbesondere aber auch die Grenzen von Staat und Gesellschaft, die in der politischen Praxis fließend geworden sind. Politik in diesem Sinne findet normalerweise im Zusammenwirken staatlicher und nichtstaatlicher Akteure (oder von Akteuren innerhalb und außerhalb von Organisationen) statt" (Benz 2004, S. 23).

Government und Governance können wie folgt voneinander unterschieden werden:

Abbildung 1 (eigene Darstellung)

Government	Governance
ist fest institutionalisiert	ist flexibel
ist formal	ist informell
erfolgt topdown im Rahmen festgelegter Verfahren und fester Institutionalisierung,	ist selbststeuernd.
hat eine hohe Regelungsdichte. Es geht um festgelegt Verfahren.	hat eine niedrige Regelungsdichte. Die Dinge sind wenig begrenzt.

Die hierarchischen Governmentstrukturen sind langfristig angelegt und durch das Konfliktregulationsmuster Macht gekennzeichnet, während Governance-Strukturen mittelfristig angelegt sind und durch Verhandlungen reguliert werden. Gemeinsame Ziele, Werte und Erfahrungen sowie Vertrauensbeziehung spielen in Governance Strukturen eine entscheidende Rolle. In der modernen Gesellschaft haben Aushandlungsprozesse an Bedeutung gewonnen. Dies betrifft auch die Sozialwirtschaft. Da ihre Ressourcen einerseits politisch verhandelt werden und andererseits das Soziale zu bewirtschaften ist, sind Governanceaspekte von Bedeutung.

Im Folgenden werden in drei Näherungen „Orders of Governance" (Kooimann 2003, S. 135 ff.) behandelt. Die „First Order" beinhaltet raumbezogene Problemlösungs- und Politikprozesse, die „Second Order" institutionelle Governanceaspekte und die „Third Order" normative Rahmenbedingungen, die Grundsätze eines „Good Governance".

1 First Order Governance: Raumbezogene Probleme und Lösungsmöglichkeiten

Raumbezogene Probleme und Lösungsmöglichkeiten (Kooimann 2003, S. 135 ff.) haben aktuell, erinnert sei an die Finanz- oder Flüchtlingskrise, immer mehr an Bedeutung gewonnen haben. Internationale, nationale, regionale und lokale Prozesse sind immer mehr miteinander vernetzt worden. Sei es im Rahmen eines Global Governance auf der Ebene der Vereinten Nationen, eines European Governance auf der europäischen Ebene, eines National Governance auf der nationalen Ebene, eines Regional Governance auf der Ebene der Regionen oder Bundesländer oder eines Local Governance auf der kommunalen Ebene. Gemeinsam ist allen Ansätzen, dass schwer koordinierbare Einfluss- und Machtstrukturen beschrieben werden, die sich nicht an einer Top-Down-Mentalität ausrichten (Greca 2005,

S. 55), mit positiven wie auch negative Auswirkungen. Für die Sozialwirtschaft ist insbesondere die lokale und regionale Ebene bedeutsam.

1.1 Local Governance

Unter Local Governance versteht man Politik- und Problemlösungsprozesse auf kommunaler Ebene. Sie sind für die Sozialwirtschaft von hoher Bedeutung, denn Soziale Arbeit findet vor Ort statt. Folglich haben die Träger sozialer Arbeit einen starken lokalen Bezug. So sind die kreisfreien Städte und die Landkreise die örtlichen öffentlichen Träger der Jugend- (§ 69 Abs. 3 SGB VIII) und Sozialhilfe (§ 3 Abs. 2 SGB XII) und auch freie Träger wirken auf lokaler Ebene und arbeiten mit öffentlichen Trägern, mit Parteien, Verbänden, Unternehmen und den Akteuren des informellen Sektors im Sinne eines Local Governance zusammen. Auch Akteure der Zivilgesellschaft können hier einfacher als auf anderen Ebenen angesprochen werden. Denn hier kann an Erfahrungen in Kirchengemeinden, Gremien oder Vereinen angeknüpft werden. Die kommunale Ebene bietet die meisten Möglichkeiten direkt in Entscheidungsfindungen einzugreifen (Bogumil und Holtkamp 2004, S. 145).

Das Programm Soziale Stadt
Ein Beispiel zur Unterstützung von Local Governance-Strukturen bietet das Programm „Soziale Stadt". Es wurde 1999 als gemeinsames Programm von Bund und Ländern gestartet und führte zu einem Umbau der Städtebauförderung, die durch das Programm Soziale Stadt mit anderen für die Stadtentwicklung relevanten Politikfeldern verbunden wurde (Bogumil und Holtkamp 2004, S. 154). Bei dem Programm geht es folglich nicht nur um Gebäude, sondern auch um die Infrastruktur für Kinder, Jugendliche, aber auch um Alte und andere Zielgruppen, weiterhin um Fragen wie Beschäftigungsförderung und Verbesserung der Lebensbedingungen vor Ort und die Förderung lebendiger Nachbarschaften und die Stärkung des sozialen Zusammenhalts. Die Bundesmittel wurden für das Programm 2014 von 40 Mio. Euro in 2013 auf 150 Mio. Euro aufgestockt. Auch 2015 wurden vom Bund wiederum 150 Mio. Euro zur Verfügung gestellt.

In der Abbildung 2 wird die Verteilung der Bundesmittel im Zeitraum von 1999 bis 2014 visualisiert.

Das Programm Soziale Stadt ist ein Beispiel dafür, wie Governance Strukturen zum Tragen kommen können, denn Voraussetzung und Garant für die erfolgreiche Durchführung des Programms ist die „Einbindung gesellschaftlicher Akteure", wie z. B. Vertreter von Schulen, Arbeitsagentur, Wohnungsbaugesellschaften etc. und „strategisches, sektorübergreifendes Verwaltungshandeln". Deshalb ver-

Orders of Governance

Abbildung 2 Bundesfinanzhilfen je Stadt/Gemeinde im Programm Soziale Stadt 1999 bis 2014 in Euro (BBSR www.staedtebaufoerderung.info/StBauF/DE/Programm/SozialeStadt/soziale_stadt_node.html)

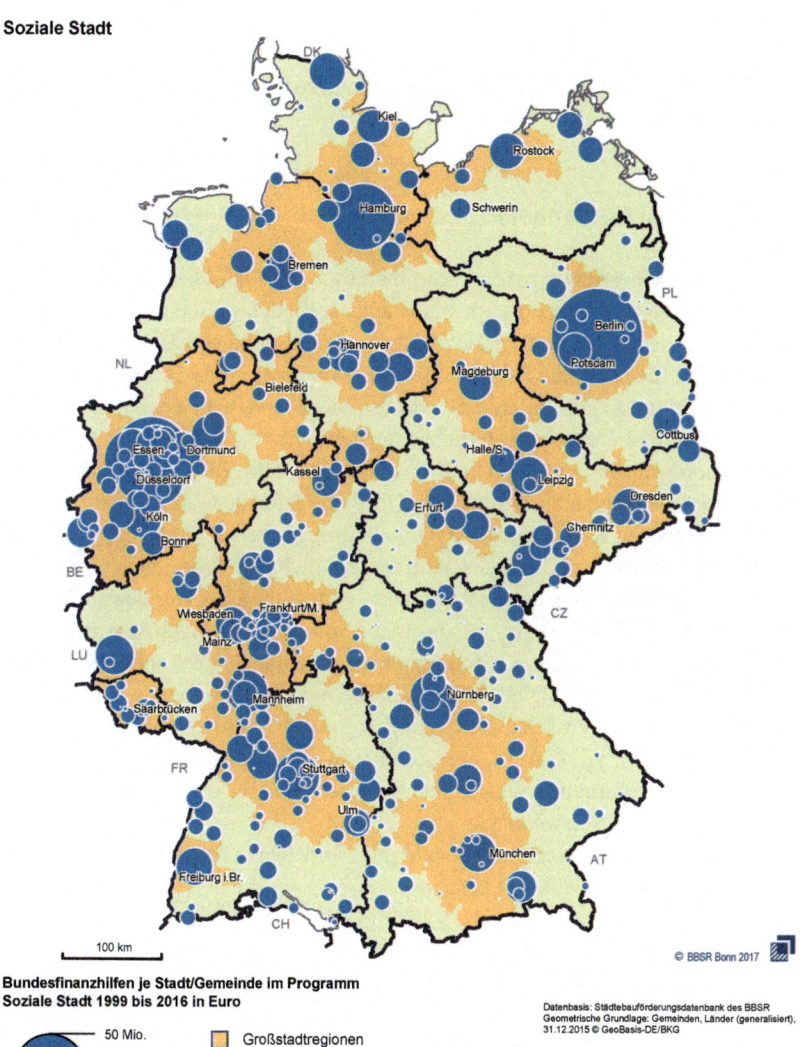

Soziale Stadt

Bundesfinanzhilfen je Stadt/Gemeinde im Programm
Soziale Stadt 1999 bis 2016 in Euro

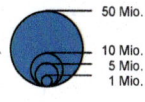

- 50 Mio.
- 10 Mio.
- 5 Mio.
- 1 Mio.

- Großstadtregionen
- Gebiete außerhalb von Großstadtregionen

Datenbasis: Städtebauförderungsdatenbank des BBSR
Geometrische Grundlage: Gemeinden, Länder (generalisiert),
31.12.2015 © GeoBasis-DE/BKG

pflichten sich die Kommunen, lokale Netzwerke aufzubauen und lokale Strukturen in benachteiligten Stadtteilen zu schaffen. Es werden Arbeitsgruppen bspw. zu Themen wie Wohnen oder Sicherheit eingerichtet und lokale Netzwerke initiiert, in den Experten mit Bewohner/innen über bauliche und soziale Maßnahmen diskutieren. Die Bürger/innen bringen hier aktiv ihre Wünsche und Vorstellungen ein und die Experten erarbeiten dann Handlungskonzepte als Vorlage für Politik und Verwaltung

1.2 Regional Governance

Der Regional Governance Ansatz kommt aus dem englischen Raum zu uns (Fürst 2007, S. 353) und ist dort am stärksten ausgebildet, wo die regionale Ebene schwach organisiert ist. In England gibt es weder Regionalverbände noch Regierungsbezirke, die regionale Politik koordinieren können. Eine ähnliche Tendenz ist in Deutschland zu konstatieren. So wurden beispielsweise in Niedersachsen die Regierungsbezirke abgeschafft. Gleichzeitig stellt aber die Europäisierung wachsende Anforderungen an regionale Koordinationsleistungen. Folglich gilt es die Regionsebene strategiefähig zu machen. Dort wo regionale Government Strukturen fehlen, wird im Rahmen eines Regional Governance versucht, regionale Prozesse zu koordinieren und dabei staatliche und nichtstaatliche Ebenen und Akteure mit einzubinden, die für die Region von Bedeutung sind. Der Begriff Region meint einen Raumausschnitt unterhalb eines Bundeslandes, jedoch oberhalb einer Gemeinde oder Stadt. Regionen sind im Sinn des Regional Governance-Konzepts Handlungsräume, die durch bestimmte raumbezogene Funktionen, z. B. regionale Arbeitsmarktpolitik, Wirtschaftsförderung, regionaler Kulturpolitik etc. definiert sind (Benz 2004, S. 23). Governance bedeutet hier die Selbststeuerung der regionalen Akteure, Kommunen, staatlichen Akteure, Vertreter der Wirtschaft etc. in Verhandlungen und Netzwerken.

Das Besondere des Regional Governance sind regionale Formen der Selbststeuerung, die auf Freiwilligkeit beruhen.

Fürst fragt:

- wie sich Regelsysteme herausbilden, die institutionell nicht miteinander verbunden sind,
- wie Regelsysteme sanktioniert werden,
- wie Akteure strategie- und handlungsfähige Kollektive bilden,
- wie die Ergebnisse solcher Selbststeuerung in legitimierte politische Strukturen eingepasst werden und
- wie das gemeinsam Gewollte auch umgesetzt wird (Fürst, 2004, S. 48).

Doch nicht jede regionale Kooperation kann als Regional Governance bezeichnen werden. So agieren im Rahmen der regionalen Selbststeuerung (z. B. der Übernahme von Aufgaben der Jugendarbeit in den Kommunen) staatliche Akteure, während beim Regional Governance staatliche und nichtstaatliche Akteure in Netzen zusammenarbeiten. Im Gegensatz zur staatlichen Steuerung die von geschlossenen Einzugsbereichen ausgeht, ist Regional Governance eine komplexe Steuerung von Strukturen einer Region.

Die Merkmale des Regional Governance werden in der Abbildung 3 skizziert.

Abbildung 3 Merkmale des Regional Governance (www.bbsr.bund.de/BBSR/DE/Veroeffentlichungen/IzR/2003/Downloads/8_9Benz.pdf?__blob=publicationFile&v=2)

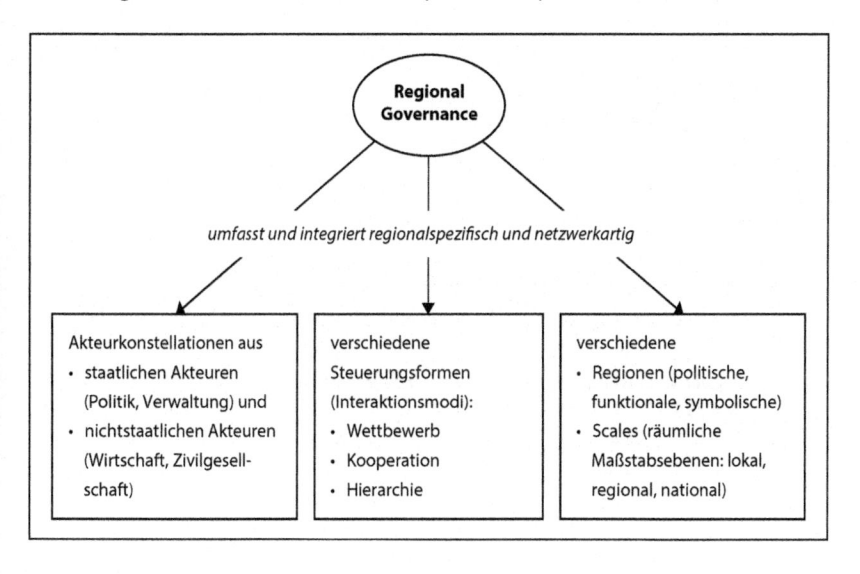

```
                      ┌──────────────┐
                      │   Regional   │
                      │  Governance  │
                      └──────────────┘
                             │
        umfasst und integriert regionalspezifisch und netzwerkartig
```

Akteurkonstellationen aus	verschiedene	verschiedene
• staatlichen Akteuren (Politik, Verwaltung) und • nichtstaatlichen Akteuren (Wirtschaft, Zivilgesellschaft)	Steuerungsformen (Interaktionsmodi): • Wettbewerb • Kooperation • Hierarchie	• Regionen (politische, funktionale, symbolische) • Scales (räumliche Maßstabsebenen: lokal, regional, national)

Um durch Regional Governance Vertrauen, Solidarität, Gemeinwohlorientierung und Kooperationsbereitschaft zu stärken, müssen die Akteure der Region (Politiker, Unternehmensvertreter, Verbandsvertreter etc.) gewonnen und zu gemeinsamen Handlungen bewegt werden. Dabei gibt es kein festgelegtes Regelwerk, sondern bestenfalls Muster, die es zu erkennen gilt. Hierfür ist die folgende Checkliste hilfreich, die entwickelt worden ist, um Regional Governance Muster zu erfassen. (Je mehr Fragen mit ja beantwortet werden können, umso deutlicher wird der Anteil an Regional Governance.)

Abbildung 4   Regional Governance Check (Rakebrandt 2006, S. 21–22). Die Kriterien und Strichfragen sind Benz 2004 und Fürst 2004 entnommen.)

	Ausgangssituation	Ja	Unklar	Nein
A	In der Region liegt ein Defizit vor, das von der Gesellschaft auch als solches empfunden wird.			
B	Bei dem Defizit handelt es sich nicht um ein einzelnes Problem, sondern um einen Problembereich.			
C	Zur Bearbeitung des Problems findet sich eine regional zusammengesetzte Gruppe.			
D	Die Gruppe findet sich unverfasst, das heißt, ihr Zusammenkommen basiert nicht auf einer vorher gefassten politischen (Willens-) Entscheidung.			
E	Mitglieder der Gruppe gehören in die regionale Verwaltung (Angestellte, Repräsentanten, Landkreis)			
F	Mitglieder der Gruppe gehören unterschiedlichen lokalen Verwaltungen an (Angestellte, Kommunen)			
G	Mitglieder der Gruppe gehören wirtschaftlichen Organisationen mit direktem Bezug in die Region an.			
H	Mitglieder der Gruppe gehören gesellschaftlichen Organisationen der Region an.			
I	Mitglieder gehören der Gruppe aus thematischem Interesse an.			
J	Mitglieder der Gruppe sind persönlich von der Problematik betroffen.			
K	Mitglieder der Gruppe sind aktiv oder passiv „Verursacher" der Problematik, aufgrund derer sich die Gruppe findet.			
L	In der Zusammensetzung der Gruppe besteht ein ausgewogenes Verhältnis der Repräsentantengruppen (D–J).			
M	Unter den Mitgliedern besteht Einigkeit über einen gemeinsamen Regionsbezug.			
N	Es existieren keine statusbedingten hierarchischen Strukturen.			
O	Es existiert kein vorher feststehender Sitzungskodex.			
P	Die Gruppe trifft sich lösungsorientiert, aber ergebnisoffen.			
Q	Problemlösung geschieht über Argumentieren und Verhandeln.			
R	Die Gruppe ist grundsätzlich lernwillig.			
S	Die Mitglieder kooperieren freiwillig miteinander.			
T	Es besteht keinerlei Fraktionszwang.			
U	Mitglieder können sich jederzeit aus der Kooperation zurückziehen.			

2 Second Order Governance, Institutions: Institutionelle Aspekte

In zweiter Näherung (Second Order Governance) werden institutionelle Gesichtspunkte thematisiert.

2.1 Governance und Wohlfahrtsmix

An der Erbringung sozialwirtschaftlicher Leistungen sind Staat, Markt, Intermediärer Sektor und der informelle Sektor beteiligt. Zentraler Akteur des Staates ist die öffentliche Verwaltung, im Markt sind es Unternehmen, im intermediären Sektor sind es Vereine, Verbände und Stiftungen und im informellen Sektor sind es Familien und Gemeinschaften. Die Sektoren haben unterschiedliche Koordinationsmittel. Staatliche Strukturen werden durch Recht und Hierarchie und der Markt durch Geld und Wettbewerb koordiniert, während der intermediäre Sektor durch Kommunikation und Freiwilligkeit und der informelle Sektor durch persönliche Beziehungen und Verpflichtungen koordiniert wird. (Evers und Olk 1996).

Die einzelnen Sektoren wirken in einem komplexen Arrangement zusammen und sind miteinander verzahnt.

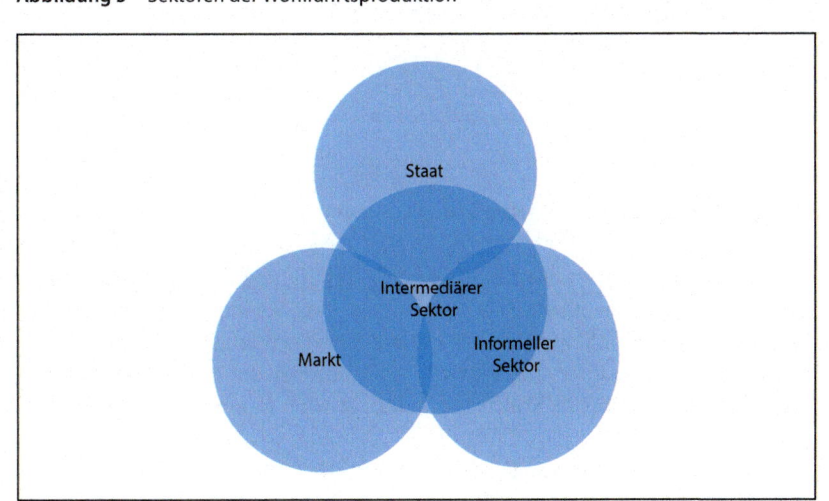

Abbildung 5 Sektoren der Wohlfahrtsproduktion

Institutionelle Governanceaspekte in der Sozialwirtschaft waren in den letzten beiden Dekaden stark mit dem Leitbild des aktivierenden Sozialstaates, verbunden. Der Staat zog sich mehr und mehr auf seine Gewährleistungsfunktion zurück, privatgewerbliche Anbieter, freiwilliges bürgerschaftliches Engagement und der informelle Sektor wurden einbezogen, bspw. wurde auch die Mitwirkung von Familienangehörigen gefördert. Regulative Maßnahmen sollten durch kooperativ ausgerichtete Steuerungen, dirigistische Entscheidungen durch Moderationen von Veränderungsprozessen, Ordnungspolitische Einzelvorschriften durch eine Orientierung an Grundwerten und die Ausdehnung statlicher Einflussbereiche durch eine Selbstbeschränkung auf Schwerpunkte ersetzt werden.

Das Leitbild des aktivierenden Staates führt zu einer Veränderung der Rolle der Institutionen, wie im folgenden Schaubild gezeigt wird:

Abbildung 6 Leitbild des aktivierenden Staates und Rolle der Institutionen (http://slideplayer.org/slide/1279610/)

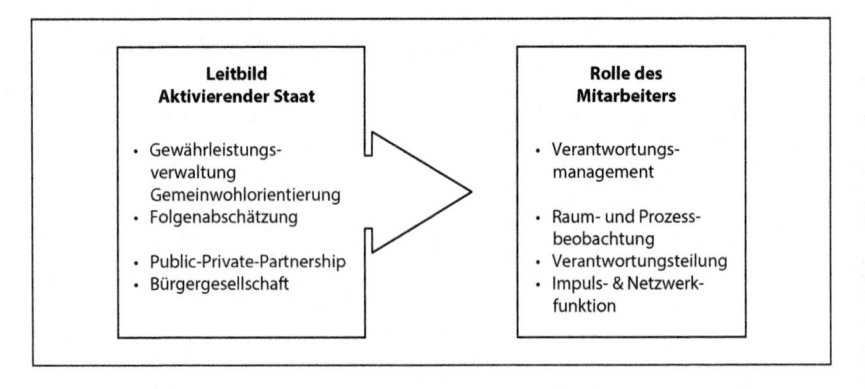

Leitbild Aktivierender Staat
- Gewährleistungsverwaltung
  Gemeinwohlorientierung
- Folgenabschätzung
- Public-Private-Partnership
- Bürgergesellschaft

Rolle des Mitarbeiters
- Verantwortungsmanagement
- Raum- und Prozessbeobachtung
- Verantwortungsteilung
- Impuls- & Netzwerkfunktion

2.2 Governance und Verwaltung

Für Jann und Wegrich ist das Besondere der Verwendung des Konzeptes Governance im Kontext der öffentlichen Verwaltung, dass Veränderungstrends in Bezug auf die Rolle der öffentlichen Verwaltung analytisch erfasst und beschrieben werden und Erfordernisse und Ansätze einer Reform der Verwaltung begründet und mit theoretischen Konzepten unterlegt wird (Jann und Wegrich 2010, S. 175).

Sie weisen auf Veränderungen der Leitbilder der öffentlichen Verwaltung hin, wie in der folgenden Abbildung skizziert:

Abbildung 7 Veränderungen der Leitbilder der öffentlichen Verwaltung (in Anlehnung an Jann und Wegrich 2010, S. 177)

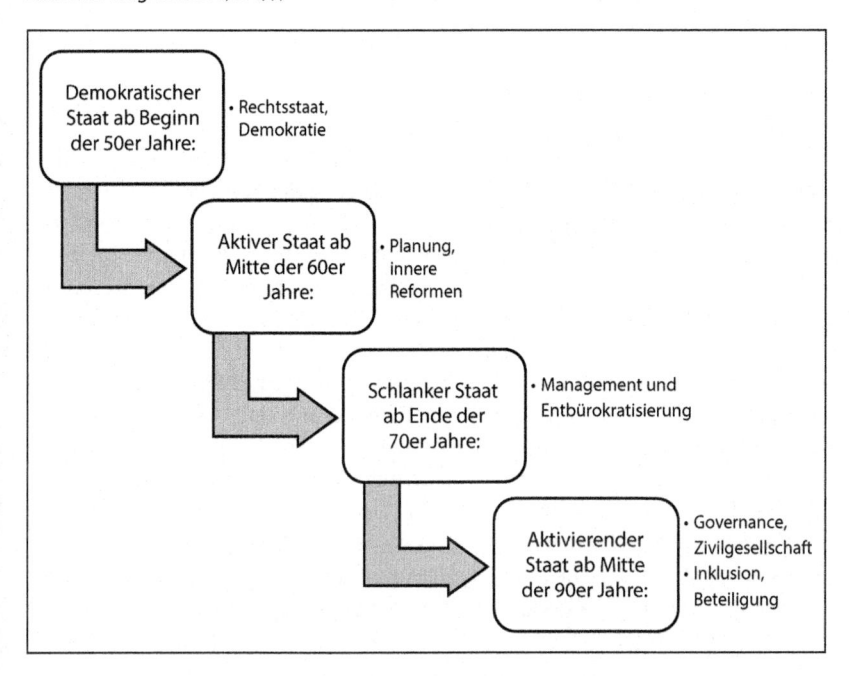

- Demokratischer Staat ab Beginn der 50er Jahre:
  - Rechtsstaat, Demokratie
- Aktiver Staat ab Mitte der 60er Jahre:
  - Planung, innere Reformen
- Schlanker Staat ab Ende der 70er Jahre:
  - Management und Entbürokratisierung
- Aktivierender Staat ab Mitte der 90er Jahre:
  - Governance, Zivilgesellschaft
  - Inklusion, Beteiligung

Für Jann und Wegrich ist Governance ein neuartiges Reformkonzept der Verwaltungspolitik und im Kontrast zu dem Modell des New Public Management zu verstehen. Der New-Public-Management-Ansatz ist effizienzorientiert. Es geht um Kundenorientierung und Qualität. Zentrales Credo des New Public Management war, dass die klassische bürokratische Steuerung dysfunktionalen Folgen zeitigt und deshalb das Konzept eines modernen betriebswirtschaftlichen Managements auf die öffentliche Verwaltung übertragen werden soll (Jann und Wegrich 2010, S. 183). Hierzu gehörten Motivation statt Alimentation (leistungsgerechte Bezahlung), Eigenverantwortung statt Hierarchie (dezentrale Ressourcenverantwortung), Resultate statt Regeln (Kontraktmanagement, Produktorientierung) und Kostenrechnung statt Kameralistik (Jann und Wegrich 2010, S. 183). Doch das, was versprochen wurde, konnte nicht eingelöst werden, u. a. auch deshalb, weil sämtliche Management-Konzepte von der Bürokratie in bürokratische Strukturen umgewandelt wurden.

Der Governance-Ansatz hat einen anderen Kontext. Er ist beteiligungsorientiert. Es geht um bürgerschaftliches Engagement und darum gesellschaftliche Akteure einzubinden, sie zu aktivieren und sie nicht länger von oben topdown zu steuern und zu versorgen (Jann und Wegrich 2010, S. 184).

2.3 Governance und Planung

Hinter Planung stand in den 60er und 70er Jahren die Vorstellung einer hierarchisch-etaistischen Gestaltung gesellschaftlicher Felder von oben durch Politik mit der Ministerialbürokratie als zentralem Gestaltungssubjekt. Doch die Ergebnisse waren ernüchternd. Die Planungen funktionierten nicht (Benz et al. 2007, S. 12). In Deutschland ging man auf den Begriff Steuerung über. Unter Steuerung wird eine gezielte, gerichtete Handlungsweise verstanden, um nicht mehr funktionale Bereiche zu reformieren. Da der Steuerungsansatz große Akteure wie Verbände, Parteien, Verwaltungen etc. bevorzugt und einzelne Mitbürger unter Gesichtspunkten der Steuerbarkeit eher eine Behinderung sind, waren die Grenzen des Steuerungsansatzes schnell erreicht (Benz et al. 2007, S. 12 f.). Governance ist der Gegenbegriff zur hierarchischen Steuerung (Mayntz 2010, S. 38) und geht in Richtung Delegation ehemaliger staatlicher Regulierungen in den Selbstorganisationsbereich von Gesellschaft und Organisationen. Ein Beispiel ist die Hochschulpolitik, in der der Staat seine Detailregulierung durch Gesetze, Verordnungen und Erlasse zugunsten einer Zweckprogrammierung der Hochschulen durch Zielvereinbarungen verändert hat.

3 Third Order Governance, Meta: Grundsätze einer Good Governance

In dritter Näherung werden im Sinne einer Meta-Perspektive die Grundsätze eines Good Governance benannt.

Die 1989 publizierte Afrikastudie der Weltbank gilt als Anfang der Good Governance-Debatte. Sie kommt zu der Feststellung, dass Wirtschaftshilfen ihre Absicht verfehlen, wenn sie nicht im Rahmen gut wirkender öffentlicher Einrichtungen verwaltet und kontrolliert werden (Czada 2010, S. 201). Mittel der Entwicklungshilfe verrannen, weil die notwendigen Governance-Instituionen nicht bedacht wurden (Czada 2010, S. 203). In der Folge wurden Kriterien eines „Good Governance" entwickelt. Hierzu gehören die effiziente Ausformung der öffentlichen Verwaltung, die Einbeziehung relevanter gesellschaftlicher Gruppen und Minderheiten in die Entscheidungsfindung, die Eindämmung von Korruption und Vetternwirtschaft und die Errichtung rechtsstaatlicher und transparenter Beziehungen zwischen öffentlichem und privatem Sektor. (Klein o. J.).

Grundsätze eines Good Governance wurden auch in den entwickelten Industrieländern eingefordert, wie z.B in den Governance-Prinzipien der OECD (1995):

- Respect for the rule of law;
- openness, transparency and accountability to democratic institutions;
- fairness and equity in dealings with citizens, including mechanisms for consultation and participation;
- efficient, effective services;
- clear, transparent and applicable laws and regulations;
- consistency and coherence in policy formation;
- and high standards of ethical behaviour. www.oecd
(Quelle http://www.olev.de/g/good_gov.htm)

oder in den fünf Grundsätze des „Guten Regierens" der EU-Kommission:

- *„Offenheit:* Die Organe sollten offener arbeiten und gemeinsam mit den Mitgliedstaaten erklären, was die EU tut und wie Entscheidungen zustande kommen. Sie sollten eine Sprache verwenden, die jedermann verstehen kann. Offenheit ist deshalb so wichtig, weil sie helfen kann, das Vertrauen in komplexe Institutionen zu stärken.
- *Partizipation.* Wie gut, sachgemäß und wirksam die Politik der Union ist, hängt davon ab, inwieweit die Akteure in den Politikgestaltungsprozess – von der Konzipierung bis hin zur Durchführung – einbezogen werden. Verstärkte Teilhabe bewirkt größeres Vertrauen in das Endergebnis und die Politik der Institutionen. In welchem Umfang die Einbindung erfolgt, hängt ganz entscheidend davon ab, ob die zentralen Regierungsebenen in den Mitgliedstaaten bei der Entwicklung und Durchführung ihrer Politik nach einem ‚einschließenden' Konzept vorgehen.
- *Verantwortlichkeit.* Die Rollenverteilung bei Gesetzgebung und Durchführung muss klarer sein. Jede Institution der EU muss den Bürgern erklären, was sie in Europa tut, und dafür die Verantwortung übernehmen. Diese größere Klarheit und Zurechenbarkeit gilt auch für die Mitgliedstaaten und all jene, die, auf welcher Ebene auch immer, an der Entwicklung und Durchführung der EU-Politik mitwirken.
- *Effektivität.* Die Politik der EU muss wirksam sein, zur richtigen Zeit kommen, und auf der Grundlage von klaren Zielen, Folgenabschätzungen und gegebenenfalls Erfahrungswerten das Nötige vorsehen. Die Wirksamkeit bestimmt sich auch danach, ob die Politik in einer Weise durchgeführt wird, die im Verhältnis zu ihren Zielen angemessen ist, und ob die Entscheidungen auf der geeigneten Ebene ergriffen werden.

- *Kohärenz.* Politik und konkretes Handeln müssen kohärent und leicht nachvollziehbar sein. Der Bedarf an Kohärenz in der Union wächst: Es gilt immer mehr Aufgaben zu bewältigen. Die Ost-Erweiterung wird die Vielfalt noch vergrößern. Herausforderungen wie Klimawandel und Bevölkerungsentwicklung machen nicht an den Grenzen der sektoralen Politiken halt, auf denen die Union beruht, die regionalen und lokalen Körperschaften werden immer stärker in die Politik der EU eingebunden. Kohärenz erfordert politische Führung und eine starke Verantwortlichkeit der Organe, damit innerhalb des komplexen Systems ein in sich schlüssiger Ansatz zum Tragen kommt." (Kommission der Europäischen Gemeinschaften 2001, S. 13 f.).

Die Good Governance Grundsätze entsprechen den Anforderungen einer komplexen Gesellschaft und bieten auch für die Sozialwirtschaft einen normativen Rahmen, der auf der Mesoebene der „Cooperationen" weiter ausgestaltet werden kann (Allkemper und Borchers in diesem Band).

Literatur

Benz, A. (Hrsg.) (2004). *Governance – Regieren in komplexen Regelsystemen.* 1. Aufl. Wiesbaden: VS Verlag für Sozialwissenschaften.
Benz, A., & Dose, N. (Hrsg.) (2010). *Governance – Regieren in komplexen Regelsystemen.* 2. Aufl. Wiesbaden: VS Verlag für Sozialwissenschaften.
Benz, A., & Dose, N. (2010). Governance – Modebegriff oder nützliches sozialwissenschaftliches Konzept. In A. Benz & N. Dose (Hrsg.), *Governance – Regieren in komplexen Regelsystemen* (S. 13–36). 2. Aufl. Wiesbaden: VS Verlag für Sozialwissenschaften.
Benz, A., Lütz, S., Schimank, U., & Simonis, G. (Hrsg.) (2007). *Handbuch Governance.* Wiesbaden: VS Verlag für Sozialwissenschaften.
Dienel, P. C. (2002). *Die Planungszelle.* 5. Aufl. Opladen: Westdeutscher Verlag.
Kommission der Europäischen Gemeinschaften (Hrsg.) (2001). *Europäisches Regieren. Ein Weissbuch.* KOM(2001), 428 endgültig, deutsche Fassung. Brüssel: Eigenverlag.
Evers, A., & Olk, T. (1996). *Wohlfahrtspluralismus. Vom Wohlfahrtsstaat zur Wohlfahrtsgesellschaft.* Opladen: Westdeutscher Verlag.
Fürst, D. (2004). Regional Governance. In A. Benz & N. Dose (Hrsg.), *Governance – Regieren in komplexen Regelsystemen* (S. 45–64). 1. Aufl. Wiesbaden: VS Verlag für Sozialwissenschaften.
Fürst, D. (2010). Regional Governance. In A. Benz & N. Dose (Hrsg.), *Governance – Regieren in komplexen Regelsystemen* (S. 49–68). 2. Aufl. Wiesbaden: VS Verlag für Sozialwissenschaften.

Greca R. (2005). Lokale Governance im Zeitalter der Globalisierung – ein neuer Mythos? In L. Kolhoff & G. Schwarz (Hrsg.), *Zwischen Ökonomie und Verantwortung*. Augsburg.

Jann, W., & Wegrich, K. (2010). Governance und Verwaltungspolitik: Leitbilder und Reformkonzepte. In A. Benz, & N. Dose (Hrsg.), *Governance – Regieren in komplexen Regelsystemen* (S. 175–200). 2. Aufl. Wiesbaden: VS Verlag für Sozialwissenschaften.

Klein, Martin (o. J.). Stichwort: Good Governance In Springer Gabler Verlag (Hrsg.), *Gabler Wirtschaftslexikon*. https://wirtschaftslexikon.gabler.de/Archiv/127685/good-governance-v4.html. Zugegriffen: 8. August 2017.

Kooiman, J. (2003): *Governing as Governance*. London, Thousands Oaks, New Delhi: Sage.

Mayntz, R. (2010). Governance im modernen Staat. In A. Benz & N. Dose (Hrsg.), *Governance – Regieren in komplexen Regelsystemen* (S. 37–48). 2. Aufl. Wiesbaden: VS Verlag für Sozialwissenschaften.

Rakebrandt, D. (2006). *Regional Governance in der Jugendarbeit dargestellt am Beispiel der Region Verden*. Nicht veröffentlichte Masterarbeit an der FH Braunschweig/Wolfenbüttel, Masterstudiengang Sozialmanagement.

Komission der Europäischen Gemeinschaften (Hrsg.) (2001). *„Europäisches Regieren". Ein Weissbuch*. KOM (2001), 428 endgültig, deutsche Fassung.

Public Governance in der Sozialwirtschaft

Andrea Tabatt-Hirschfeldt

Abstract

Was kommt nach dem neuen Steuerungsmodell (NSM) in Kommunalverwaltungen und wie könnten diese sich weiterentwickeln? Antworten darauf gibt Public Governance, das eine beteiligungsorientierte Perspektive öffnet und eine Weiterentwicklung von einer Top-Down Steuerung zu einer wirkungsorientierten Gestaltung vollzieht. Dies betrifft alle Leistungsbereiche der Verwaltung wie die Weiterentwicklung des Haushalts zum Bürgerhaushalt, das Verhältnis von Politik und Verwaltung mit gemeinsamen Zuständigkeiten, die netzwerkorientierte Organisationsstruktur, das Zusammenwirken mit anderen Organisationen aus bürgerschaftlicher und Nachhaltigkeitsperspektive, die Stellung zu Bürger_innen als unterschiedliche Dimensionen bürgerschaftlicher Mitwirkung sowie einer leadershiporientierten Mitarbeiterführung.

Der Beitrag beschäftigt sich mit Entwicklungen hin zum Public Governance in Kommunalverwaltungen. Diese werden in den verschiedenen Bereichen aufgezeigt: Haushalt, Verhältnis von Politik und Verwaltung, Organisationsstruktur, Zusammenwirken mit anderen Organisationen, Stellung zu Bürger_innen sowie Mitarbeiterführung.

1 Public Governance: Entwicklung und Verständnis

Einleitend werden die Entwicklung hin zum Governance sowie das Verständnis auf kommunaler Ebene dargelegt. Die öffentliche Verwaltung hat sich in der Vergangenheit insbesondere mit der Entwicklung vom inputorientierten bürokratischen Steuerungsverständnis hin zum outputorientierten Managementverständnis des Neuen Steuerungsmodells (NSM), beschäftigt. Mit Beginn der 90er Jahre hat damit das von der KGSt[1] propagierte Leitbild eines Dienstleistungsunternehmens in Kommunalverwaltungen Einzug gehalten. Seit dem Jahrtausendbeginn hält Public Governance Einzug in die öffentliche Verwaltung, und damit ein outcomeorientiertes Steuerungsverständnis. Dabei war der Hintergrund die Einsicht, dass der Staat nicht alle Aufgaben und Probleme selber bewältigen kann, welche die moderne Gesellschaft stellt (demografischer Wandel, Globalisierung der Finanzen, Wertewandel, Klimawandel etc.). Die Gewährleistung der öffentlichen Versorgung kann nicht mehr alleine durch die öffentliche Verwaltung gestaltet werden, sondern bedarf der Abstimmung und Mitwirkung verschiedener Akteure aus Wirtschaft, NPOs sowie der Zivilgesellschaft etc. Im NSM war die Steuerung top down und interorganisational angelegt, mit der Festlegung von SOLL-Vorgaben und der entsprechenden Steuerung von Prozessen, Anpassung von Strukturen. Beim Public Governance erfolgt ein Paradigmenwechsel hin zu einem interorganisationalen Verständnis, welches sich mit Ermöglichungsparameter der Teilhabe verschiedener Akteure bei der Gestaltung von Zielvorstellungen sowie Wegen zu deren Erreichung, beschäftigt (Schubert 2015). Unterschiedliche Handlungslogiken der verschiedenen Sektoren (Staat, Markt, 3. Sektor und informeller Sektor) gilt es dabei mit dem Steuerungsverständnis der öffentlichen Verwaltung zu verbinden und bedarfsgerecht zu gestalten. Public Governance lässt sich definieren als „Gestaltung der Steuerung im öffentlichen Raum" (Schedler et al. 2011, S. 6). Dieses umfasst die drei Ebenen:

- *Deliberation:* Einbeziehung und gemeinsame Beratung mit direkt betroffenen Akteuren bei Politikformulierung und/oder Politikdurchsetzung bei Entscheidungen um diese besser zu informieren und deren Akzeptanz zu erhöhen.
- *Subsidiarität:* Delegation von Entscheidungen an die direkt betroffenen Ebenen. Damit einher geht die Entbürokratisierung der Verwaltung. Dadurch werden zum einen staatliche Institutionen entlastet, zum anderen werden Politikprozesse für ihre Adressaten greifbarer.
- *Selbststeuerung:* Damit wird es den Akteuren, bei vorgegebenen Zielen, überlassen, auf welchem Wege sie diese erreichen. Sie erhalten damit mehr Selbstbestimmung innerhalb des Politikprozesses (Clement et al. 2010, S. 9).

Auf kommunaler Ebene herrscht ein sehr weites Verständnis lokaler Governance. Dieses reicht von einem stabilen, auf Langfristigkeit angelegtem Quartiers- und

---

1 Kommunale Gemeinschaftsstelle für Verwaltungsmanagement, Köln.

Stadtteilmanagement bis zu umfassenden, interkommunalen, bzw. regionalisierten Wachstumskoalitionen (Grote 2007, S. 48).[2]

2 Public Governance im kommunalen Haushalt: Bürgerhaushalt

Der Bürgerhaushalt ist ein „(…) Instrument der Bürgerbeteiligung bei Fragen rund um die Verwendung von öffentlichen Geldern. Die Bevölkerung wird dabei aktiv in die Planung von öffentlichen Ausgaben und Einnahmen einbezogen (…)" (http://www.buergerhaushalt.org/de/faq_bhh#n63). Während im Jahr 2008 sich nur 67 deutsche Kommunen mit dem Bürgerhaushalt beschäftigten, waren es im Jahr 2016 bereits 435 Kommunen (http://www.buergerhaushalt.org/de).

Der hauptsächliche Beteiligungskanal ist dabei das Internet. Während 28 % der Kommunen ausschließlich das Internet nutzen, kombinieren 40 % der Kommunen dieses mit Veranstaltungen vor Ort. Als neuere Methode hat sich die Multiplikatorenarbeit als nützlich erwiesen. In Stuttgart wurden beispielsweise ehrenamtliche Multiplikator_innen an der Volkshochschule zum Thema (Bürger-)Haushalt und Moderation ausgebildet, um dann bei Bezirksveranstaltungen in einem aufsuchenden Prozess unter Beteiligung der Bezirksvorsteher, möglichst viele Bürger_innen zu beteiligen. Um der sozialen Selektion der Beteiligung, beispielsweise durch wenig organisierte Bürger_innen, Schichtarbeiter_innen oder Alleinerziehende, entgegenzuwirken, haben sich Öffentlichkeitsarbeit sowie die Kombination mehrerer Beteiligungskanäle bewährt. Gezielte Beteiligungsangebote an wirtschaftlich schwächere gesellschaftliche Gruppen empfehlen sich zu ergänzen durch spezielle Angebote auf Stadtteil- oder Quartiersebene in unterprivilegierten Stadtteilen (Achter Statusbericht Bürgerhaushalt 2015 und Neuntes bundesweites Netzwerktreffen Bürgerhaushalt 2013).[3]

---

[2] Internationale Best Practice Beispiele für Good urban Governance finden sich auf der Homepage von Connective Cities: http://www.connective-cities.net/gute-praktiken/.
[3] Für die weitere Recherche im Internet empfiehlt sich die Homepage: http://www.buergerhaushalt.org/de mit einer Deutschladlandkarte von Kommunen mit Angaben zum Status des Bürgerhaushalts (Diskussion, Beschluss, Vorform, Einführung, Fortführung, Abstellgleis, kein Status), best practice Beispielen und dem Erklärungsvideo „Was ist ein Bürgerhaushalt?".

3 Politik und Verwaltung: gemeinsame Zuständigkeiten und Vertrauensbildung

Das NSM hatte das „Was-Wie-Modell" in die Kommunalverwaltung eingeführt. Dabei hat die Politik, synonym für das Management, die Vorgaben und Rahmenbedingungen abgestellt („Was"), der Verwaltung oblag die Durchführung auf der operativen Ebene sowie die Information an die Politik über Abweichungen. So wurden die Verantwortungssphären definiert und getrennt (KGSt-Bericht 10/1996). Diese Managementlogik ließ sich in den Kommunen aber nur schwer durchführen. Zum einen wegen unterschiedlicher Rationalitäten in Wirtschaft und Politik/öffentliche Verwaltung: Die politische Logik ist gekennzeichnet durch den Machtkampf zwischen den Parteien. Um bestimmte Politikfelder zu besetzen, mischen sich Politiker_innen auch in die operative Ebene ein. Auch suchen sie bewusst den Kontakt zu Bürger_innen um ihre Chancen auf die (Wieder)Wahl zu erhöhen. Eine rein strategische Steuerung widerspricht dieser Rationalität. Zum anderen fehlt die Trennschärfe zwischen strategischer Steuerung und operativer Umsetzung: Die öffentliche Verwaltung ist in ihrer fachlichen Expertise gefordert, um politische Beschlüsse vorzubereiten und agiert insofern auch strategisch. Die Politik überwacht ihrerseits die Durchführung ihrer Beschlüsse und handelt insofern auch operativ. Die KGSt hat im Rahmen des Kommunalen Steuerungsmodells (KSM) nun ein Modell entwickelt (AKV-Prinzip), indem die Zuständigkeiten zwischen Politik und Verwaltung neu zusammengeführt werden und so auch die Einbindung in Entscheidungsprozesse durch externe Akteure im Public Governance vereinfachen (siehe Abb. 1).

Beim AKV-Prinzip erfolgt eine Deckung von Aufgabe, Kompetenz und Verantwortung gemeinsam von Rat, Bürgermeister_in und Verwaltung:

- *Rat:* ist allzuständig, diskutiert was politisch relevant ist unabhängig davon, ob es sich um strategische oder operative Themen handelt. Dennoch gibt er politische Programme und Ziele vor, die die wesentliche Stellschraube zur Verwaltung bedeuten. Dies sind: integrierter Produkthaushalt, zielbezogene Budgetierung und Berichtswesen mit Schlüsselkennzahlen.
- *Oberbürgermeister_in:* entscheidet über die Art der Steuerung, die in der Verwaltung Umsetzung findet. Dieses unterliegt verschiedenen formalen und informellen sowie internen und externen Parametern: Modernisierungsstand und Ausmaß der Dezentralisierung, Personalentwicklung und Führungskultur, Organisationskultur, Beteiligungsmanagement, Einbindung kommunaler Stakeholder, Auswahl von Leitbildern und Ausmaß wirkungsorientierter Steuerung.
- *Kommunale Verwaltung:* Das kommunale Personal setzt sich aus sehr unterschiedlichen fachlichen Hintergründen in den verschiedenen Fachbereichen

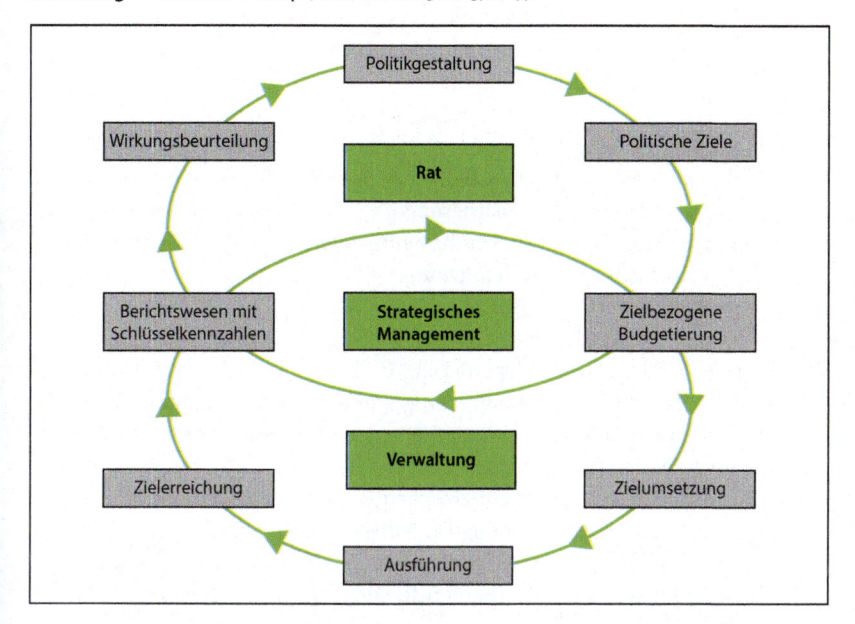

Abbildung 1 Das AKV-Prinzip (KGSt-Bericht 5/2013, S. 17)

zusammen. Ein Abgleich soll mittels E-Government, interkommunaler Zusammenarbeit sowie Prozessmanagement gelingen. Sie zeichnet damit eine „Managementrationalität" aus. Das Nebeneinander mit der „politischen Rationalität" sollte akzeptiert werden. Aber es sind „Wege einer effektiven Interaktion zu entwickeln". Dazu dienen die Prozesse der Gesamtstrategie und strategischen Planung (KGSt-Bericht 5/2013).

Ein zweiter Bereich der Public Governance in Bezug auf das Zusammenwirken von Politik und Verwaltung unterstützt, ist die Vertrauensbildung. Diese geschieht zum einen durch entsprechend transparente Informationsgestaltung sowie vertrauensbildende Spielregeln der politischen Gremien. Zum anderen durch eine gemeinsame Qualifizierung politischer Mandatsträger_innen und Verwaltungsmitarbeitender:

- *transparente Informationsgestaltung:*
  - Ratsvorlagen inclusive Handlungsoptionen mit jeweiligen Vor- und Nachteilen (Beitrag zur Strategieumsetzung, vergleichbare Angebote am Markt, Bearbeitungsstand, Wirkung…)

- RIS (Rats-Informations-System): elektronische Informationen nach verschiedenen Vertraulichkeitsstufen sowie Untergliederung: Ratsunterlagen, Recherchen für Umsetzung politischer Aufträge etc.
- *vertrauensbildende Spielregeln:*
  - Tagesordnungen/Sitzungsunterlagen frühzeitig versenden
  - Inhalte schriftliche Unterlagen nicht mehr mündlich vorgetragen, klare Redezeitbegrenzung (Vermeidung von „Fensterreden")
  - moderne Formen der Visualisierung
  - zeitnahe Anfertigung von Sitzungsprotokollen und frühzeitige Terminplanung (Jahresanfang) und -einhaltung!
  - Gestaltung der Ratsvorlagen (s. o.)
- *gemeinsame Qualifizierung:*
  - Co-Evolution: Nachwuchsförderung und Qualifizierung durch beispielsweise Mentoring- und Trainee-Programme, Praktikumsplätze, politische Stiftungen, kommunalpolitische Vereinigungen, politische Netzwerke, Jugendverbände der Parteien
  - Qualifizierungspartnerschaft zwischen Rat und Verwaltung: gemeinsame Personalentwicklung, Öffnung der Verwaltungsseminare, spezifische Kurse für Politiker_innen, Grundlagenkurse, Neue Medien, Verwaltungsreform, Ratsservice, interfraktionelle Workshops etc. (Pröhl und Osner 2004).

4 Organisationsstruktur: Netzwerkorganisation

Die Strukturierung der Organisation für die Anbindung der kommunalen Stakeholder im Public Governance erfordert eine Überwindung der Binnensicht auch in Bezug auf die Aufbauorganisation. Im NSM wurden die Organigramme hauptsächlich verschlankt, Zuständigkeiten in größeren Einheiten (Fachbereichen) zusammengefasst. Im Public Governance gelingt die Überwindung der Organisations-Umweltgrenze durch die Organisationsstruktur der Netzwerkorganisation (siehe Abb. 2).

„Netzwerke repräsentieren über das subinstitutionelle gesellschaftliche Phänomen hinaus eine moderne hybride Organisationsform, in der die einzelnen Akteure weder unabhängig (wie in der Marktinstitution) noch einseitig abhängig (wie im Modell der bürokratischen Hierarchie)" (Schubert 2008, S. 36). Wesentlich dabei ist auch, die negativen Folgen der Versäulung (sozialer) Leistungen zu überwinden. Die Versäulung, wie sie sich in den herkömmlichen Organigrammen abbildet, hat unterschiedliche negative Folgen:

Public Governance in der Sozialwirtschaft

Abbildung 2 Von der Stab-Linien- zur Netzwerkorganisation (http://www.wirtschaftslexikon24.com/e/vertikale-abteilungsbildung/vertikale-abteilungsbildung.htm sowie Horvath & Partners 2004, S. 26)

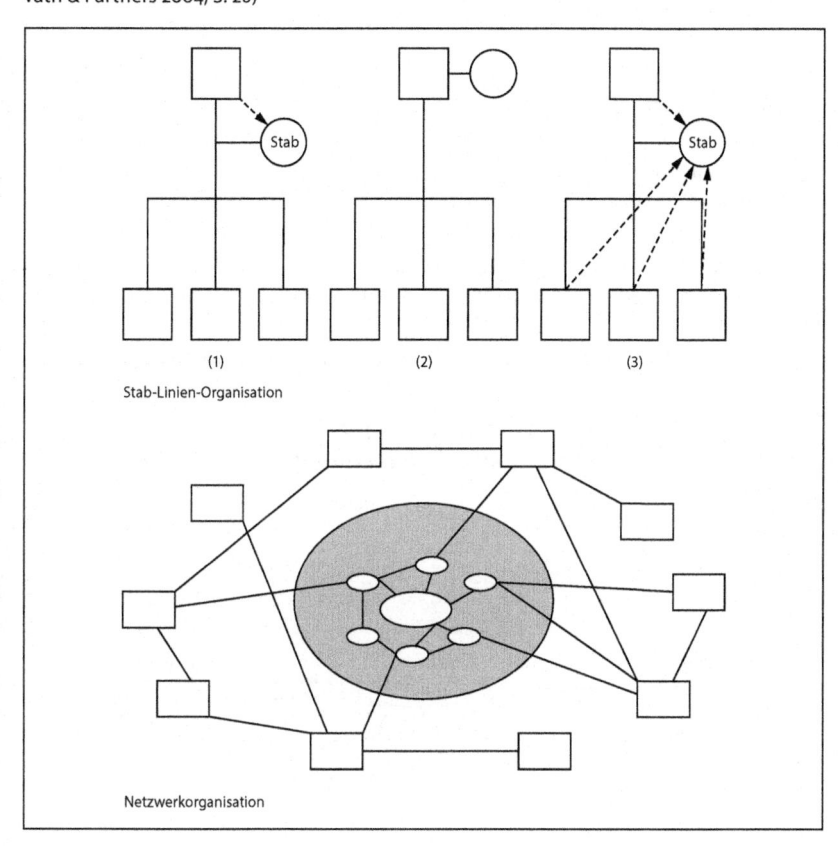

- *Systemische Folgen der Versäulung:*
  - Doppelaktivitäten
  - Ressourcenverschwendung
  - fehlender Wissenstransfer bei Übergängen
  - keine Ausschöpfung der Potentiale von Kooperationspartnern
  - Delegation und Abschiebung (Maykus 2009, S. 40)
- *Lebensweltliche Folgen der Versäulung:*
  - Vielzahl von Problembearbeitern
  - Erfahrung von Beliebigkeit und Unverhältnismäßigkeit

- Alleinsein bei Übergängen
- lebensweltferne Lernerfahrungen
- Ohnmacht in Hilfestrukturen (Maykus 2009, S. 40)

Mit der Überwindung der Versäulung durch die Netzwerkorganisation, rückt die Struktur der Lebenswelt der Adressat_innen der Sozialen Arbeit näher. Operative Inseln zerstückeln Lebenswelten Daher gilt es Funktionsbarrieren zwischen den Fachbereichen und Hierarchiebarrieren zwischen der operativen, strategischen und normativen Ebene zu überwinden:

Abbildung 3 Operative Inseln als Resultat von Funktions- und Hierarchiebarrieren (Schubert 2018, S. 12)

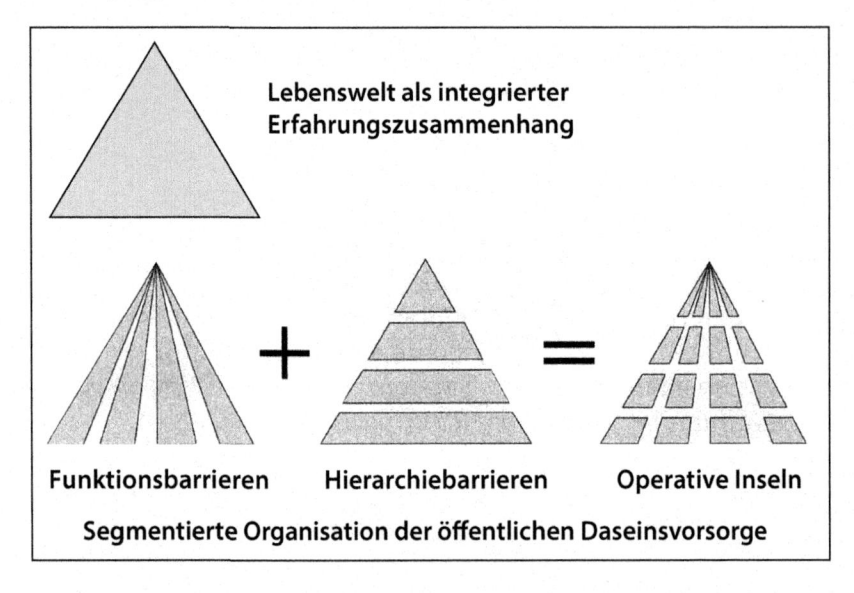

Lebenswelt als integrierter Erfahrungszusammenhang

Funktionsbarrieren + Hierarchiebarrieren = Operative Inseln

Segmentierte Organisation der öffentlichen Daseinsvorsorge

Die Netzwerkorganisation erfordert daher ein integratives Vorgehen, bei dem Hierarchiebarrieren durch eine vertikale Koordination und Funktionsbarrieren durch eine horizontale Koordination überwunden werden. Netzwerkkooperation betrifft daher alle kommunalen Ebenen:

- *Normative Ebene:* auf der kommunalpolitischen Ebene müssen die Leitziele unter Einbindung der Stakeholder konkretisiert werden, „die generellen Ziel-

richtungen programmatisch festgelegt und die dezentralen Strukturen in einem Orientierungsrahmen abgesichert werden"
- *Strategische Ebene:* Innerhalb der Fachbereichen müssen gemeinsam mit den dezentralen Akteuren die Input-, Output- sowie Outcome-Ziele vereinbart werden. „Es wird auch Verantwortung für die Strukturqualität übernommen, indem Informationen bereitgestellt werden, die Rückmeldung und Evaluation der Ergebnisse erfolgt und die kreuzfunktionale Verbindung der Ressorts und Fachbereiche hergestellt wird."
- *Operative Ebene:* innerhalb der Sozialräume liegt die dezentrale Verantwortung darin, die „(räumliche) Querkoordination der Akteure verschiedener Resorts, der Aufbau zielorientierter kleiner Handlungs- und Projektnetze sowie die Produkt- und Ergebnisverantwortung" abzusichern (Schubert 2013, S. 281).

Netzwerke haben jedoch nicht nur Vorteile, vielmehr gilt es sich entsprechender Nachteile bewusst zu sein und die Gestaltung der Netzwerkkoordination hierauf abzustimmen:

Abbildung 4 Chancen und Grenzen der Netzwerkarbeit (Stöbe-Blossey 2010)

Chancen ☺	Grenzen ☹
Klare Verantwortlichkeiten/professionelle Moderation/Netzwerkmanagement	Neigung zu Missverständnissen und Vorbehalten
Gemeinsame Klärung/Vereinbarung von Zielen/ Leitbildern	Unverbindlichkeit des Handelns
Akzeptanz des Spannungsfeldes zwischen Planung und Eigendynamik	Schaffung von Parallelstrukturen
„Aktionslernen"/Qualifizierung/Vertrauensbildung	Fokussierung von professionellen Befindlichkeiten
Offenlegung/Analyse von Interessen	Mangelnde Umsetzung von Ergebnissen
Kooperationsvereinbarungen Möglichkeiten des informellen Austauschs	Modemäßige Themenbearbeitung
Definition von „Rückkopplungsschleifen" mit den Organisationen	Interessenkonflikt Institution – Netzwerk
Regelmäßige Kommunikation mit dem „Auftraggeber"	Dominanz von einzelnen Akteuren

5 Zusammenwirken der Kommunalverwaltung mit anderen Organisationen

Um die Gestaltungsoptionen mit Stakeholdern im Public Governance zu bewerten, sollte die Kommune beide Perspektiven zu Grunde legen. Die bürgerschaftliche Perspektive beschäftigt sich dabei mit der Frage, welche Leistungsvariante Bürger_innen eine finanziell akzeptable, dauerhafte und universell zugängliche Leistungserbringung bietet. Dies gilt es besonders in Bezug auf Nachhaltigkeit zu betrachten. Die kommunale Perspektive fragt, welche Risiken sich aus Sicht der Verwaltungs- und politischen Führung ergeben und welche organisationspolitischen Alternativen bestehen. Beide Perspektiven werden dann in vier Ebenen betrachtet:

Abbildung 5 Beurteilungskriterien organisationspolitischer Lösungen (in Anlehnung an KGSt-Gutachten 1/2010, Teil 2, S. 43)

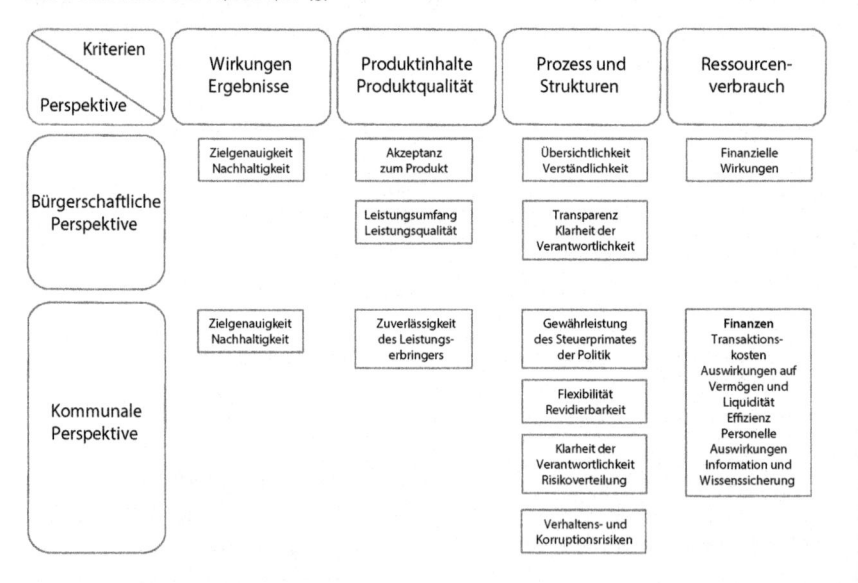

Kriterien / Perspektive	Wirkungen Ergebnisse	Produktinhalte Produktqualität	Prozess und Strukturen	Ressourcenverbrauch
Bürgerschaftliche Perspektive	Zielgenauigkeit Nachhaltigkeit	Akzeptanz zum Produkt / Leistungsumfang Leistungsqualität	Übersichtlichkeit Verständlichkeit / Transparenz Klarheit der Verantwortlichkeit	Finanzielle Wirkungen
Kommunale Perspektive	Zielgenauigkeit Nachhaltigkeit	Zuverlässigkeit des Leistungserbringers	Gewährleistung des Steuerprimates der Politik / Flexibilität Revidierbarkeit / Klarheit der Verantwortlichkeit Risikoverteilung / Verhaltens- und Korruptionsrisiken	Finanzen Transaktionskosten Auswirkungen auf Vermögen und Liquidität Effizienz Personelle Auswirkungen Information und Wissenssicherung

Bürgerschaftliche Perspektive:

- *Wirkungen/Ergebnisse:* werden die Wirkungen nicht erzielt, müssen ggf. Änderungen in der Organisationspolitik vorgenommen werden. Dabei ist auch die Frage zu diskutieren, ob andere Akteure/Stakeholder die die Leistungserbringung eingebunden werden sollen. Auch müssen der institutionelle Rahmen oder die Steuerungsmechanismen möglicherweise angepasst werden.

- *Produktinhalte/-qualität:* bezüglich der Akzeptanz bei Bürger_innen geht es um die Definition von Leistungen bzw. Leistungsbündeln entlang von (sich ändernden) Bedarfslagen. Ferner ist die Frage der Reduzierung bzw. Erhöhung von Leistungsstandards entsprechend der Erwartungen zu klären.
- *Prozesse/Strukturen:* Optimierung von Abläufen in die externe Stakeholder eingebunden sind (z. B. Vorbereitung von Leistungsvereinbarungen, Überwachung der Zielerreichung, Steuerung und Koordination).
- *Ressourcen:* Unterteilung nach unterschiedlichen Kategorien (Finanzen, Vermögen, Personal, Information). Welche Alternativen gibt es jeweils hinsichtlich Qualität und Quantität?

Kommunale Perspektive:
- *Wirkungen/Ergebnisse:* s. o.
- *Produktinhalte/-qualität:* Hier stellt sich die Frage der Zuverlässigkeit des externen Leistungserbringers, was z. B. Ausfallrisiken betrifft.
- *Prozesse/Strukturen:*
  - Steuerungsprimat der Politik: Inwieweit sind bei Outsourcings und Kooperationen die Informations- und Kontrollmöglichkeiten in Bezug auf Qualität und Preis der Leistungen gegeben?
  - Flexibilität, Revidierbarkeit: Anpassung an veränderte Rahmenbedingungen, Neudefinition/Wegfall von Wirkungen, neue Optionen der Leistungserstellung, mangelnde Erwartungserfüllung in Bezug auf Qualität und/ oder Preis.
  - Klarheit d. Verantwortlichkeit, Risikoverteilung: gerade bei ausgelagerten Prozessen bestehen insofern Risiken, weil die Politik in die Verantwortung genommen wird (Sanktion durch Nichtwahl).
  - Verhaltens-/Korruptionsrisiken: Die Ökonomisierung bzw. Manageralisierung des öffentlichen Sektors kann Werte und Verhaltensweisen der kommunalen Beschäftigten beeinflussen.
- *Ressourcen: Finanzen:* In Bezug auf einmalige Investitionen, Höhe, zeitliche Verteilung der Zahnungsströme etc. Bei ex ante Kosten geht es um transparente Information aller Beteiligter sowie einer Einigung. Bei Ex Post Kosten geht es um Steuerung und Kontrolle sowie Konfliktlösung.

6 Stellung zu Büger_innen: Beteiligte

Das Leitbild der Bürgerkommune wurde bereits im Jahr 2005 von Banner formuliert (Banner 2005) und ist als „Reaktion auf die ins Stocken geratene Einführung des NSM zu verstehen" (Holtkamp und Bogumil o. J., zitiert in: Gourmelon et al. 2014). Hier lassen sich vier Dimensionen bürgerschaftlicher Mitwirkung im Public Governance unterschieden. Dabei gelten die Dimensionen Zusammenarbeit und Transparenz als Voraussetzungen für die Bürgerkommune. Bei den Partizipationsformen werden Bürgerbeteiligung und -engagement unterschieden:

Abbildung 6 Dimensionen bürgerschaftlicher Mitwirkung (KGSt-Bericht 3/2014, S. 16)

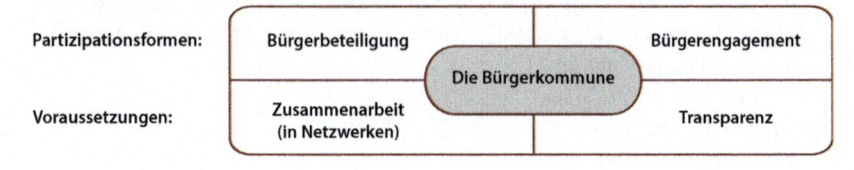

Partizipationsformen:	Bürgerbeteiligung	Bürgerengagement
	Die Bürgerkommune	
Voraussetzungen:	Zusammenarbeit (in Netzwerken)	Transparenz

- *Transparenz:* alle politischen und verwaltungstechnischen Prozesse umfassend und frühzeitig den Bürger_innen und der Öffentlichkeit transparent darlegen, digitalisieren und abrufbereit zur Verfügung zu stellen.
- *Zusammenarbeit in Netzwerken:* Das gute Zusammenwirken von Organisationen und/oder Individuen ist Voraussetzung für gemeinschaftliche Entwicklungen, Leistungsverbesserungen und Problemlösungen. Verwaltungen sollten vor allem informelle Netze in die Netzwerkarbeit integrieren, da sich Bürger_innen häufig ohne konstitutionellen Rahmen mit hoher Flexibilität vernetzen (soziale Medien). Dies zu erkennen und mit formellen Netzen abzustimmen ist vonnöten.
- *Bürgerbeteiligung:* lässt sich nach ihrem Formalisierungsgrad unterscheiden:
  - Formal Bürgerbeteiligung: Instrumente der direkten Demokratie (auf kommunaler Ebene: Bürgerbegehren- und Bürgerentscheid, auf Landesebene: Volksbegehen und Volksentscheid)
  - Informelle Bürgerbeteiligung: nicht gesetzlich geregelten Beteiligungsverfahren:
    - punktuelle Beteiligungsverfahren: z. B. Bürgerforen, Mediationsverfahren, Open Space, Runde Tische, Perspektivenwerkstatt Zukunftskonferenz.
    - dauerhafte Beteiligungsverfahren: z. B. Beiräte (Ausländer-, Senioren-, Behindertenbeiräte), Bürgerpanels
- *Bürgerengagement:* braucht Öffentlichkeit und ermöglicht Teilhabe, Transparenz und Verantwortung. Der Dialog sollte auch mit Interessensvertretungen geführt werden. Freiwilligenagenturen vermitteln als lokale Koordinations-

zentren möglichst passgenau zwischen potenziell Engagierten und gemeinnützigen Organisationen.

7 Führungsstil: Leadership

Auch von den Führungskräften der Kommunalverwaltung braucht es im Public Governance ein geändertes Führungsverständnis. Die KGSt erläutert: „Die Bereitschaft, persönliche Verantwortung zu übernehmen oder über die Grenzen von Organisationseinheiten hinweg im Sinne übergreifender Ziele zu kooperieren und die Interessen der eigenen Organisationseinheit gegebenenfalls auch einmal hintan zu stellen. …Gemeint ist eine Führung, die geprägt ist von einem ethischen, wertschöpfenden und gemeinwohlorientierten Verhalten. Eine solche Form der Führung wird mit dem Begriff „Public Leadership" beschrieben" (KGSt-Bericht 5/2013, S. 50). Die KGSt verwendet dafür auch den Begriff der „werteorientierten Führung". Er „umfasst die Gestaltung, Entwicklung und Lenkung der Organisation. Dazu gehören das Verhalten innerhalb der Zivilgesellschaft (gegenüber Bürgerinnen und Bürgern, Vereinen, Verbänden, privatwirtschaftlichen Organisationen, Landes- und Bundesbehörden) sowie gegenüber den Mitarbeiterinnen und Mitarbeitern" (ebd.). Public Leadership umfasst demnach:

- „Offenheit und Transparenz, insbesondere in der Darstellung der Zielsetzungen und Gründe kommunalen Handelns, um Vertrauen zu schaffen und Beteiligung zu ermöglichen;
- Akzeptanz der Rollenverteilung zwischen den Institutionen und Organen; nachvollziehbares und abgestimmtes politisches Handeln;
- Loyalität zu einem demokratisch legitimierten und damit politischen System, um mit Komplexität und Widersprüchen konstruktiv umzugehen;
- Verantwortlichkeit für Qualität und Zielerreichung im Sinne eines Einstehens für das persönliche Handeln vor der Öffentlichkeit;
- Aktive Partizipation zur Sicherung von Teilhabe und Akzeptanz, um Kooperationsbereitschaft zu fördern;
- Flexibilität im Denken und Handeln, um Innovationsfreude und Kreativität zu unterstützen und interdisziplinär zu arbeiten;
- Persönliche Integrität zur Vermeidung von Interessenkonflikten bei der Ausübung eines öffentlichen Amtes; Aufrichtigkeit, wenn private Interessen mit den Pflichten der Aufgabe kollidieren können;
- Objektivität bei Entscheidungen zu Gunsten oder zu Lasten von Personen, um Vielfalt zuzulassen und Individualität zu unterstützen;

- Förderung und Unterstützung der genannten Prinzipien durch Führungsmaßnahmen und vorbildliches Verhalten und Vorleben im Berufsalltag" (ebd., S. 50 f.).

Wurde die Personalführung als Leadership (Public Governance) bzw. Management (NSM) lange als Gegensatzpaar bezeichnet (bspw. Fröse 2009; Malik 2006), postuliert Malik mittlerweile, dass es im Eigentlichen nicht um die Unterscheidung zwischen Management und Leadership geht, sondern zwischen schlechter und guter Personalführung als „echte Führerschaft" (Management oder Leadership) (Malik 2011).

Literatur

Achter Statusbericht Bürgerhaushalt, Portal Bürgerhaushalt.org. (2015). *Ein Kooperationsprojekt von Bundeszentrale für politische Bildung und Servicestelle Kommunen in der Einen Welt.*
Banner, G. (2005). Aktivierend auch nach innen? Verwaltungsreformen zwischen Ländern und Kommunen. In *Ausblicke auf den aktivierenden Staat. Von der Idee zur Strategie. Modernisierung des öffentlichen Sektors.* Berlin.
Clement, U., Nowak, J., Ruß, S., & Scherrer, C. (2010). Einleitung: Public Governance und schwache Interessen. In U. Clement, J. Nowak, S. Ruß & C. Scherrer (Hrsg.), *Public Governance und schwache Interessen* (S. 7–25). Wiesbaden: VS Verlag für Sozialwissenschaften.
Fröse, M. W. (2009). Leadership Diskurse. Neue Herausforderungen für Führung und Leitung. In J. Eurich (Hrsg.), *Leadership in sozialen Organisationen* (S. 225–242) Wiesbaden: VS Verlag für Sozialwissenschaften.
Gourmelon, A., Mroß, M., & Seidel, S. (2014). *Management im öffentlichen Sektor. Organisationen steuern – Strukturen schaffen – Prozesse gestalten.* Heidelberg, Hamburg: Rehm.
Grote, J. R. (2007). Local Governance und organisierte Zivilgesellschaft In L. Schwalb & H. Walk (Hrsg.), *Local Governance – mehr Transparenz und Bürgernähe?* (S. 39–66). Wiesbaden: VS Verlag für Sozialwissenschaften.
Holtkamp, L., & Bogumil, J. (2007). Bürgerkommune und Local Governance. In L. Schwalb & H. Walk (Hrsg.), *Local Governance – Mehr Transparenz durch Bürgernähe?* (S. 231–250). Wiesbaden: VS Verlag für Sozialwissenschaften.
Horvath & Partners (Hrsg.) (2004). *Beyond Budgeting umsetzen.* Stuttgart: Schäffer-Poeschel Verlag.
Kommunale Gemeinschaftsstelle für Verwaltungsmanagement (KGSt) Bericht (10/1996). *Das Verhältnis von Politik und Verwaltung im Neuen Steuerungsmodell.* Köln.
Kommunale Gemeinschaftsstelle für Verwaltungsmanagement (KGSt) Bericht (5/2013). *Das kommunale Steuerungsmodell (KSM).* Köln.

Kommunale Gemeinschaftsstelle für Verwaltungsmanagement (KGSt) Gutachten (1/2010). *Kommunale Organisationspolitik,* Teil 1 u. Teil 2, Köln.

Malik, F. (2006). Leadership im Unternehmen – Trends und Perspektiven. In H. Bruch, S. Krummaker & B. Vogel (Hrsg.), *Leadership – Best Practices und Trends* (S. 285–297). Wiesbaden: Gabler.

Malik, F. (2011). Leadership im Unternehmen. Trends und Perspektiven. In H. Bruch, S. Krummaker & B. Vogel (Hrsg.), *Leadership – Best Practices und Trends* (S. 307–319). Wiesbaden: Springer Gabler.

Maykus, S. (2009). Neue Perspektiven für Kooperation. In P. Bleckmann & A. Durdel (Hrsg.), *Lokale Bildungslandschaften. Perspektiven für Ganztagsschulen und Kommunen* (S. 37–55). Wiesbaden: VS Verlag für Sozialwissenschaften.

Neuntes bundesweites Netzwerktreffen Bürgerhaushalt 19. und 20. September 2013 (2013). *Dokumentation.* Bonn: ENGAGEMENT GLOBAL gGmbH, Service für Entwicklungsinitiativen.

Pröhl, M., & Osner, A. (2004). *Ratsarbeit besser machen.* 3., erw. Aufl., Gütersloh: Bertelsmann Verlag.

Schedler, K., Müller, R., & Sonderegger, R. W. (2011). *Public Corporate Governance – Handbuch für die Praxis.* Stuttgart, Wien: Haupt Verlag.

Schubert, R. (2015). Lokale Governance – Einführung in das Konzept. In J. Knabe, A. van Riessen & R. Blandow (Hrsg.), *Städtische Quartiere gestalten – kommunale Herausforderungen und Chancen im transformierten Wohlfahrtsstaat* (S. 113–129). Bielefeld: transcript Verlag.

Schubert, H. (2018). *Netzwerkorientierung in Kommune und Sozialwirtschaft. Eine Einführung.* Wiesbaden: Springer VS

Schubert, H. (2013). Netzwerkmanagement in der Sozialen Arbeit. In: J. Fischer & T. Kosellek (Hrsg.), *Netzwerke und Soziale Arbeit. Theorien, Methoden, Anwendungen.* (S. 267–286). Weinheim, Basel: Beltz Juventa.

Schubert, H. (Hrsg.) (2008). *Netzwerkmanagement, Koordination von professionellen Vernetzungen – Grundlagen und Praxisbeispiele.* Wiesbaden: VS Verlag für Sozialwissenschaften.

Stöbe-Blossey, S. (2010). Aufbau einer Kooperation – die Weichen für den Erfolg richtig stellen. In H. Mußinghoff (Hrsg.), *Kooperationen professionell gestalten. Ein Handbuch mit Praxisteil zum Thema Beruflicher Wieder einstieg und Familienzentren* (S. 4–9). Frechen: Innovabest. http://www.zfbt.de/netzwerk-w/dokumente/Handbuch_Kooperationen_Netz_fin.pdf (Aufruf 5. 1. 2018)

Governance in der Sozialen Arbeit[1]

Dilemmatamanagement als Ansatz des Managements hybrider Organisationen

Klaus Grunwald und Paul-Stefan Roß

Abstract

Soziale Dienstleistungen werden immer stärker in einem Welfare Mix erbracht. Im Zentrum des Beitrags stehen sozialwirtschaftliche Unternehmen als ‚hybride Organisationen', die mit verschiedenen gesellschaftlichen Sektoren verknüpft und durch sie geprägt sind. Sozialmanagement kann verstanden werden als Steuerung hybrider sozialwirtschaftlicher Organisationen. In diesem Kontext entfaltet das Konzept des Dilemmatamanagements seine Produktivität als Ansatz des Managements hybrider Organisationen.

1 Wohlfahrtsmix und Governance

Ein Verständnis von sozialwirtschaftlichen Unternehmen als ‚hybriden Organisationen' reflektiert den Wandel der ‚Governance of Welfare' bzw. das parallele Phänomen einer grundlegenden Pluralisierung der Erbringung von Wohlfahrt im Kontext des ‚Welfare Mix' (genauer: Grunwald und Roß 2017, 2014). Deswegen soll zunächst der Begriff des *Wohlfahrtmix* geklärt werden: Dieser bezeichnet das Zusammenwirken verschiedener gesellschaftlicher Sektoren (Informeller Sektor, Assoziativer (Dritter) Sektor, Staat und Markt), die alle in unterschiedlichen Mischungsverhältnissen an der Erbringung von Wohlfahrt beteiligt sind. Begriff und Konzept des Wohlfahrtsmix (auch „Welfare Mix", „mixed economy of welfare" oder „Wohlfahrtspluralismus") wurden Anfang der 1990er Jahre v. a. durch

---

1 Dieser Text basiert wesentlich auf Grunwald und Roß (2017; 2014) und Grunwald (2018a) und fokussiert sie hinsichtlich des Konzepts des Dilemmatamanagements (Grunwald 2012; 2006).

Adalbert Evers und Thomas Olk in die bundesdeutsche Fachdiskussion eingeführt (Evers und Olk 1996; siehe auch Klie und Roß 2007; Evers 2011).

Analytisch betrachtet sind die Sektoren gekennzeichnet durch je eigene Systemlogiken, Zugangsregeln und Zentralwerte. Die vier Sektoren setzen sich wechselseitig Kontextbedingungen und sind zugleich auf von den jeweils anderen Sektoren gesetzte Rahmenbedingungen angewiesen, die sie selbst nicht schaffen können. In Bezug auf die Erbringung von Wohlfahrt hat jeder dieser Sektoren besondere Leistungsfähigkeiten, aber auch spezifische systemimmanente Leistungsgrenzen. Daher ist keiner der gesellschaftlichen Teilbereiche in der Lage, allein mittels seiner ‚eigenen' Institutionen und Funktionslogiken Wohlfahrt zu gewährleisten. Insbesondere die Veränderungen in ihrem Zusammenwirken bedürfen einer besonderen Aufmerksamkeit. Eine stetige latente Gefahr besteht darin, dass die spezifische Funktionslogik eines der Sektoren die anderen Bereiche dominiert.

Für *sozialwirtschaftliche Organisationen und ihre Steuerung*[2] bedeutet dies, dass sie berücksichtigen müssen, dass soziale Dienstleistungen immer stärker in einem *Welfare Mix* erbracht werden, d. h. in einem Mix aus

- Eigeninitiativen der primär Betroffenen,
- privaten Unterstützungsleistungen informeller Netze (Familie, Freundeskreis usw.),
- staatlichen Unterstützungsleistungen,
- beruflich erbrachten Dienstleistungen öffentlicher, freier oder gewerblicher Träger und
- freiwilligem Engagement (Roß 2012, S. 314 ff.).

Jenseits dieser analytischen, beschreibenden Perspektive gibt es auch eine *strategische Absicht*, mit der die Theorie des Wohlfahrtsmix diskutiert werden kann. Hier liegt der Fokus auf der These, ein Mix in der Erbringung von Wohlfahrt sei nicht nur eine faktisch vorzufindende Tatsache, sondern ein anzustrebender Zustand. Begründet wird dies damit, dass auf Grund der je spezifischen Systemschwächen der beteiligten Sektoren nur ein Zusammenwirken bzw. ein Mix von Handlungslogiken zu tragfähigen Lösungen in der Erbringung von Wohlfahrt führe.

Governance wird als Begriff und Konzept in den Sozial- und Wirtschaftswissenschaften intensiv diskutiert und findet in verschiedenen Begriffsausprägungen zunehmend Eingang in die Praxis politischen und unternehmerischen Handelns (Benz und Dose 2010, Roß und Rieger 2015; Roß 2018). Grundmotiv des Gover-

---

2 Zu Begriff, Konzepten und Problemen der ‚Steuerung' von sozialwirtschaftlichen Organisationen siehe Grunwald (2013a).

nance-Diskurses ist die Frage, wie unterschiedliche Steuerungsmechanismen bzw. -logiken ineinandergreifen.

Insbesondere in der Politikwissenschaft, aber auch in der Verwaltungswissenschaft steht Governance zunächst für eine *analytische* Perspektive (Roß 2018). Dabei werden *zunehmend komplexere gesellschaftliche Verflechtungen bzw. Interdependenzen* in den Blick genommen, wobei es vor allem um das Phänomen von *Veränderungen bei der Steuerung solcher komplexen Interdependenzen* geht. In diesem Zusammenhang wird festgestellt, dass politische Steuerung weder allein durch einen (vermeintlich souveränen) Staat (Steuerungsmodus „Hierarchie"), noch lediglich über den Markt (Steuerungsmodus „Wettbewerb" bzw. „Konkurrenz") erfolgt. Vielmehr realisiert sich politische Steuerung zunehmend in Verhandlungsnetzwerken, in denen sich die verschiedenen Steuerungslogiken von Staat, Markt und Assoziationen mischen (Grunwald und Roß 2017, S. 174).

Eine *normative und strategische Perspektive* wird in Teilen der Politik- und Verwaltungswissenschaft eingenommen, wenn Governance als (Reform-)Konzept und als „neuartiges Konzept des Regierens" (Jann und Wegrich 2010, S. 175; Roß 2018) verstanden wird. Governance könne nicht nur als faktisch gegebenes Phänomen gesehen werden, sondern scheine „*unabdingbar* für das Regieren moderner Gesellschaften zu sein" (Papadopoulos 2010, S. 227) und stelle eine konzeptionelle Alternative zum in den 80er und 90er Jahren dominierenden Reformmodell des New Public Managements (NPM) dar (zu letzterem siehe Grunwald 2001, S. 57 ff.). Im Zentrum steht bei Governance als (normativ begründetem) strategischem Konzept – anders als bei NPM – die interorganisationale Perspektive, die sich Beziehungen und Prozessen zwischen Organisationen und Akteursgruppen widmet und die im Rahmen von sektorübergreifenden Politiknetzwerken gezielt zu bilden und pflegen ist.[3] Weiter zielt das Konzept ausdrücklich auf eine Kombination von Steuerungsformen der gesellschaftlichen Teilbereiche, wie beispielsweise Public-Private-Partnerships; hier werden insbesondere die Bürger_innen explizit als Ko-Produzenten öffentlicher Güter gesehen (Roß 2013). Im Kontext eines strategischen Governance-Konzepts werden Entscheidungen stärker durch Verhandlung und Beratung und weniger durch an der Mehrheitsregel orientierte Abstimmungen gefällt, wie dies auch im Kontext des Konzepts der lateralen Führung propagiert wird (Kühl 2017). Als Ziele politischer Steuerung werden neben Dienstleistungsorientierung und Effizienz als Kernzielen des NPM vor allem die „Stärkung von sozialer, politischer und administrativer Kohäsion, von politischer und gesell-

---

3 Sie wurde bereits seit Anfang der 1990er Jahre auch in einem Konzept von Sozialmanagement als „Management des Sozialen" vertreten (Flösser und Otto 1992; siehe auch Grunwald 2009).

schaftlicher Beteiligung, von bürgerschaftlichem und politischem Engagement" genannt (Jann und Wegrich 2010, S. 184).

Wenn wir vor diesem Hintergrund von ‚Governance Sozialer Arbeit' sprechen so meinen wir damit ein Rahmenkonzept, um den Kurs einer sozialwirtschaftlichen Organisation bestimmen und immer wieder neu im Spannungsfeld von Staat, Markt, Assoziationen und primären Netzen justieren zu können. Der konkrete Kurs einer sozialwirtschaftlichen Organisation kann aus diesem Konzept nicht abgeleitet werden, aber es ist möglich, Koordinaten zu benennen, innerhalb derer im Angesicht der jeweiligen konkreten Bedingungen dieser Kurs bestimmt und ständig weiterentwickelt werden kann.

2 Sozialwirtschaftliche Einrichtungen als hybride Organisationen

Sowohl das Phänomen einer tiefgreifenden Pluralisierung der Erbringung von Wohlfahrt, auf dessen Basis für die Notwendigkeit eines Wohlfahrtsmix plädiert wird, als auch die Konkretisierung politischer Steuerung im Zeichen von ‚Governance', die nicht nur analytisch beschrieben, sondern auch als strategisches Reformkonzept verstanden wird, sind für die sozialwirtschaftlichen Unternehmen und ihre Steuerung (Grunwald 2018a, 2013a) von zentraler Bedeutung. Sie führen dazu, dass sozialwirtschaftliche Unternehmen als hybride Organisationen begriffen werden können und haben Konsequenzen für ein damit verknüpftes spezifisches Steuerungsverständnis.

Innerhalb des deutschen Sozialstaatregimes ist es für soziale Dienste und Einrichtungen lange Zeit selbstverständlich gewesen, sich primär *einem* gesellschaftlichen Teilbereich, seiner Handlungslogik und seinen Leitzielen zuzuordnen (Roß 2012, S. 312 ff.). Organisationen der Sozialwirtschaft haben sich beispielsweise entweder als ‚öffentliche' oder als ‚freie' Träger verstanden und sich dementsprechend überwiegend an der Handlungslogik des Staates (hierarchische Steuerung) oder der des Bereichs der Assoziationen (Steuerung über Meinungsbildung der Mitglieder) orientiert.

Angesichts des Wandels des Wohlfahrtsregimes stehen sozialwirtschaftliche Organisationen spätestens seit Mitte der 1980er Jahre zunehmend vor der Herausforderung, Ressourcen, Zielvorgaben und Entscheidungsmodi verschiedener gesellschaftlicher Sektoren in unterschiedlichsten Mischungen miteinander zu kombinieren. Wichtige Forderungen, die hinter dieser Neuorientierung stehen, sind insbesondere, (1) sich verstärkt ökonomischen Denkweisen und Instrumentarien zu öffnen, (2) lokale Ressourcen und bürgerschaftliches Engagement stärker einzubeziehen und (3) sich verstärkt an den sich immer weiter individualisierenden Bedarfen potentieller Adressat_innen auszurichten. Eine wesentliche Herausforderung besteht darüber hinaus in der Zunahme privatgewerblicher Anbieter sozialer Dienstleistungen.

Wohlfahrt wird insofern in Organisationen der Sozialwirtschaft zunehmend in einem pluralen Mix von Beiträgen erbracht, die unterschiedlichen Logiken folgen. Dies wird mit Begriffen wie „organisationaler Governance" (Schubert 2010), prozesshaft als „Hybridisierung" (Evers 2018; Evers et al. 2002) oder sozialwirtschaftlichen Organisationen als „hybriden Organisationen" (Evers 2013, 2018) beschrieben. Diese *Hybridisierung* äußert sich in zwei Formen:

- Zum einen geht es um die *Veränderung von bestehenden Organisationen,* die ursprünglich klar dem staatlichen Sektor (z. B. Schule, Stadttheater, Bibliothek) oder dem assoziativen Sektor (Diakoniestation, Nachbarschaftshilfeverein etc.) zuzuordnen sind und für die die spezifische Handlungsrationalität dieser Sektoren jeweils die ‚Stammlogik' darstellt. Indem diese Organisationen nun zusätzlich Logiken zu integrieren versuchen, die ursprünglich für andere Bereiche spezifisch sind, werden sie von ‚Ein-Sektor-Organisationen' zu ‚hybriden Organisationen'.
- Zum anderen wird auf die *Entstehung eines neuen Typs von Organisationen* verwiesen, die als ‚soziale Unternehmen', „soziale Dienstleistungsunternehmen" (Vennedey 2009; Schubert und Zink 2001), „Gesundheits- und Sozialunternehmen" (Brinkmann 2014a, 2014b, 2010), „Wohlfahrtsarrangements" (Wendt 2010), „Social enterprises" (Evers 2013, S. 470) oder „social entrepreneurship organizations" (Heinze u. a. 2011, S. 90 ff.; Stepanek 2017) bezeichnet werden. Diese Organisationen sind sozusagen von vornherein als ‚hybrid' zu bezeichnen, weil sie verschiedene Handlungsrationalitäten – häufig bei relativer Dominanz der marktlichen Logik – in hybrider Weise miteinander verknüpfen. Glänzel und Schmitz (2012, S. 181) bestimmen diese Organisationen als „sozial ausgerichtete und gleichzeitig ökonomisch orientierte Akteure", die „staatliche, öffentliche, for-profit- und non-profit-Elemente" kombinieren und auf diese Weise Sektorgrenzen aufbrechen. Freilich gibt es auch traditionsreiche Organisationen, die von Beginn an hybrid waren und es weiterhin sind: z. B. öffentliche Unternehmen wie kommunale Wohnungsbaugesellschaften oder Genossenschaften.

Beide Chiffren – sowohl der Begriff der ‚Organizational Governance' als auch derjenige der ‚hybriden Organisation' – stehen insofern summarisch betrachtet für den Versuch sozialwirtschaftlicher Organisationen, die verschiedenen, zunächst jeweils für unterschiedliche Teilbereiche von Gesellschaft charakteristischen Handlungslogiken miteinander zu verschränken. „Hybride Organisationen" sind, kurz gesagt, Organisationen, „die in ihren Strategien und Dienstleistungen Merkmale kombinieren, die normalerweise eindeutig dem Staat, dem Markt oder dem dritten Sektor zugeschrieben werden" (Wasel und Haas 2012, S. 588; siehe auch Haas und Wasel 2017).

3 Sozialmanagement als Steuerung hybrider sozialwirtschaftlicher Organisationen

Werden *sozialwirtschaftliche Einrichtungen als hybride Organisationen* gefasst, so hat dies *unmittelbare Konsequenzen für ein Verständnis von Sozialmanagement* als Steuerung hybrider Organisationen. Relevant für ein solches Verständnis von Sozialmanagement sind Konkretisierungen zum einen bezüglich Hybridisierung und organisationaler Governance, zum anderen bezüglich eines systemisch inspirierten Steuerungsverständnisses (Grunwald 2018a, 2013a, 2013b).

Diese als „Hybridisierung" bezeichneten Veränderungen lassen sich *für das Management hybrider sozialwirtschaftlicher Organisationen präzisieren* mit Blick auf die *vier Dimensionen* „Ressourcen", „Zielvorgaben", „Einfluss- bzw. Entscheidungsstrukturen" und „Identitäten" (Evers et al. 2002, S. 23–44; Evers 2013; Glänzel und Schmitz 2012).

1) Sozialwirtschaftliche Organisationen und ihr Management sind herausgefordert, Strategien zu entwickeln, um *Ressourcen* nicht nur im Sinne staatlicher Finanzierungslogik – dem bei Organisationen des staatlichen und des assoziativen Sektors bislang dominierenden Weg – einzuwerben und zu berücksichtigen. Hinzukommen müssen Strategien der Ressourcengewinnung, die auf ökonomisches Handeln setzen (also durch den Verkauf von Dienstleistungen auf einem mehr oder weniger freien Markt), die die Erschließung von Sozialem Kapital (freiwilliges Engagement, Vernetzung usw.) anstreben oder die ein Engagement von Wirtschaftsunternehmen einzubinden suchen (Public Private Partnership).

2) Sie sind aufgefordert Strategien zu entwickeln, um *Zielvorgaben*, die unterschiedlichen gesellschaftlichen Sektoren entstammen und für diese jeweils charakteristisch sind, in ein „Zielbündel", in ein „Ensemble von Handlungs- und Organisationszielen" (Evers et al. 2002, S. 29) bzw. ein „Amalgam" (Glänzel und Schmitz 2012, S. 181) zu integrieren: Also etwa die allgemeine Zugänglichkeit von Leistungen und Einhaltung bestimmter Qualitätsstandards (staatliche Zielvorgaben), die Erwirtschaftung von Überschüssen zur Erhaltung von Handlungs- und Dispositionsfreiheit (wirtschaftliche Zielvorgaben)

sowie den Aufbau lokaler Netzwerke und Partizipation der Adressat_innen (bürgergesellschaftliche Ziele).
3) Die Organisationen und ihr Management haben Strategien zu entwickeln, um *Einfluss- und Entscheidungsstrukturen*, die zunächst unterschiedlichen Sektorlogiken entsprechen und u. U. in Konkurrenz zueinander stehen, miteinander zu kombinieren: Die hierarchisch durchgesetzten Vorgaben des Staates (Gesetze, Förderrichtlinien, Qualitätsstandards usw.), die Entscheidungslogik des Marktes (Angebot-Nachfrage-Relation, Wettbewerb, Rentabilität der Dienstleistungsproduktion usw.) sowie die formelle oder informelle Einflussnahme von Stakeholdern im Sinne „interessierter Beteiligter und Betroffener" (Evers et al. 2002, S. 32).
4) Schließlich sind sie herausgefordert, verschiedene *Identitäten* miteinander zu verknüpfen: Etwa die Identität einer staatlichen Einrichtung, die eines lokalen Gemeinschaftsprojekts oder die einer unternehmerisch geführten Organisation (Evers 2013).

Hybridisierung umfasst darüber hinaus *extra-organisationale* und *intra-organisationale* Aspekte, die seitens der Leitungskräfte im Blick zu behalten sind.

In ihren *Außenbeziehungen* muss eine hybride sozialwirtschaftliche Organisation (gleichgültig welchem Sektor sie ursprünglich bzw. primär zugehört) in der Lage sein, mit ihren verschiedenen relevanten Stakeholdern (Vilain 2018) – also denjenigen Akteuren, die in irgendeiner Weise eigene Interessen mit dem Handeln der jeweiligen Organisation verbinden – angemessen und entsprechend deren je spezifischer Funktionslogik zu interagieren (Schubert 2010, S. 215); sie muss also sowohl die Ressourcen dieser Stakeholder nutzen als auch auf sie Einfluss nehmen können. Sozialwirtschaftliche Dienste und Einrichtungen sind so zunehmend als „Multi-Stakeholder-Organisationen" zu begreifen (Evers et al. 2002, S. 33), die nicht länger nur auf einen Interessenträger ausgerichtet sind (die Kommune, die Kirche, die Partei, die Gründerpersönlichkeit usw.), sondern sich als hybride Organisationen in Netzwerkbeziehungen orientieren müssen.

Intern besteht eine wesentliche Herausforderung darin, dass Aufbauorganisation, organisationale Prozesse und Organisationskultur(en) so gestaltet sein müssen, dass eine sozialwirtschaftliche Organisation überhaupt in der Lage ist, in dieser Weise als „Multi-Stakeholder-Organisation" zu handeln. Es gilt, intra-organisationale Governance-Strukturen herauszubilden, die geeignet sind, a) strukturelle Koppelungen der einzelnen Bereiche zu den verschiedenen Stakeholdern der Organisation zu ermöglichen und b) die spezifischen und komplexen Transaktionen zu bewältigen, die mit der „gemischten" Produktion sozialer Dienstleistungen unter gegenwärtigen gesellschaftlichen Bedingungen verbunden sind (Schubert

2010, S. 215). Konkrete, in diesen Zusammenhang einzuordnende intra-organisationale Entwicklungen sozialer Träger sind beispielsweise der Wandel von der stabilen „Palastorganisation" hin zur flexiblen „Zeltorganisation" (ebd.; siehe schon Gomez und Zimmermann 1993), der Wandel von einem festen Portfolio langfristiger Dienste hin zur „temporären Projektförmigkeit von Dienstleistungen" (ebd.) und von weitgehend einheitlichen Angeboten zur Individualisierung von Dienstleistungen.

Ein *Management hybrider sozialwirtschaftlicher Organisationen,* das die theoretischen Konzepte von Welfare Mix und organisationaler Governance aufnimmt, ist vor diesem Hintergrund gefordert, einen ‚mix of modes' zu realisieren. Dabei geht es um einen Mix von spezifischen, keineswegs immer kompatiblen und gelegentlich auch sich widersprechenden Funktionslogiken bzw. Leitwerten der angesprochenen vier Teilbereiche. Die Produktion von Dienstleistungen im Sinne einer „gemischten" Gewährleistung von Daseinsvorsorge basiert nicht auf einer harmonisierenden gegenseitigen Angleichung dieser Logiken, sondern darauf, die Systemrationalitäten in ihrer Unterschiedlichkeit wahrzunehmen, auszubalancieren und durchaus auch wechselseitig zu „bändigen".

Zusammenfassend lässt sich festhalten, dass ein Management in hybriden sozialwirtschaftlichen Organisationen herausgefordert ist,

- unterschiedliche, teils widersprüchliche *Handlungslogiken zu integrieren,*
- unterschiedliche Zielvorgaben zu einem *eigenen Zielbündel* zusammenzufügen,
- *unterschiedliche, teils widersprüchliche Einfluss- und Entscheidungsstrukturen* zu berücksichtigen und *kombinieren,*
- aus unterschiedlichen Identitätsangeboten eine *eigene Identität* zu formen,
- sich in vielfältigen Spannungsfeldern zu bewegen, also *vielfältige Dilemmata* zu bestehen.

Die Realisierung einer so konkretisierten organisationalen Governance bedarf eines *spezifischen Organisations- und Steuerungsverständnisses,* wie es aus systemischer Perspektive formuliert wird (genauer: Grunwald 2018a, 2018b, 2013a, 2013b). Gerade das Konzept der hybriden Organisation korrespondiert gut mit dem institutionellen Management- und Organisationsverständnis (Grunwald 2018b) und dem Konzept des Managements von Dilemmata und Paradoxien (Grunwald 2018a), z. B. in Bezug auf die Einschätzung, dass Organisationen oft sehr verschiedene, teils sogar widersprüchliche Ziele verfolgen und immer wieder neu miteinander vermitteln müssen, ohne dass dieser permanenten Herausforderung jemals entflohen werden könnte. Dies soll im Folgenden etwas genauer umrissen werden.

4 Grundzüge des Dilemmatamanagements

Dilemmatamanagement baut auf den *Diskussionen der neueren Organisationslehre* auf, insbesondere der diskutierten Abkehr von der Dominanz von Zweck-Mittel-Relationen (Grunwald 2018a, 2018b, 2012, 2006). Hier wird betont, dass die Bedeutung von Rationalität für Organisationen häufig überschätzt wird. An die Stelle einer allgemeinen Zweckbestimmung, die in ihrer Abstraktheit oft die ‚Realität' in Organisationen verfehlt, tritt eine Vielzahl von Zweck- und Sinnbestimmungen der verschiedenen Bereiche und Abteilungen. Es geht um eine „Berücksichtigung von lokalen Rationalitäten" und die „Absorption von Ungewissheit" (Cyert und March 1995, S. 158 ff.).

Hervorgehoben wird weiter die Bedeutung von impliziten und emergenten Prozessen und Strukturen. Diese existieren neben Absichten und Zwecken und bewegen sich außerhalb der formalen Strukturen. Sie sind nicht primär auf einzelne Intentionen zurückzuführen. Die Ergebnisse von Prozessen sind kaum vorhersehbar und entwickeln sich erst im „Prozess des Organisierens" (Weick 1998). Emergente Prozesse und Strukturen – so wird betont – sind lediglich partiell steuerbar und lassen sich gut mit zentralen Perspektiven neuerer Organisationssoziologie verknüpfen (Grunwald 2015a, S. 1142 ff.).

Konsequenzen aus den Erkenntnissen der neueren Organisationslehre *für das Management sozialwirtschaftlicher Organisationen* zeigen sich insbesondere für Führungsentscheidungen. Sie sind in erster Linie nicht von (Zweck-)Rationalität, sondern von (Mikro-)Politik, den Kulturen einer Einrichtung, dem organisationalen Wandel und der Einbindung in die Gesellschaft bestimmt. Sie stehen vor der Herausforderung, zwischen lokalen Rationalitäten einzelner Bereiche und Personen zu vermitteln. Führungshandeln ist eng verknüpft mit der „Absorption von Ungewissheit". Insofern sind Führungsentscheidungen – gerade auch in hybriden sozialwirtschaftlichen Organisationen – geprägt durch *vielfältige Spannungsfelder und Dilemmata*, die nicht einfach aufzuheben sind.

Hier ist zunächst zu klären, was unter einem Dilemma zu verstehen ist (zum Folgenden: Grunwald 2018a). Blessin und Wick definieren ein *Dilemma* auf der Grundlage der führungstheoretischen Diskussion unter Rückgriff auf Neuberger folgendermaßen: „Es muss eine Entscheidung getroffen werden zwischen mindestens zwei gegebenen, gleichwertigen und gegensätzlichen Alternativen" (Blessin und Wick 2014, S. 458). Das bedeutet, es besteht ein Zwang zu Entscheidungen („muss"), der auch nicht durch reine Analyse oder Reflexion erledigt werden kann („Entscheidung"). Die Formulierung „gegebenen, gleichwertigen und gegensätzlichen Alternativen" meint, dass es um eindeutig bezeichnete Alternativen geht, die auch tatsächlich existent sind („gegeben"), und dass beide Seiten der Alternativen prinzipiell anzustreben sind („gleichwertig") aber konträr („gegensätzlich") sind.

Die Herausforderung, die mit Dilemmata verbunden ist, wird bereits von Müller-Stewens und Fontin sehr schön beschrieben: „Grundsätzlich beschreibt ein Führungsdilemma eine Situation, in der ein Entscheidungsträger vor die Schwierigkeit der Wahl zwischen zwei einander widersprechenden Handlungslogiken gestellt wird, wobei für beide i.a. gute Gründe sprechen" (1997, S. 3). Und sie formulieren bereits eine Idee, warum Dilemmata als schwierig erlebt werden: „Das, was als unangenehm empfunden wird, sind nicht die Optionen, sondern die notwendig erscheinende Wahl. Dies rührt daher, dass – nach dem Prinzip ‚Entweder-Oder' – ein Dilemma im Sinne einer unversöhnlichen Opposition unterstellt wird" (ebd.).

Ein Dilemma, das in der Literatur häufig beschrieben wird und das sich gut eignet, grundsätzliche Charakteristika von Dilemmata zu verdeutlichen, ist die *Dualität von Effizienz und Slack*. Sie meint, dass im Interesse einer Optimierung der Effizienz Personalressourcen und Sachmittel maximal ausgelastet werden und insofern „Strukturen und Prozesse so weit wie möglich standardisiert und vereinfacht werden" müssen, wie bereits Stahl (1999, S. 183) ausführt. Allerdings ist unter diesen Voraussetzungen „kein Platz für ‚Slack', also für überschüssige Ressourcen und Pufferkapazitäten, für Mehrfachbesetzungen von Funktionen oder die bewusst parallele Einrichtung von Stellen, Abteilungen oder Teams", weil Slack „unter dem Gesichtspunkt *kurzfristiger* Effizienz immer Verschwendung" ist (ebd., S. 184; Hervorhebungen im Original). Die Reduzierung von Slack in einer Organisation führt in aller Regel zu kurzfristigen Einsparungen, bringt aber längerfristig oft auch eine Schwächung der Organisation mit sich, die sich z. B. in zunehmendem Stress der Mitarbeiter_innen und/oder in einer zurückgehenden organisationalen Problemlösekapazität der Gesamteinrichtung niederschlägt.

Neben den genannten Dualitäten wird häufig das Gegensatzpaar *Stabilität versus Wandel* (oder: Bewahrung versus Veränderung) aufgegriffen, weil für das Überleben einer Organisation oftmals sowohl tiefgreifende Veränderungen als auch verlässliche Kontinuitäten notwendig sind und die Führungskraft oft einerseits den Wandel initiieren und fördern soll, andererseits aber auch die notwendige Stabilität im Wandlungsprozess garantieren muss (Kühl 2015b, S. 128 ff.). *Weitere dilemmatische Konstellationen* in Organisationen sind beispielsweise die Gegensatzpaare Kontrolle versus Autonomie, Expansion versus Konzentration, Integration versus Differenzierung, Kooperation versus Konkurrenz, Innovation versus Konzentration auf Bewährtes, Homogenität versus Heterogenität von Teams, Spezialisierung versus Generalisierung und Eindeutigkeit versus Mehrdeutigkeit (Grunwald 2018a).

Für im Dilemmatamanagement notwendige Führungskompetenzen – die sich aber durchaus auch auf Fachkräfte beziehen lassen! – können folgende Punkte festgehalten werden:

- Eine zentrale „Kernkompetenz von Führung ist das Unplanbare zu managen" (Backhausen 2009).
- Dilemmatische Konstellationen aushalten und gestalten zu können ist eine kognitive wie emotionale Herausforderung.
- Wichtig ist eine hohe Ambiguitätstoleranz als die Fähigkeit, „Vieldeutigkeit, Ambivalenz, Widersprüchlichkeit, Grautöne, Paradoxien zu ertragen" (Simon 2007b, S. 86).
- Eine hierfür hilfreiche Haltung ist für Fach- und Führungskräfte die Wachheit für Unerwartetes und ein detailliertes Fachwissen, um Neues wahrnehmen zu können.
- Sie sollten über genügend Selbstbewusstsein verfügen, um die eigene Wirklichkeitskonstruktion einerseits zu kommunizieren, andererseits aber auch in Frage stellen zu lassen.
- Damit verbunden ist die Lernbereitschaft, die in der Organisation vorhandene Pluralität im Sinne eines Diversity Managements als Chance zu sehen.

5 Fazit: Dilemmatamanagement als Ansatz des Managements hybrider Organisationen

Der damit knapp umrissene Ansatz des Dilemmatamanagements lässt sich gut auf die Steuerung hybrider Organisationen übertragen. Das Steuerungsverständnis „organisationaler Governance" kann unter Bezugnahme auf Willke konkretisiert werden als eine Kombination der „beiden Formen der (internen) Selbststeuerung und der (externen) Kontextsteuerung" (2001, S. 358 f.; siehe auch 128 ff.) unter den Bedingungen eines entfalteten Welfare Mix und einer auf ihn bezogenen, extra- und intraorganisationalen Governance.

Für das Management sozialwirtschaftlicher Organisationen bedeutet dies, dass es befähigt werden muss, die eigene Einrichtung im Spannungsfeld von sich ausdifferenzierenden Lebenslagen ihrer Adressat_innen, starker Markt- und Wettbewerbsorientierung, kommunal und staatlich gesetzten Rahmenbedingungen sowie sozialräumlicher Verankerung und zivilgesellschaftlicher Rückbindung immer wieder neu zu positionieren. Es sollte in der Lage sein, sowohl die Außenbeziehungen der Organisation als auch ihre Binnenstruktur entsprechend zu gestalten. Es sollte zudem über die Fähigkeiten verfügen, die Organisation mit innovativen Dienst- und Unterstützungsleistungen auf einem fachlich qualitätsvollen, ethisch vertretbaren und wirtschaftlich erfolgreichen Kurs zu halten sowie die Corporate Identity der Organisation zu wahren und zu entwickeln.

Führungskräfte bürgen dafür, den Umgang mit den Paradoxien und Dilemmata in Organisationen in eine kanalisierte und damit bearbeitbare Form zu bringen.

Die von Führungskräften angestoßene Auseinandersetzung mit der Komplexität der Umwelt einer Organisation ist dabei nicht irgendwann einmal abgeschlossen, sondern stellt vielmehr eine immer wieder neu anzugehende Herausforderung dar, weswegen auch sozialwirtschaftliche hybride Organisationen immer als lernende zu begreifen sind. Die Frage, was neu bedacht und entschieden werden muss und an welchen Stellen die Organisation auf bestehende Muster im Umgang mit Paradoxien und Dilemmata zurückgreifen kann – also: wo kann ‚Ungewissheit absorbiert' werden und wo muss sie wieder neu integriert werden –, ist immer wieder neu zu stellen und zu bearbeiten (genauer Grunwald 2006, S. 191). Manager_innen können somit auch als „Paradoxieentfaltungsinstanz" verstanden werden, deren Aufgabe darin besteht, widersprüchliche Anforderungen nicht (komplett) von der eigenen Organisation oder Abteilung fernzuhalten, sondern sie immer wieder neu in einer bearbeitbaren Form in die Einrichtung eindringen zu lassen (Kühl 2015a, S. 28).

Hybridisierungsprozesse bzw. organisationale Governance gezielt zu gestalten, verlangt von Leitungskräften, für die von ihnen geleiteten Organisationen, aber auch für sich selbst gewissermaßen eine „multiple", eine „hybride Identität" zu entwickeln, wie sie auch im kurz beschriebenen Konzept des Managements von Dilemmata und Paradoxien gefordert wird. Sie sollten in der Lage sein, ein Handeln in unterschiedlichen (und z. T. widersprüchlichen) Logiken bzw. in Steuerungs-Dilemmata sowohl in ihrer eigenen professionellen Identität als Führungspersönlichkeit zu integrieren als auch intra-organisational (also v. a. gegenüber der Mitarbeiterschaft) und extra-organisational (gegenüber den Stakeholdern) zu kommunizieren (Wasel und Haas 2012, S. 591 f.).

Leitungskräfte in Einrichtungen der Sozialen Arbeit sind insofern vor dem Hintergrund eines im Konzept des Dilemmatamanagements implizierten systemischen Organisations- und Managementverständnisses gut beraten, sich nicht von einem „heroische[n] Führungsideal" leiten zu lassen, das der Komplexität von Organisationen der Sozialen Arbeit mit allen Dilemmata und Paradoxien keinesfalls gerecht werden kann (Grunwald 2015b). Erfolgreiches Management in sozialwirtschaftlichen Einrichtungen zeichnet sich gerade durch das Wahr- und Ernstnehmen von und die ausdauernde Arbeit an Paradoxien und Dilemmata und den Verzicht auf schnelle ‚Lösungen' aus.

Insofern birgt die Steuerung hybrider Organisationen nicht nur für das Management sozialwirtschaftlicher Organisationen, sondern auch für die Leitungskräfte selbst vielfältige Herausforderungen, deren Bewältigung vor dem Hintergrund der Pluralisierung von Wohlfahrt im Zeichen des Welfare Mix und der zunehmenden Bedeutung von Governance als normativem und strategischem (Reform-)Konzept unerlässlich ist. Leitungskräfte in der Sozialwirtschaft müssen für diese Herausforderung on und off the job sensibilisiert und qualifiziert werden, ohne dass die strukturellen Rahmungen, die bei Dilemmata und Paradoxien und ihrer Bearbeitung immer eine Rolle spielen, entweder überbetont (die Führungskraft als „Opfer" struktureller „Zwänge") oder übergangen werden (die Führungskraft als „Held", der unbeeinflusst durch alle strukturellen Rahmenbedingungen agiert). Genau dies meint der Begriff des „postheroischen Managements" bzw. der „postheroischen Führung", wie er insbesondere von Baecker (ursprünglich 1994, weiter geführt 2007 und 2011) geprägt und von Simon (2007a, 2007b) ausdifferenziert worden ist; ersterer versteht „postheroisches Management" als „die Fähigkeit, Irritationen in Ordnungen und Verfahren umzusetzen, die für weitere Irritationen empfänglich und empfindlich bleiben" sowie als „die Fähigkeit, mit Ungewissheit auf eine Art und Weise umzugehen, die diese bearbeitbar macht, ohne das Ergebnis mit Gewissheit zu verwechseln" (Baecker 1994, S. 9).

Organisationen der Sozialwirtschaft stehen angesichts der ‚neuen Unübersichtlichkeit' bezüglich der Erbringung sozialer Dienst- und Unterstützungsleistungen im Kontext von Welfare Mix und Governance aktuell vor der Notwendigkeit, dass ihre ‚Steuerung' unterschiedliche ‚Logiken' und ‚Rationalitäten' in einem „multirationale[n] Management" aufnehmen und produktiv verarbeiten kann (Schedler und Rüegg-Stürm 2013; siehe auch das „St. Galler Management-Modell" in der „4. Generation" nach Rüegg-Stürm und Grand 2017). Postheroisches Management lässt sich so als ‚professionelle Haltung' beschreiben,[4] Dilemmata und Paradoxien, die sich gerade in hybriden Organisationen vielfach stellen, bewusst wahrzunehmen und genauso reflektiert wie ausdauernd zu bearbeiten, ohne sich von ihnen paralysieren zu lassen oder sich falschen Hoffnungen auf eine (noch dazu schnelle) ‚Lösung' derselben hinzugeben.

---

4 Hier ist es spannend darauf zu verweisen, dass Schütze ausdrücklich „Paradoxien des professionellen Handelns" benennt, die aus seiner Sicht für professionelles Handeln unvermeidbar sind: „Die systematischen Fehlerpotentiale sind zusammen mit den unaufhebbaren Kernproblemen professionellen Handelns immer und unvermeidbar gegeben" (1996, S. 187 f.). Eine Berücksichtigung und Bearbeitung derselben ist für professionelles Handeln – in der Fachlichkeit der Sozialen Arbeit wie im Management sozialwirtschaftlicher Organisationen – zwingend notwendig: „Nur wenn der Professionelle sich offen mit den unaufhebbaren Kernproblemen seines Arbeitsfeldes als Handlungsparadoxien auseinandersetzt, kann er die Fehlerpotentiale der Profession bewusst und wirksam kontrollieren" (ebd.).

Literatur

Backhausen, W. J. (2009). *Management 2. Ordnung. Chancen und Risiken des notwendigen Wandels*. Wiesbaden: Gabler.
Baecker, D. (2011). Postheroische Führung. In D. Baecker, *Organisation und Störung. Aufsätze* (S. 269–288). Berlin: Suhrkamp.
Baecker, D. (2007). Postheroisches Management 2.0. In *Revue für postheroisches Management* 1, 121–123.
Baecker, D. (1994). *Postheroisches Management. Ein Vademecum*. Berlin: Merve.
Benz, A., & Dose, N. (Hrsg.) (2010). *Regieren in komplexen Regelsystemen. Eine Einführung*. 2., aktual. u. veränd. Aufl. Wiesbaden: VS Verlag für Sozialwissenschaften.
Blessin, B., & Wick, A. (2014). *Führen und führen lassen. Ansätze, Ergebnisse und Kritik der Führungsforschung*. 7., vollst. überarb. Aufl. Konstanz/München: UVK Verlagsgesellschaft.
Brinkmann, V. (Hrsg.) (2014a). *Sozialunternehmertum*. Baltmannsweiler: Schneider Hohengehren.
Brinkmann, V. (2014b). Sozialunternehmen: Expandierende Sozialwirtschaftsakteure zwischen Public Management und Sozialmanagement – Diskurs zur Differenz und Synergie intermediärer, investiver und wirkungsorientierter Steuerung. In A. Tabatt-Hirschfeldt (Hrsg.), *Öffentliche und Soziale Steuerung – Public Management und Sozialmanagement im Diskurs* (S. 125–147). Baden-Baden: Nomos.
Brinkmann, V. (Hrsg.) (2010). *Case Management. Organisationsentwicklung und Change Management in Gesundheits- und Sozialunternehmen*. 2., aktual. u. überarb. Aufl. Wiesbaden: Gabler.
Cyert, R. M., & March, J. G. (1995). *Eine verhaltenswissenschaftliche Theorie der Unternehmung*. Stuttgart: Schäffer-Poeschel.
Evers, A. (2018). Hybridisierung und Modernisierung der Sozialwirtschaft. In K. Grunwald & A. Langer (Hrsg.), *Sozialwirtschaft. Ein Handbuch für Wissenschaft und Praxis*. Baden-Baden: Nomos (im Erscheinen).
Evers, A. (2013). Hybride Organisationen. In K. Grunwald, G. Horcher & B. Maelicke (Hrsg.), *Lexikon der Sozialwirtschaft* (S. 470–471). 2., völlig überarb. Aufl. Baden-Baden: Nomos.
Evers, A. (2011). Wohlfahrtsmix und soziale Dienste. In A. Evers, R. G. Heinze & T. Olk (Hrsg.), *Handbuch Soziale Dienste* (S. 265–283). Wiesbaden: VS Verlag für Sozialwissenschaften.
Evers, A., & Olk, T. (1996). Wohlfahrtspluralismus – Analytische und normativ-politische Dimensionen eines Leitbegriffs. In A. Evers & T. Olk (Hrsg.), *Wohlfahrtspluralismus. Vom Wohlfahrtsstaat zur Wohlfahrtsgesellschaft* (S. 9–60). Opladen: Westdeutscher Verlag.
Evers, A., Rauch, U., & Stitz, U. (2002). *Von öffentlichen Einrichtungen zu sozialen Unternehmen. Hybride Organisationsformen im Bereich sozialer Dienstleistungen*. Modernisierung des öffentlichen Sektors Sonderbd. 16. Berlin: Edition Sigma.

Flösser, G., & Otto, H.-U. (1992). Sozialmanagement oder Management des Sozialen? In G. Flösser & H.-U. Otto (Hrsg.), *Sozialmanagement oder Management des Sozialen?* (S. 7–18). Bielefeld: Karin Böllert KT.

Glänzel, Gunnar, & Schmitz, Björn (2012). Hybride Organisationen – Spezial- oder Regelfall? In Helmut Anheier, A. Schröer & V. Then (Hrsg.), *Soziale Investitionen. Interdisziplinäre Perspektiven* (S. 181–203). Wiesbaden: VS Verlag für Sozialwissenschaften.

Gomez, P., & Zimmermann, T. (1993). *Unternehmensorganisation.* 2. Aufl. Frankfurt a. M./New York: Campus.

Grunwald, K. (2018a). Management sozialwirtschaftlicher Organisationen zwischen Steuerungsskepsis, Dilemmatamanagement und Postheroischer Führung. In K. Grunwald & A. Langer (Hrsg.), *Sozialwirtschaft. Ein Handbuch für Wissenschaft und Praxis.* Baden-Baden: Nomos (im Erscheinen).

Grunwald, K. (2018b). Organisationen aus sozialwissenschaftlicher Perspektive. In K. Grunwald & A. Langer (Hrsg.), *Sozialwirtschaft. Ein Handbuch für Wissenschaft und Praxis.* Baden-Baden: Nomos (im Erscheinen).

Grunwald, K. (2015a). Organisation und Organisationsgestaltung. In H.-U. Otto & H. Thiersch (Hrsg.), *Handbuch Soziale Arbeit. Grundlagen der Sozialarbeit und Sozialpädagogik* (S. 1139–1150). 5., erw. Aufl., München: Reinhardt.

Grunwald, K. (2015b). Postheroisches Management als Herausforderung für Fach- und Leitungskräfte aus der Perspektive einer Lebensweltorientierten Sozialen Arbeit. In *Zeitschrift für Sozialpädagogik* 13, 178–185.

Grunwald, K. (2013a). Steuerung. In K. Grunwald, G. Horcher & B. Maelicke (Hrsg.), *Lexikon der Sozialwirtschaft* (S. 993–997). 2., aktual. u. vollst. überarb. Aufl. Baden-Baden: Nomos.

Grunwald, K. (2013b). Systemisches Management. In K. Grunwald, G. Horcher & B. Maelicke (Hrsg.), *Lexikon der Sozialwirtschaft* (S. 1012–1017). 2., aktual. u. vollst. überarb. Aufl. Baden-Baden: Nomos.

Grunwald, K. (2012). Zur Bewältigung von Dilemmata und Paradoxien als zentrale Qualifikation von Leitungskräften in der Sozialwirtschaft. In H. Bassarak & S. Noll (Hrsg.), *Personal im Sozialmanagement. Neueste Entwicklungen in Forschung, Lehre und Praxis* (S. 55–79). Wiesbaden: Springer VS.

Grunwald, K. (Hrsg.) (2009). *Vom Sozialmanagement zum Management des Sozialen? Eine Bestandsaufnahme.* Baltmannsweiler: Schneider Verlag Hohengehren.

Grunwald, K. (2006). Management von Dilemmata und Paradoxien in Organisationen der Sozialen Arbeit. In *Neue Praxis* 36, 186–201.

Grunwald, K. (2001). *Neugestaltung der freien Wohlfahrtspflege. Management des organisationalen Wandels und die Ziele der Sozialen Arbeit.* Weinheim: Juventa.

Grunwald, K., & Roß, P.-S. (2017). Sozialmanagement als Steuerung hybrider sozialwirtschaftlicher Organisationen. In A. Wöhrle, A. Fritze, T. Prinz & G. Schwarz (Hrsg.), *Sozialmanagement – eine Zwischenbilanz* (S. 171–184). Wiesbaden: Springer VS.

Grunwald, K., & Roß, P.-S. (2014). „Governance Sozialer Arbeit". Versuch einer theoriebasierten Handlungsorientierung für die Sozialwirtschaft. In A. Tabatt-

Hirschfeldt (Hrsg.), *Öffentliche und Soziale Steuerung – Public Management und Sozialmanagement im Diskurs* (S. 17–64). Baden-Baden: Nomos.

Haas, H.-S., & Wasel, W. (2017). Hybride sozialwirtschaftliche Unternehmen auf der Suche nach hybriden Strategien. In B. Hofmann & M. Büscher (Hrsg.), *Diakonische Unternehmen multirational führen. Grundlagen – Kontroversen – Potentiale* (S. 47–72). Baden-Baden: Nomos.

Heinze, R. G., Schneiders, K., & Grohs, S. (2011). Social Entrepreneurship im deutschen Wohlfahrtsstaat – Hybride Organisationen zwischen Markt, Staat und Gemeinschaft. In H. Hackenberg & S. Empter (Hrsg.), *Social Entrepreneurship – Social Buisness: Für die Gesellschaft unternehmen* (S. 86–102). Wiesbaden: VS Verlag für Sozialwissenschaften.

Jann, W., & Wegrich, K. (2010). Governance und Verwaltungspolitik: Leitbilder und Reformkonzepte. In A. Benz & N. Dose (Hrsg.), *Regieren in komplexen Regelsystemen. Eine Einführung* (S. 175–200). 2., aktual. u. veränd. Aufl. Wiesbaden: VS Verlag für Sozialwissenschaften.

Klie, T., & Roß, P.-S. (2007). WelfareMix. Sozialpolitische Neuorientierung zwischen Beschwörung und Strategie. In T. Klie & K. Maier (Hrsg.), *Sozialarbeitswissenschaft und angewandte Forschung in der Sozialen Arbeit* (S. 67–108). Festschrift für Prof. Dr. Konrad Maier. Freiburg i. Br.: FEL.

Kühl, S. (2017). *Laterales Führen. Eine kurze organisationstheoretisch informierte Handreichung.* Wiesbaden: Springer VS.

Kühl, S. (2015a). *Sisyphos im Management. Die vergebliche Suche nach der optimalen Organisationsstruktur.* 2., aktual. Aufl., Frankfurt a. M./New York: Campus.

Kühl, S. (2015b). *Wenn die Affen den Zoo regieren. Die Tücken der flachen Hierarchien.* 6. aktual. Aufl., Frankfurt a. M./New York: Campus.

Müller-Stewens, G., & Fontin, M. (1997). *Management unternehmerischer Dilemmata. Ein Ansatz zur Erschließung neuer Handlungspotentiale.* Stuttgart: Schäffer-Poeschel.

Papadopoulos, Y. (2010). Governance und Demokratie. In A. Benz & N. Dose (Hrsg.), *Regieren in komplexen Regelsystemen. Eine Einführung* (S. 225–250). 2., aktual. u. veränd. Aufl. Wiesbaden: VS Verlag für Sozialwissenschaften.

Roß, P.-S. (2018). Governance. In K. Grunwald & A. Langer (Hrsg.), *Sozialwirtschaft. Ein Handbuch für Wissenschaft und Praxis.* Baden-Baden: Nomos (im Erscheinen).

Roß, P.-S. (2013). Koproduktion. In K. Grunwald, G. Horcher & B. Maelicke (Hrsg.), *Lexikon der Sozialwirtschaft* (S. 567–570). 2., aktual. u. vollst. überarb. Aufl. Baden-Baden: Nomos.

Roß, P.-S. (2012). *Demokratie weiter denken. Reflexionen zur Förderung bürgerschaftlichen Engagements in der Bürgerkommune.* Baden-Baden: Nomos.

Roß, P.-S., & Rieger, G. (2015). Governance. In H.-U. Otto & H. Thiersch (Hrsg.), *Handbuch Soziale Arbeit. Grundlagen der Sozialarbeit und Sozialpädagogik* (S. 644–657). 5., erw. Aufl. München: Reinhardt.

Rüegg-Stürm, J., & Grand, S. (2017). *Das St. Galler Management-Modell.* 3., überarb. u. weiterentw. Aufl. Bern: Haupt.

Schedler, K., & Rüegg-Stürm, J. (Hrsg.) (2013). *Multirationales Management. Der erfolgreiche Umgang mit widersprüchlichen Anforderungen an die Organisation.* Bern: Haupt.

Schubert, H. (2010). Governance sichert Legitimität. Organisationale Aspekte in der Sozialwirtschaft. In *Blätter der Wohlfahrtspflege* 157, 214–216.

Schubert, H.-J., & Zink, K. (Hrsg.) (2001). *Qualitätsmanagement in sozialen Dienstleistungsunternehmen.* 2. erw. u. überarb. Aufl. Neuwied: Luchterhand.

Schütze, F. (1996). Organisationszwänge und hoheitsstaatliche Rahmenbedingungen im Sozialwesen. In A. Combe & W. Helsper (Hrsg.), *Pädagogische Professionalität* (S. 183–275). Frankfurt a. M.: Suhrkamp.

Simon, F. B. (2007a). Management von Paradoxien. Unentscheidbarkeit als Basis jeder Entscheidung. „Wo immer man versucht, die Welt der zweitwertigen Logik anzupassen, landet man im Irrenhaus". In *Revue für postheroisches Management* 1, 90–99.

Simon, F. B. (2007b). Paradoxiemanagement oder: Genie und Wahnsinn der Organisation. In *Revue für postheroisches Management* 1, 68–87.

Stahl, H. K. (1999). Unternehmensführung als Balanceakt. Der schwierige Übergang vom „Entweder-Oder" zum „Sowohl-Als-auch". In B. Heitger, C. Schmitz & P. Gester (Hrsg.), *Managerie. 5. Jahrbuch für systemisches Denken und Handeln im Management* (S. 179–195). Heidelberg: Carl Auer.

Stepanek, P. (2017). Das neue wirtschaftliche Selbstverständnis im Management hybrider Organisationen am Beispiel Social Entrepreneurship. In W. Grillitsch, P. Brandl & S. Schuller (Hrsg.), *Gegenwart und Zukunft des Sozialmanagements und der Sozialwirtschaft. Aktuelle Herausforderungen, strategische Ansätze und fachliche Perspektiven* (S. 377–399). Wiesbaden: Springer VS.

Vennedey, A. (2009). Herausforderungen an Leitungskräfte in sozialen Dienstleistungsorganisationen. In A. Vennedey, *Führung in sozialen Dienstleistungsunternehmen. Anforderungsprofile unter Berücksichtigung von Genderaspekten* (S. 43–54). Berlin: Lehmanns.

Vilain, M. (2018). Stakeholdermanagement. In K. Grunwald & A. Langer (Hrsg.), *Sozialwirtschaft. Ein Handbuch für Wissenschaft und Praxis.* Baden-Baden: Nomos (im Erscheinen).

Wasel, W., & Haas, H.-S. (2012). Hybride Organisationen – Antworten auf Markt und Inklusion. In *Nachrichtendienst des Deutschen Vereins für öffentliche und private Fürsorge* 92, 586–593.

Weick, K. (1998). *Der Prozess des Organisierens.* 2. Aufl. Frankfurt a. M.: Suhrkamp.

Wendt, W. R. (Hrsg.) (2010). *Wohlfahrtsarrangements. Neue Wege in der Sozialwirtschaft.* Baden-Baden: Nomos.

Willke, H. (2001). *Systemtheorie III: Steuerungstheorie.* 3. Aufl. Stuttgart: UTB.

Corporate Governance in der Sozialwirtschaft

Anspruch und Wirklichkeit

Tobias Allkemper und Matthias Borchers

Abstract

Der Beitrag von Tobias Allkemper und Matthias Borchers beschäftigt sich mit den vorhandenen Regelwerken zur Corporate Governance in der Sozialwirtschaft. Die Autoren beleuchten, ob es spezieller Regelungen der Corporate Governance für die Unternehmen der Sozialwirtschaft überhaupt bedarf und stellen die wesentlichen Kodizes überblicksartig vor. Im Hauptteil des Beitrages stellen Allkemper/Borchers die Ergebnisse einer von der Curacon GmbH durchgeführten Studie zu den tatsächlichen Gegebenheiten in der Überwachung und Leitung von Sozialunternehmen vor. Die wesentlichen Erkenntnisse der Studie münden in zehn Erfolgsfaktoren, die zu einer effektiven Arbeit von Aufsichtsgremien beitragen.

1 Einleitung

Der angelsächsische Terminus Corporate Governance lässt sich nicht ohne Weiteres wörtlich übersetzen, kommt allerdings im Kern dem deutschen Begriff Unternehmensverfassung recht nahe. Corporate Governance bezeichnet den rechtlichen und faktischen Ordnungsrahmen für die Leitung und Überwachung eines Unternehmens. Bei dieser Definition ist es zunächst unerheblich, ob es sich um erwerbswirtschaftliche Unternehmen oder bedarfswirtschaftliche (Nonprofit-) Unternehmen handelt. In Deutschland kommt das dualistische Governance-Modell zur Anwendung, bei dem eine institutionalisierte Aufteilung der Unternehmensführung auf ein Leitungsorgan (Geschäftsführung, Vorstand) einerseits und Aufsichtsorgan (Aufsichtsrat, Verwaltungsrat, Stiftungsrat, Kuratorium) andererseits zum Tragen kommt. Generell wird zwischen einer internen und einer externen Governance-Perspektive unterschieden. Bei der Innenansicht der Corporate Governance geht es um die jeweiligen Rollen, Kompetenzen und Funktionsweisen sowie das Zusammenspiel der Unternehmensorgane. Die Außenansicht der Corporate Governance hingegen bezieht sich auf das Verhältnis der Träger der Unternehmensführung zu den wesentlichen Bezugsgruppen des Unternehmens (Stakeholder), wobei den Eigentümern im Kreis der Stakeholder besondere Bedeutung zukommt.

Bereits seit Anfang der 1990er Jahre gibt es das Bestreben, Standards guter Unternehmensführung zu entwickeln und diese in einem Regelwerk zusammenzufassen. In Deutschland wurde am 26.02.2002 erstmals der Deutsche Corporate Governance Kodex (DCGK) (Regierungskommission Deutscher Corporate Governance Kodex 2002) veröffentlicht, der zuvor in intensiven Beratungen durch eine sog. Kodex-Kommission, die aus herausragenden Persönlichkeiten der Wirtschaft, Wissenschaft und des öffentlichen Lebens bestand, entwickelt wurde.

So alt wie die Diskussion, wie eine angemessene Corporate Governance ausgestaltet sein sollte, sind die Fragen, ob Corporate Governance im Allgemeinen auch für die Sozialwirtschaft gefordert werden kann und wie im Besonderen ein solcher Ordnungsrahmen für die Leitung und Überwachung sozialer Organisationen konkret aussehen kann. In einer 2013 (Curacon 2013) durchgeführten Studie der Wirtschaftsprüfungsgesellschaft Curacon GmbH, die sich auf die Prüfung und Beratung von Unternehmen der Gesundheits- und Sozialwirtschaft spezialisiert hat, haben ca. 300 Führungskräfte von Krankenhäusern, Altenpflegeeinrichtungen und Einrichtungen der Eingliederungshilfe anhand eines Fragebogens Auskunft darüber gegeben, wie weit Standards guter Unternehmensführung in ihrem Betrieb Anwendung finden. Die nachstehenden Ausführungen greifen wesentliche Ergebnisse der Curacon-Studie auf. Zuvor wird beleuchtet, ob und inwieweit die Sozialwirtschaft einen sektorspezifischen Kodex benötigt.

2 Braucht die Sozialwirtschaft einen spezifischen Corporate Governance Kodex?

2.1 Rückblick: die Entwicklung des Deutschen Corporate Governance Kodex

Die zunehmende Anzahl schwerwiegender Unternehmenskrisen in der deutschen Wirtschaft Mitte der 1990er Jahre hat eine Diskussion über gute und verantwortungsvolle Unternehmensführung in Deutschland entfacht. Der Gesetzgeber hat auf die vielfach für die Öffentlichkeit plötzlich auftretenden Schieflagen mit dem 1998 erlassenen Gesetz zur Kontrolle und Transparenz im Unternehmensbereich

(KonTraG) reagiert, das mit dem Ziel verabschiedet wurde, die Kontrolle durch mehr bzw. eindeutig kodifizierte Rechte von Aufsichtsgremien und Abschlussprüfern und Transparenz u. a. mittels Offenlegungspflichten von Jahresabschlüssen zu erhöhen. Die erhoffte Wirkung des KonTraG ist nicht umgehend eingetreten, vielmehr ist es auch weiterhin zu Unternehmenskrisen gekommen – deren prominentestes Beispiel der Zusammenbruch der Philipp Holzmann AG Ende des Jahres 1999 gewesen ist –, die das Vertrauen in die Managementqualitäten in deutsche Unternehmen erschütterte. Als Reaktion auf diese Vertrauenskrise wurde im Jahr 2000 eine Regierungskommission Corporate Governance berufen, der im August 2001 eine Kodex-Kommission folgte, die binnen 6 Monaten den Deutschen Corporate Governance Kodex erarbeitete (Regierungskommission Deutscher Corporate Governance Kodex 2002).

Ihren historischen und ökonomischen Hintergrund hat die Corporate Governance Diskussion im sogenannten Principal-Agent-Konflikt, bei dem die Frage im Fokus steht, wie die Principals (z. B. Eigentümer/Kapitalgeber) das Verhalten ihres Agenten (z. B. Manager) kontrollieren können, um ihre Interessen durchzusetzen. Während in eigentümergeführten Unternehmen davon ausgegangen werden kann, dass der Eigentümer aus eigenem Interesse seine Mitarbeiter, die Investitionen und die Kapitalallokation sorgfältig kontrollieren wird, haben anonyme börsennotierte Gesellschaften meist angestellte Manager, die einen Informations- und Wissensvorsprung gegenüber den Aktionären haben, so dass diesen die Kontrolle des Unternehmens schwerfällt, mitunter sogar unmöglich ist. Corporate Governance hat letztlich zum Ziel, Informationsasymmetrien zu reduzieren, um Kontrolldefizite und die dadurch entstehenden Interessenkonflikte zu überwinden und auszugleichen.

2.2 Anwendbarkeit des Deutschen Corporate Governance Kodex auf die Sozialwirtschaft

Auch wenn der DCGK zunächst und primär für börsennotierte Gesellschaften entwickelt wurde, ist es mittlerweile in Schrifttum und Rechtsprechung anerkannt, dass dem Kodex eine Ausstrahlungswirkung auf andere Rechtsformen zukommt. Die im Kodex festgehaltenen Standards gelten als allgemein gültige Grundsätze ordnungsmäßiger Unternehmensführung. Der Vorsitzende der Regierungskommission geht in seinem Bericht an die Bundesregierung explizit auf Vereine ein: „Die Regierungskommission ist (…) der Auffassung, dass rechtspolitischer Diskussionsbedarf vor allem hinsichtlich solcher Vereine besteht, die steuerliche Privilegien in Anspruch nehmen, Spenden einsammeln oder als Idealvereine im Rahmen des sogenannten Nebenzweckprivilegs als Wirtschaftsunternehmen tätig sind." (Regierungskommission Corporate Governance 2001, S. 5) Dieser Hinweis wird in der einschlägigen Literatur so interpretiert, dass auch sozialwirtschaftliche Unternehmen im Blickfeld der Regierungskommission waren, und belegt im Umkehrschluss, dass Corporate Governance weder auf börsennotierte Unternehmen noch auf eine bestimmte Rechtsform eingegrenzt werden kann.

Auch das theoretische Fundament der Corporate Governance, der Prinzipal-Agent-Konflikt, lässt sich auf die Sozialwirtschaft übertragen. Zwar gibt es bei sozialwirtschaftlichen Unternehmen in der Regel keine Kapitalgeber im aktienrechtlichen Sinne. Gleichwohl können die Mitglieder eines Vereins oder der Stifter einer Stiftung als Prinzipal und das Management als Agent angesehen werden. Unter dem Aspekt der Finanzierung von Sozialunternehmen können auch die Kostenträger, Verwaltungen und letztlich der Steuerzahler als Prinzipal definiert werden, der dem Agenten Finanzmittel treuhänderisch zur Verfügung stellt, um dies zum Zwecke des Gemeinwohls einzusetzen. Die Treuhandfunktion des Unternehmensmanagements einerseits und das Fehlen von Einflussmöglichkeiten der Prinzipale auf Grund von Informationsasymmetrien andererseits führen zu dem Ergebnis, dass Sozialunternehmen erst recht solcher Schutzmechanismen bedürfen, wie sie Corporate Governance-Systeme bereitzustellen versuchen. Allerdings stellt sich die Frage, ob es sinnvoll ist, einen sektorenspezifischen Kodex für die Sozialwirtschaft zu entwickeln.

Allgemeine Grundsätze guter Unternehmensführung, wie sie der Kodex enthält, legen zunächst sprachlich einen Verzicht auf aus dem Kodex abgeleitete Kodizes nahe. Allerdings gibt es neben den schon genannten weitere Besonderheiten in der Sozialwirtschaft zu beachten. Hierzu zählt zunächst eine Orientierung an Werten, die jenseits der finanzwirtschaftlichen Zielsetzungen anderer Unternehmen liegen. Insoweit sind die zu gestaltenden und zu kontrollierenden Zielsysteme komplexer, da die Corporate Governance neben finanzwirtschaftlichen Zielen ethische Fragestellungen wie auch die anwaltliche Funktion von Sozialunternehmen umfasst. Des Weiteren zählt das mit der Ehrenamtlichkeit von Nonprofit-Organisationen einhergehende Problem, dass viele Vorstände und Geschäftsführungen wie auch ihre Aufsichtsgremien nicht in der Lage sind, ihre Aufgaben umfassend zu definieren bzw. voneinander abzugrenzen und deren Wahrnehmung sicherzustellen, zu den Besonderheiten der Branche.

Auf Grund der beschriebenen Heterogenität und der im Vergleich zu produzierenden Unternehmen bzw. Handelsunternehmen bestehenden Andersartigkeit kommt die Übernahme des DCGK für die Sozialwirtschaft schnell an ihre Grenzen. Einerseits sind die speziellen aktien- bzw. kapitalmarktrechtlichen Regelungen nicht geeignet. Andererseits fehlt im DCGK der Gedanke der Gemeinwohlorientierung, die letztlich auch durch die steuerliche Bevorzugung als gemeinnütziges, damit steuerbefreites Unternehmen zum Ausdruck kommt. Somit liegt die Forderung nahe, dass es einen sektorspezifischen Corporate Governance Kodex für die Sozialwirtschaft geben sollte. Analog der Kodex-Kommission, die eingesetzt wurde, um den DCGK zu erarbeiten, könnte eine entsprechende Kommission aus Vertretern von Wohlfahrtsverbänden, Kostenträgern und öffentlicher Verwaltung eingerichtet werden, die sich der Entwicklung eines Kodex widmet. Ähnliche Überlegungen haben 2006 die damalige Bundesministerin der Justiz dazu veranlasst, einen Public Corporate Governance Kodex zu erlassen, der für öffentliche, im Bereich der Daseinsvorsorge tätige Unternehmen gilt und das Ziel verfolgt, Transparenz für den Bürger als Steuerzahler herzustellen und die Professionalisierung des Verwaltungshandelns in den Bereichen zu fördern, in denen die öffentliche Hand privatwirtschaftlich tätig ist (Bundesfinanzministerium 2009).

Die Vorteile, die sich aus einem Corporate Governance Kodex der Sozialwirtschaft ergeben können, lassen sich nach Bachert wie folgt benennen (2018, S. 19):

- Stärkung des Vertrauens der Öffentlichkeit in die Managementkompetenz der Sozialunternehmen
- Wettbewerbsvorteile bei der Spendenakquisition
- Vermeidung von Insolvenzen und Ansehensverlusten der Sozialbranche
- Belegungs- und Liquiditätsvorteil
- Besseres Rating durch die Banken
- Betriebswirtschaftliche Instrumente kommen optimiert zum Einsatz
- Führungskräfte und Mitglieder der Aufsichtsgremien sind zur Erledigung ihrer Aufgaben optimal qualifiziert

2.3 Überblick über die Kodizes

Die naheliegende Erwartung, dass ein Kodex für alle Sozialunternehmen von Wohlfahrtsverbänden, Kostenträgern etc. entwickelt werden könnte, hat sich bislang nicht erfüllt. Einem solchen Ansatz stehen offensichtlich die unterschiedlichen weltanschaulichen Prägungen und politischen Interessen der Wohlfahrtsverbände sowie deren Selbstverständnis als Interessenvertreter von wiederum eigenständigen Mitgliedseinrichtungen aus den Diözesen, Landeskirchen bzw. Landes- oder Bezirksverbänden entgegen. Dementsprechend heterogen ist der Blick auf die aktuell geltenden Regelungen für eine gute Unternehmensführung von Sozialunternehmen.

Diakonie. Der Diakonische Corporate Governance Kodex (DGK) wurde erstmals im Oktober 2005 im Rahmen der Diakonischen Konferenz des Diakonischen Werkes der EKD (heute Diakonie Deutschland) vorgestellt, eine erste Aktualisierung hat es im November 2016 gegeben (Diakonie Deutschland 2005, 2016). Der DGK ist erkennbar dem Deutschen Corporate Governance Kodex nachgebaut, da er der gleichen Gliederung folgt und vielfach gleichlautende Formulierungen wählt, um die Gefahr von Fehlinterpretationen einzudämmen. Der DGK richtet sich an alle Landes- und Fachverbände als unmittelbare sowie an alle Einrichtungen der Diakonie als mittelbare Mitglieder und die Diakonie Deutschland – Evangelischer Bundesverband selbst.

Caritas. Um die sozialen Einrichtungen der katholischen Kirche bei der Etablierung angemessener Aufsichtsstrukturen zu stärken, haben die Kommission für caritative Fragen der Deutschen Bischofskonferenz und der Verband der Diözesen Deutschlands gemeinsam mit dem Deutschen Caritasverband und der Deutschen Ordensobernkonferenz eine Arbeitshilfe erstellt, die seit ihrem erstmaligen Erscheinen im Jahr 2004 zweimal, zuletzt 2014, überarbeitet wurde (Sekretariat der Deutschen Bischofskonferenz 2004, 2014). Die aktuell gültige Fassung orientiert sich stärker als die Vorgängerversionen an den unterschiedlichen Ebenen von Leitung und Aufsicht, hebt die Bedeutung der Grundsätze guter Unternehmensführung hervor und enthält präzisere Aussagen hinsichtlich der effizienten Führung und Überwachung. Die Arbeitshilfe stellt weder rechtsverbindliche Regelungen auf noch nimmt sie direkten Bezug zum DCGK. Die Deutsche Bischofskonferenz erwartet jedoch, dass alle sozialen Dienste und Einrichtungen in katholischer Trägerschaft die Inhalte der Arbeitshilfe im Wege der freiwilligen Selbstverpflichtung ihrer Arbeit zugrunde legen.

Lebenshilfe. Der erste Corporate Governance Kodex der Lebenshilfe wurde in 2008 veröffentlicht und im Jahr 2012 aktualisiert. Zurzeit liegt die Fassung aus dem Jahr 2016 vor, die den Mitgliedseinrichtungen zur Anwendung empfohlen wird (Bundesvereinigung Lebenshilfe e. V. 2008, 2012, 2016). Der Kodex ist hinsichtlich der Themenblöcke dem DCKG angenähert, er enthält zudem Transparenzstandards sowie ausführlichere Kommentierungen einzelner Sachverhalte wie z. B. zum Risikomanagement.

Arbeiterwohlfahrt. Die AWO hat im November 2008 den „AWO Unternehmenskodex – Grundsätze der AWO in Deutschland für eine verantwortungsvolle Unternehmensführung und -kontrolle" (AWO 2008) erlassen. Auch hier sind die Themenblöcke in Anlehnung an den DCKG gefasst, jedoch ist die inhaltliche Ausgestaltung der Regelungen auf Grund der heterogenen Struktur der AWO offener.

Deutsches Rotes Kreuz. Ein zentral erarbeitetes, deutschlandweit geltendes Regelwerk gibt es für das Deutsche Rote Kreuz nicht.

Paritätischer Wohlfahrtsverband. Auch der paritätische Wohlfahrtsverband verfügt über keinen bundesweit geltenden Kodex.

3 Corporate Governance in der Praxis von Unternehmen der Sozialwirtschaft – ausgewählte Aspekte und Ergebnisse der Curacon-Studie

Aufgrund der steigenden Bedeutung von Corporate Governance im Nonprofit-Sektor hat Curacon in den Jahren 2013 und 2014 (Curacon 2013a, 2013b, 2013c, 2014) eine Studie durchgeführt mit dem Ziel, die praktische Gestaltung der Führungs- und Aufsichtsstrukturen der Unternehmen im deutschen Gesundheits- und Sozialwesen zu untersuchen. Im Fokus der Befragung standen die Arbeit und das Zusammenspiel von Gesellschaftergremium, Aufsichtsgremium und Unternehmensführung sowie die Einhaltung von Corporate Governance Kodizes. Die Studie wurde anhand einer anonymen Onlinebefragung von 298 Geschäftsführungen und Vorständen durchgeführt und durch eine Expertengruppe ausgewertet. Nachfolgend werden ausgewählte Aspekte der Studie mit Fokus auf die konkrete Arbeit des Aufsichtsgremiums in der Praxis der Sozialwirtschaft beleuchtet.

Vorhandensein und Größe des Aufsichtsgremiums[1]

Die Anforderungen an Größe und Zusammensetzung des Aufsichtsgremiums variieren zunächst nach der Rechtsform des Unternehmens, das heißt danach, ob es sich um einen sog. „Pflichtaufsichtsrat" oder um ein freiwillig gebildetes, ein sog. „fakultatives Aufsichtsgremium", handelt. Bei fakultativen Aufsichtsgremien sind Größe und Zusammensetzung im Rahmen der Satzungsgestaltung frei wählbar. Die Festlegung sollte unter den Aspekten der Effizienz und Arbeitsfähigkeit des Gremiums erfolgen. Vielfach wird eine ungerade Anzahl an Gremienmitgliedern von Experten empfohlen, um eine Stimmengleichheit zu vermeiden. Insoweit sollte unabhängig von der Anzahl der Mitglieder eine klare und eindeutige Regelung für den Fall der Stimmengleichheit getroffen werden. In der Praxis hat sich gezeigt, dass ein kleines Aufsichtsgremium mit fünf bis sieben Personen vielfach Vorteile bietet.

Von den befragten Unternehmen haben 84 % ein eigenes Aufsichtsgremium (Aufsichtsrat, Verwaltungsrat, Kuratorium o. ä.) in ihrer Unternehmensstruktur implementiert, wobei die Ausgestaltung dieser Gremien sehr unterschiedlich ist.

---

1 Alle im Folgenden abgebildeten Grafiken sind entnommen Curacon 2013a; siehe auch 2013b; 2013c, 2014.

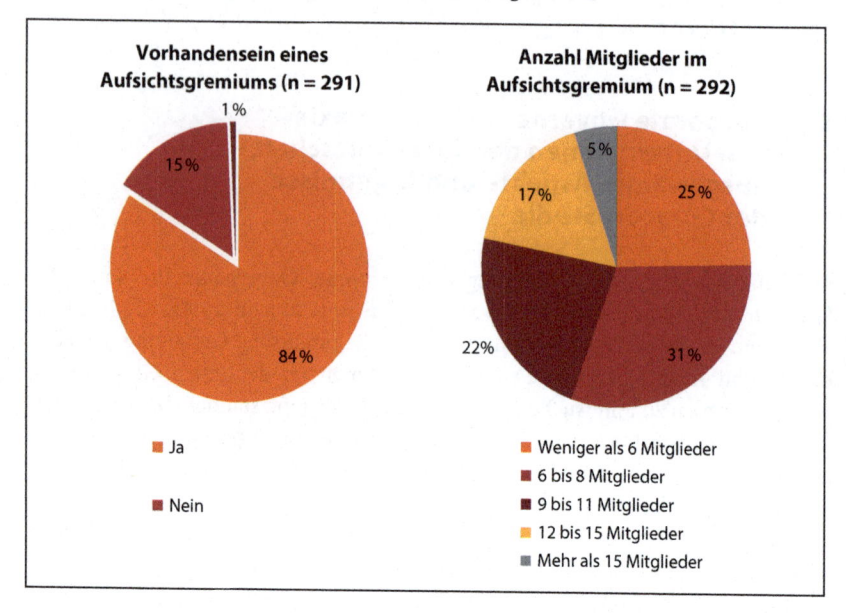

Abbildung 1 Vorhandensein und Größe des Aufsichtsgremiums

Vorhandensein eines Aufsichtsgremiums (n = 291)
- Ja: 84 %
- Nein: 15 %
- 1 %

Anzahl Mitglieder im Aufsichtsgremium (n = 292)
- Weniger als 6 Mitglieder: 25 %
- 6 bis 8 Mitglieder: 31 %
- 9 bis 11 Mitglieder: 22 %
- 12 bis 15 Mitglieder: 17 %
- Mehr als 15 Mitglieder: 5 %

Die Bestellung zum Mitglied des Aufsichtsgremiums erfolgt in der Regel durch Wahl des Gesellschaftergremiums. Rund die Hälfte der Unternehmen haben zwischen sechs und elf Mitglieder in ihrem Aufsichtsgremium. Etwa ein Viertel der Befragten muss die Arbeit von mehr als zwölf Mitgliedern im Aufsichtsgremium koordinieren. Insbesondere in Unternehmen öffentlicher bzw. kommunaler Trägerschaft lassen sich vermehrt größere Aufsichtsgremien finden. Die Arbeit in der Praxis wird dadurch selten erleichtert – hoher Gesprächsbedarf und verzögerte Entscheidungsprozesse sind in Mammutrunden zu beobachten.

Fachliche Zusammensetzung des Aufsichtsgremiums

Mit zunehmender Bedeutung des Aufsichtsgremiums und seinen Aufgaben erhöhen sich die Anforderungen an die Arbeit des Gremiums und die Qualifikation seiner Mitglieder. Die erforderlichen Fachkenntnisse umfassen Kenntnisse, die für die Beurteilung komplizierter oder besonderer Unternehmenssituationen (wie Krisen) oder Geschäftsvorfälle (z. B. spezielle steuerliche Fragestellungen) erforderlich sein können (BGH, Urteil v. 15. November 1982). Spezielle Fachkenntnisse auf sämtlichen Gebieten können aber nicht von jedem Mitglied des Aufsichtsgremiums gefordert werden; sie sollten vielmehr im Aufsichtsgremium insgesamt

Corporate Governance in der Sozialwirtschaft

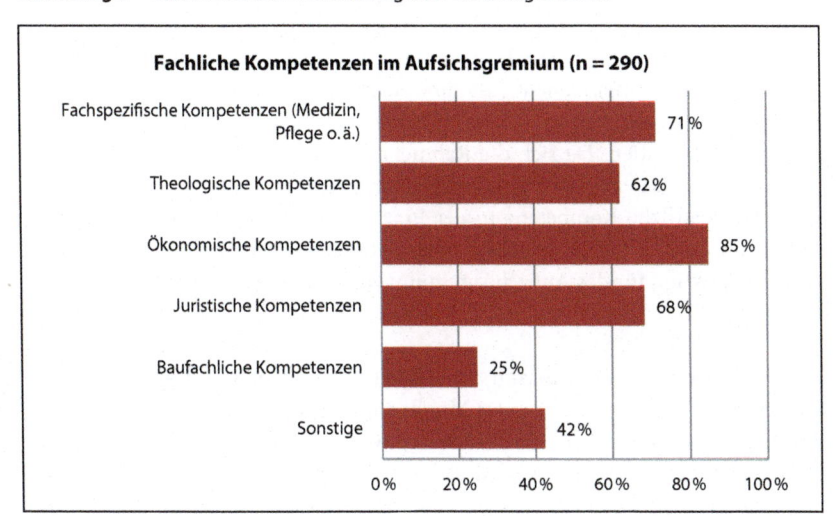

Abbildung 2 Fachliche Zusammensetzung des Aufsichtsgremiums

Fachliche Kompetenzen im Aufsichtsgremium (n = 290)

- Fachspezifische Kompetenzen (Medizin, Pflege o. ä.): 71 %
- Theologische Kompetenzen: 62 %
- Ökonomische Kompetenzen: 85 %
- Juristische Kompetenzen: 68 %
- Baufachliche Kompetenzen: 25 %
- Sonstige: 42 %

vertreten sein. Auch in den Corporate-Governance-Regelungen von Organisationen des Nonprofit-Sektors finden sich Vorgaben im Zusammenhang mit der fachlichen Qualifikation. So heißt es beispielsweise im DGK (Nr. 2.4.1), dass die Mitglieder des Aufsichtsgremiums möglichst über unterschiedliche Qualifikationen verfügen und sich mit fachspezifischer, theologisch/diakonischer, ökonomischer und juristischer Kompetenz ergänzen sollen. In der Arbeitshilfe 182 (Sekretariat der Deutschen Bischofskonferenz 2004, Nr. 1.3) für soziale Einrichtungen in katholischer Trägerschaft wird gefordert, dass bei der Zusammensetzung auf unterschiedliche Kompetenzen Wert gelegt werden soll. Die ökonomische Kompetenz muss angemessen berücksichtigt sein, ebenso wie die Bereiche Recht und Steuern, baufachliche Kenntnisse wie auch Erfahrungen aus dem operativen Bereich der jeweiligen Einrichtung.

In der fachlichen Zusammensetzung der Aufsichtsgremien scheint sich in den letzten Jahren ein Wandel ergeben zu haben. Ob fachspezifische, theologische, ökonomische, juristische oder baufachliche Kompetenzen – in vielen Aufsichtsgremien zeigt sich mittlerweile ein breites Spektrum. Ein Drittel der Aufsichtsgremien ist sowohl mit fachspezifischen (Medizin, Pflege, o. ä.), theologischen, ökonomischen und juristischen Kompetenzen ausgestattet (vornehmlich bei Komplexträgern, Krankenhäusern sowie diakonischen und caritativen Einrichtungen). Knapp die Hälfte aller Aufsichtsgremien weisen zumindest fachspezifische, ökonomische und juristische Kompetenzen auf. Die Befragten scheinen zu einem Großteil mit der vorhandenen Zusammensetzung zufrieden. Dennoch: In rund 15 % der Unternehmen lässt sich keine betriebswirtschaftliche Kompetenz im Aufsichtsgremium finden. Da sich die Rahmenbedingungen und das Tagesgeschäft in der Sozialwirtschaft aber weiterhin ökonomisieren, mündet eine fehlende betriebswirtschaftliche Kompetenz in der Praxis vermehrt in eine eingeschränkte Aufsichtsmöglichkeit. Die Annahme, dass externe Wirtschaftsprüfer oder Berater diese Funktion für das Aufsichtsgremium vollständig übernehmen können, ist ein Trugschluss.

Unabhängigkeit und Interessenskonflikte in der Aufsichtsarbeit
Maßgebliche Kriterien für ein jedes Mitglied im Aufsichtsgremium sind die ihm obliegende Unabhängigkeit und Eigenverantwortlichkeit. Sie dienen dem Schutz vor sachfremden Erwägungen und sichern die Entscheidungsfreiheit des Mitglieds. Dieses beinhaltet die Freiheit von Aufträgen und Weisungen, aber auch von sonstigen persönlichen Bindungen oder Rücksichtnahmen. Mitglieder des Gremiums dürfen nur sich selbst und keinem Gesellschafter, Arbeitgeber oder sonstigem Dritten verpflichtet sein (zulässig sind allenfalls unverbindliche Empfehlungen oder Richtlinien eines Entsendungsberechtigten). Drei Viertel der Befragten sind in der Regel mit der Unabhängigkeit und Eigenverantwortlichkeit ihrer Mitglieder im Aufsichtsgremium zufrieden.

Dem Aspekt der Interessenskollision kommt unter Corporate-Governance-Aspekten eine große Bedeutung zu, der DCGK definiert inzwischen auch den Begriff der fehlenden Unabhängigkeit. Jedes Mitglied soll mögliche Interessenkonflikte dem Aufsichtsgremium gegenüber offenlegen (Informationspflicht). Ebenso soll das Aufsichtsgremium in seinem Bericht an das Gesellschaftergremium über aufgetretene Interessenkonflikte und den Umgang damit informieren. Nicht nur vorübergehende Interessenkonflikte sollen zur Beendigung des Mandats (Amtsniederlegung) führen. Entsprechende Bestimmungen finden sich durchgängig in den verschiedensten Corporate-Governance-Regelungen.

Eine gleichzeitige Tätigkeit bei Wettbewerbern, eine entgeltliche Dienstleistung für das Unternehmen oder persönliche Beziehungen von Mitgliedern des Aufsichtsgremiums in das Unternehmen – alle diese Situationen können Interessenkonflikte Einzelner auslösen und dadurch die Wirksamkeit von Aufsichtsgremien und das Zusammenspiel mit der Unternehmensführung insgesamt belasten. Rund die Hälfte der Führungskräfte hat Erfahrungen mit unterschiedlichen Interessenkonflikten von Mitgliedern ihres Aufsichtsgremiums gemacht. In jedem fünften Unternehmen sind beispielsweise Erfahrungen mit Problemen durch per-

Corporate Governance in der Sozialwirtschaft

Abbildung 3 Unabhängigkeit in der Aufsichtsarbeit

Unabhängigkeit und Eigenverantwortlichkeit (n = 285)

- Gut: 49 %
- Eher gut: 27 %
- Teils, teils: 17 %
- Eher unbefriedigend: 5 %
- Unbefriedigend: 2 %

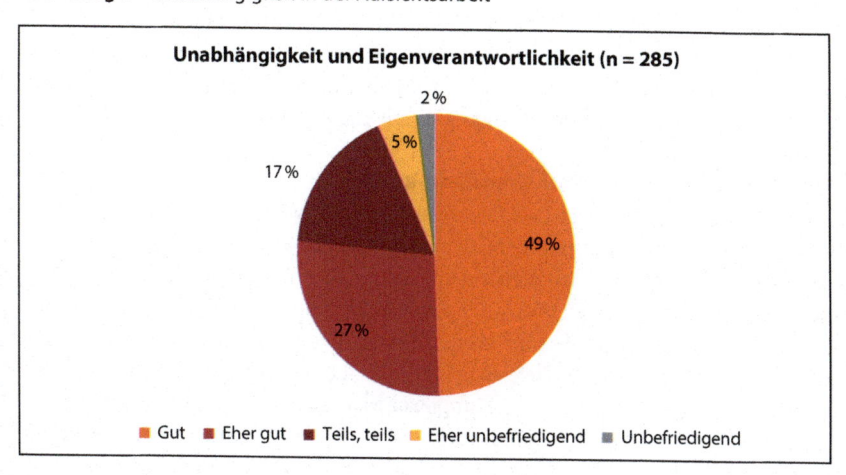

Abbildung 4 Interessenkonflikte in der Aufsichtsarbeit

Interessenkonflikte im Aufsichtsgremium (n = 272)

- Gleichzeitige Tätigkeit von Mitgliedern des Aufsichtsgremiums bei Wettbewerbern: 11 %
- Gleichzeitige Tätigkeit von Mitgliedern des Aufsichtsgremiums bei übergeordneten Verbänden/Organisationen/Kostenträgern: 15 %
- Entgeltliche Dienstleistung bzw. Beratungstätigkeit von Mitgliedern des Aufsichtsgremiums für das Unternehmen: 9 %
- Persönliche Beziehungen von Mitgliedern des Aufsichtsgremiums in das Unternehmen: 21 %
- Sonstige: 13 %
- Es gab keine Interessenkonflikte: 54 %

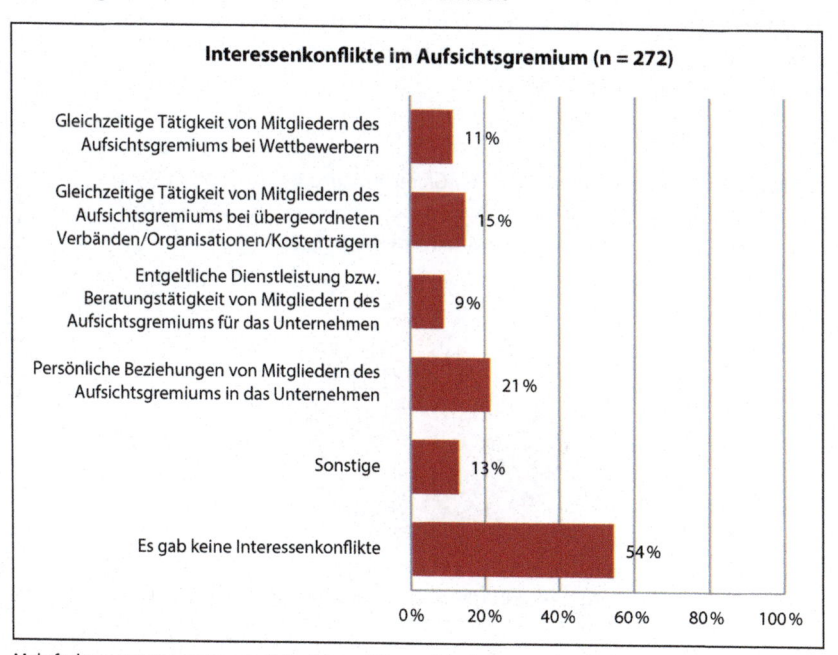

Mehrfachnennungen waren möglich, daher addieren sich die Summen nicht auf 100 %.

sönliche Beziehungen aus dem Aufsichtsgremium in das Unternehmen festzustellen. In diesen Fällen leiden Vorstände und Geschäftsführungen insbesondere darunter, dass ihre Führungsrolle durch Absprachen an ihnen vorbei untergraben wird. Hier kann nur empfohlen werden, für derartige Konstellationen klare Regelungen für Transparenz und Umgang durch das Aufsichtsgremium zu schaffen.

Fort- und Weiterbildung für Gremienmitglieder
Der DGK (Nr. 2.4.2) besagt beispielsweise, dass die Mitglieder des Aufsichtsgremiums eine verantwortungsvolle Mitwirkung bezogen auf eine ausreichende Fort- und Weiterbildung sicherzustellen haben. Aber genau in diesem Punkt zeigen sich die befragten Unternehmensführungen weniger zufrieden. Lediglich 38 % der Befragten bezeichnet die Fort- und Weiterbildung der Mitglieder im Aufsichtsgremium als gut oder eher gut. Vielerorts wird beklagt, dass einzelne Mitglieder oder mancherorts ganze Gremien den komplexer werdenden Fragestellungen des Tagesgeschäfts in der Sozialwirtschaft nicht mehr folgen bzw. hierzu nützliche Hinweise geben können. Die Gefahr ist, dass gerade komplexe Entscheidungen mit hohem Risikopotential nicht angemessen kritisch durch das Aufsichtsgremium beleuchtet und begleitet werden können. Führungs- und Aufsichtskräfte sollten gemeinsam beraten, wie sie die fachliche Weiterbildung in den Gremien sicherstellen können. Externe Veranstaltungen, Strategieworkshops mit den Aufsichtsgremien, aber auch eine regelmäßige Verteilung von ausgewählten Fachpublikationen können hier Nutzen stiften.

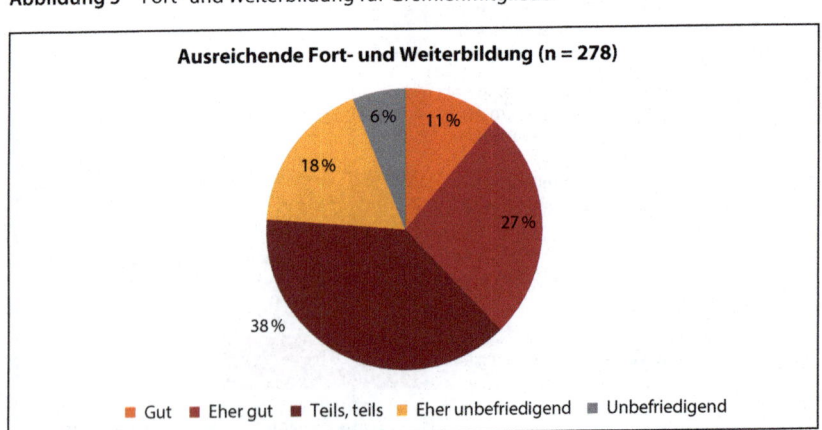

Abbildung 5 Fort- und Weiterbildung für Gremienmitglieder

Sitzungsfrequenz und Sitzungsplanung

Aufsichtsräte einer AG müssen mindestens zwei Sitzungen im Kalenderhalbjahr abhalten (§ 110 Abs. 3 AktG). Bei nicht börsennotierten Gesellschaften kann das Aufsichtsgremium beschließen, nur eine Sitzung im Kalenderhalbjahr abzuhalten. Auch bei nicht börsennotierten Aktiengesellschaften oder sonstigen Unternehmen mit einem Aufsichtsgremium sollten jedoch mindestens vier ordentliche Aufsichtsgremiumssitzungen pro Jahr stattfinden (DGK Nr. 2.4.2). Die Anzahl und die Notwendigkeit weiterer außerordentlicher Sitzungen richten sich nach der Lage und Entwicklung des Unternehmens und dem Vorhandensein von außerordentlichen Geschäftsvorfällen. Insbesondere in Krisensituationen wird eine höhere Anzahl von Sitzungen des Aufsichtsgremiums erforderlich sein. Außerordentliche Sitzungen werden vom Vorsitzenden nach Bedarf einberufen. Jedes Mitglied des Aufsichtsrats und der Vorstand einer AG sind darüber hinaus berechtigt, unter Angabe von Gründen die Einberufung einer Aufsichtsratssitzung zu verlangen (§ 110 Abs. 3 AktG). Mangels abweichender Regelung im Gesellschaftsvertrag gilt dieses entsprechend für das fakultative Aufsichtsgremium einer GmbH, im Übrigen besteht weitgehende Gestaltungsfreiheit. Die Sitzungsfrequenz zeigt bei den Befragten mit 3- bis 4-mal (56 %) und 5- bis 6-mal pro Jahr (21 % der Befragten) überwiegend praktikable Ausprägungen. Sofern es sich nicht um Krisen- oder Ausnahmesituationen handelt, sind diese Frequenzen erfahrungsgemäß am besten für eine effiziente Sitzungsarbeit geeignet. Dabei kommt es auch auf die (in Satzung/Gesellschaftsvertrag oder idealerweise einer Geschäfts-

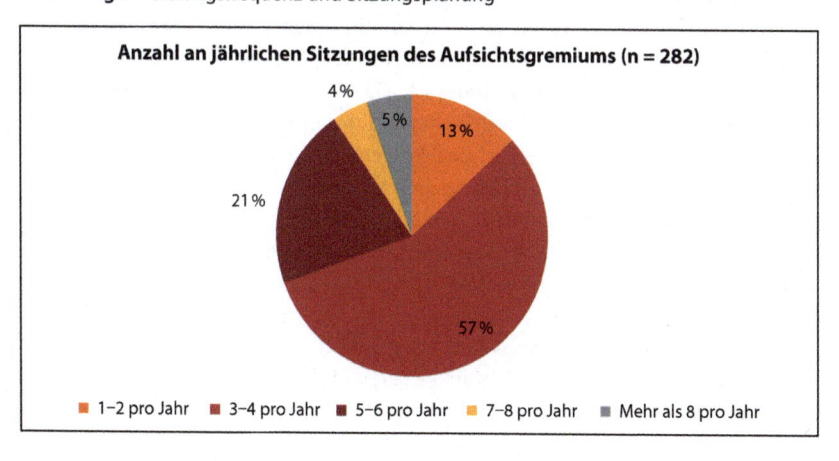

Abbildung 6 Sitzungsfrequenz und Sitzungsplanung

Anzahl an jährlichen Sitzungen des Aufsichtsgremiums (n = 282)

- 1–2 pro Jahr: 13 %
- 3–4 pro Jahr: 57 %
- 5–6 pro Jahr: 21 %
- 7–8 pro Jahr: 5 %
- Mehr als 8 pro Jahr: 4 %

ordnung) geregelten Aufgaben und Entscheidungskompetenzen an. Bei den kleinen Unternehmen zeigt sich eine große Heterogenität in den Sitzungsfrequenzen der Aufsichtsgremien.

Zuständigkeiten und Aufgabenverteilung im Aufsichtsgremium
Gemäß den Empfehlungen der verschiedenen Corporate Governance Kodizes berät, begleitet und überwacht das Aufsichtsgremium die Unternehmensführung (z.B. DGK 2.4.2; Regierungskommission Deutscher Corporate Governance Kodex 2017). Das Aufsichtsgremium beteiligt sich nicht am operativen Geschäft; es ist aber in Entscheidungen von grundlegender Bedeutung zeitnah einzubeziehen. Das Aufsichtsgremium ist darüber hinaus zuständig für die Bestellung und die Ausgestaltung der Verträge für die Mitglieder der Unternehmensführung und soll gemeinsam mit diesen für eine frühzeitige Nachfolgeregelung sorgen. Der Vorsitzende des Aufsichtsgremiums soll mit der Geschäftsführung bzw. dem Vorstand der Einrichtung regelmäßig Kontakt halten und mit ihm die Strategie, die Geschäftsentwicklung und das Risikomanagement der Einrichtung beraten. Das Aufsichtsgremium beschließt die Beauftragung eines unabhängigen Abschlussprüfers und trifft mit ihm die Honorarvereinbarung.

Die im Rahmen der Studie analysierten Zuständigkeiten haben gezeigt, dass bei einer großen Mehrheit der Unternehmen die Aufgabenverteilung zwischen Aufsicht und Führung in der Praxis eindeutig geklärt ist und praktiziert wird. Es ist auffällig, dass in den befragten Unternehmen das Aufsichtsgremium nur in einem Drittel für die Honorarvereinbarung mit dem Wirtschaftsprüfer zuständig ist. Dennoch gibt es eine Minderheit unter den Teilnehmern, die mit der Vermischung von Kompetenzen im Alltag, z.B. bei Personal- oder Bauentscheidungen, zu kämpfen hat. Beachtenswert ist, dass in einem Drittel der beleuchteten Fälle das Aufsichtsgremium nicht für die Richtlinien des Risikomanagements bzw. der Compliance-Regelungen zuständig ist. Da durch diese Regelungen ein Rahmen für die Erkennung und Abwehr von grundlegenden Gefahren sowie die Einhaltung von Gesetzen und internen Regelungen geschaffen werden soll, muss sich ein verantwortungsbewusstes Aufsichtsgremium auch mit diesen Aspekten beschäftigen. Derartige und andere spezifische Fragestellungen können gerade in größeren Unternehmen in fachlichen Ausschüssen des Aufsichtsgremiums gezielter bearbeitet und vorbereitet werden.

Vergütung für Mitglieder von Aufsichtsgremien
Für die Mitarbeit im Aufsichtsgremium erhalten die Mitglieder grundsätzlich eine Aufwandsentschädigung, z.B. die Erstattung von Fahrtkosten oder die Übernahme der Betreuung von Kindern während der Sitzungen des Aufsichtsgremiums. Bei den befragten Unternehmen erfolgt die Aufsichtstätigkeit mehrheitlich ehren-

Abbildung 7 Zuständigkeiten und Aufgabenverteilung im Aufsichtsgremium

Zuständigkeiten des Aufsichtsgremiums	ja	nein	unsicher
Besetzung und Abberufung von Vorstand bzw. Geschäftsführung (Erste Führungsebene) (n = 276)	86 %		14 %
Besetzung und Abberufung der zweiten und dritten Führungsebene (z. B. Bereichsleiter, Chefärzte) (n = 272)	29 %	69 %	
Festlegung der Vergütung der Unternehmensführung (n = 272)	87 %		12 %
Ausgestaltung der Verträge der Unternehmensführung (n = 273)	84 %		15 %
Beauftragung eines Wirtschaftsprüfers (n = 275)	81 %		19 %
Honorarvereinbarung mit dem Wirtschaftsprüfer (n = 274)	32 %	67 %	
Abstimmung der strategischen Ausrichtung des Unternehmens (n = 276)	84 %		13 %
Abstimmung des Risikomanagements/der Compliance-Richtlinien (n = 275)	62 %	29 %	
Genehmigung bestimmter Rechtsgeschäfte von grundlegender Bedeutung (z. B. Unternehmenskauf/-verkauf) (n = 276)	91 %		8 %

amtlich, bei knapp der Hälfte der Unternehmen sogar ohne Auslagenersatz. Die wenigen Unternehmen, in denen die Aufsichtstätigkeit entgeltlich stattfindet, befinden sich überwiegend in privater Trägerschaft.

Der Vorsitzende des Aufsichtsgremiums

Das Aufsichtsgremium ist ein Kollegialorgan. Alle Mitglieder haben grundsätzlich die gleichen Rechte und Pflichten. Eine herausgehobene Rolle und besondere Befugnisse sind nur dem Vorsitzenden zugewiesen. Die Studie beschäftigte sich auch mit der speziellen Rolle des Vorsitzenden des Aufsichtsgremiums, v. a. mit dessen Aufgaben und dem Austausch mit der Unternehmensführung. Der Großteil der befragten Unternehmen (84 %) hat die besondere Rolle des Vorsitzenden des Auf-

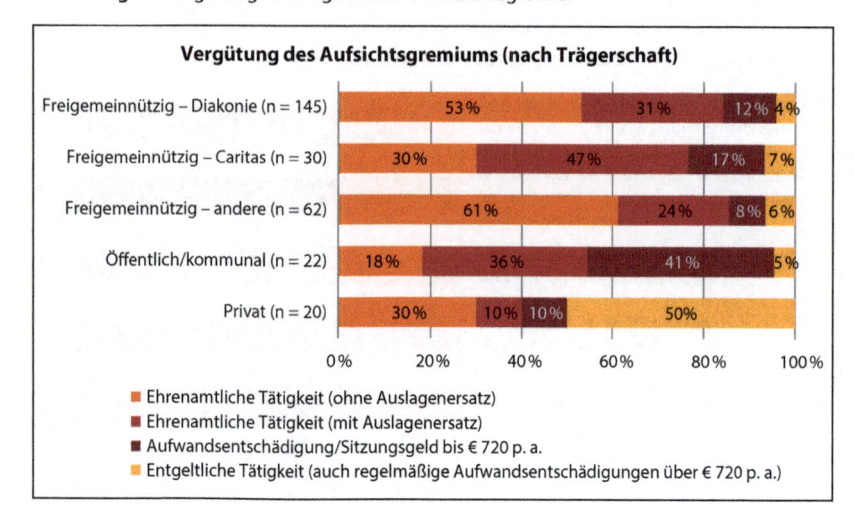

Abbildung 8 Vergütung für Mitglieder von Aufsichtsgremien

Vergütung des Aufsichtsgremiums (nach Trägerschaft)

Trägerschaft	Ehrenamtlich (ohne Auslagenersatz)	Ehrenamtlich (mit Auslagenersatz)	Aufwandsentschädigung/Sitzungsgeld bis € 720 p. a.	Entgeltliche Tätigkeit
Freigemeinnützig – Diakonie (n = 145)	53 %	31 %	12 %	4 %
Freigemeinnützig – Caritas (n = 30)	30 %	47 %	17 %	7 %
Freigemeinnützig – andere (n = 62)	61 %	24 %	8 %	6 %
Öffentlich/kommunal (n = 22)	18 %	36 %	41 %	5 %
Privat (n = 20)	30 %	10 %	10 %	50 %

- Ehrenamtliche Tätigkeit (ohne Auslagenersatz)
- Ehrenamtliche Tätigkeit (mit Auslagenersatz)
- Aufwandsentschädigung/Sitzungsgeld bis € 720 p. a.
- Entgeltliche Tätigkeit (auch regelmäßige Aufwandsentschädigungen über € 720 p. a.)

sichtsgremiums formal in Gesellschaftsvertrag, Satzung oder ggf. einer Geschäftsordnung geregelt. Bei 44 % der teilnehmenden Einrichtungen findet in der Regel ein monatlicher Austausch zwischen dem Vorstand bzw. der Geschäftsführung und dem Vorsitzenden des Aufsichtsgremiums statt. Tendenziell scheinen größere Unternehmen einen häufigeren Austausch (14-tägig bzw. monatlich) anzustreben, wohingegen bei kleineren Unternehmen der Austausch zwischen der Unternehmensleitung und dem Vorsitzenden häufig auch nur vierteljährlich stattfindet.

Die besonderen Anforderungen, welche an den Vorsitzenden des Gremiums zu stellen sind, ergeben sich aus seiner Bedeutung und seiner Funktion. Der DGK (Nr. 2.4.3) gibt vor, dass der Vorsitzende des Aufsichtsgremiums die Arbeit des Aufsichtsgremiums koordiniert, dessen Sitzungen leitet und die Belange des Aufsichtsgremiums nach außen wahrnimmt. Der Vorsitzende des Aufsichtsgremiums ist zudem für eine verantwortungsbewusste Gremienführung verantwortlich. Dies schließt insbesondere die rechtzeitige Einladung (einschließlich der Zuleitung von entscheidungsrelevanten Unterlagen) zu den Sitzungen des Aufsichtsgremiums, die zeitnahe Dokumentation der Ergebnisse der Sitzungen des Aufsichtsgremiums und die Festsetzung von Schwerpunktthemen für die Sitzungen des Aufsichtsgremiums ein. Gemäß dem DGK (Nr. 2.4.3) soll der Vorsitzende des Aufsichtsgremiums regelmäßig mit der Unternehmensleitung Kontakt halten und dabei die Strategie, die Geschäftsentwicklung und das Risikomanagement der Einrichtung beraten. Der Vorsitzende steht darüber hinaus für Konfliktfälle in-

Corporate Governance in der Sozialwirtschaft

Abbildung 9 Häufigkeit des Austausches zwischen dem Vorsitzenden und der Unternehmensführung

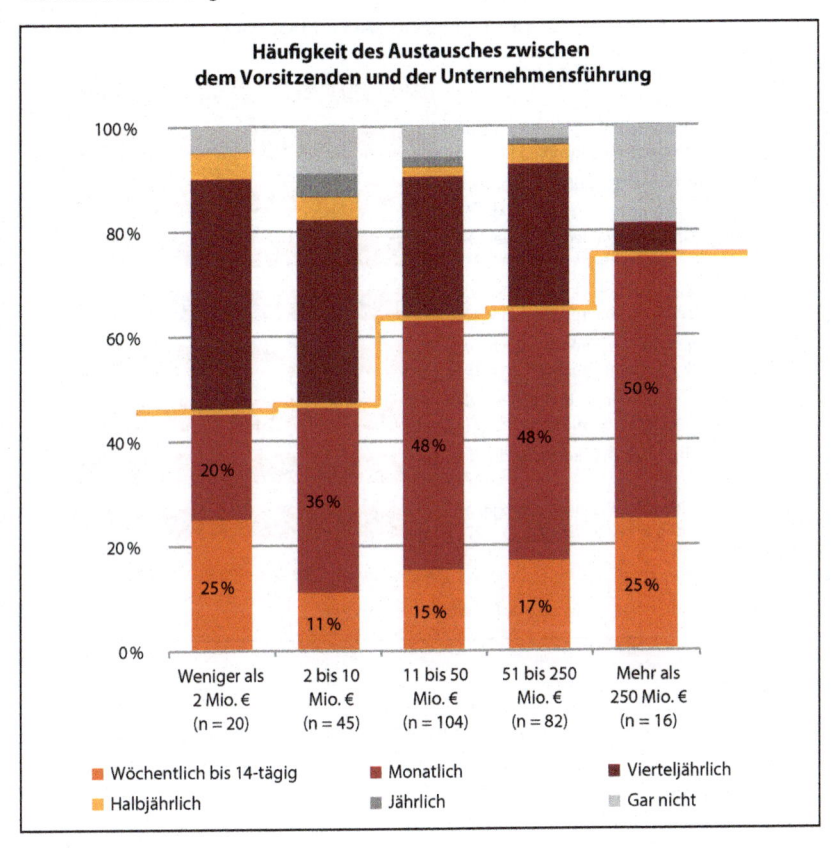

nerhalb des Vorstands als Ansprechpartner und für Eilentscheidungen zur Verfügung.

Diese zusätzlichen Aufgaben des Vorsitzenden erfordern im Vergleich zu den übrigen Mitgliedern erheblich größere zeitliche Ressourcen. Daneben kommt seinem Erfahrungsschatz und seiner sozialen Kompetenz besondere Bedeutung für seine Tätigkeit zu. Er muss in der Lage sein, das Gremium so zu führen, dass die unterschiedlichen Kompetenzen und Persönlichkeiten im Interesse des Unternehmens bestmöglich zur Entfaltung kommen, ohne zu Lasten der Effizienz des Gremiums zu gehen. Idealerweise kann er aus den einzelnen Mitgliedern des Gremiums ein harmonierendes Team bilden und verfügt gerade in kritischen Si-

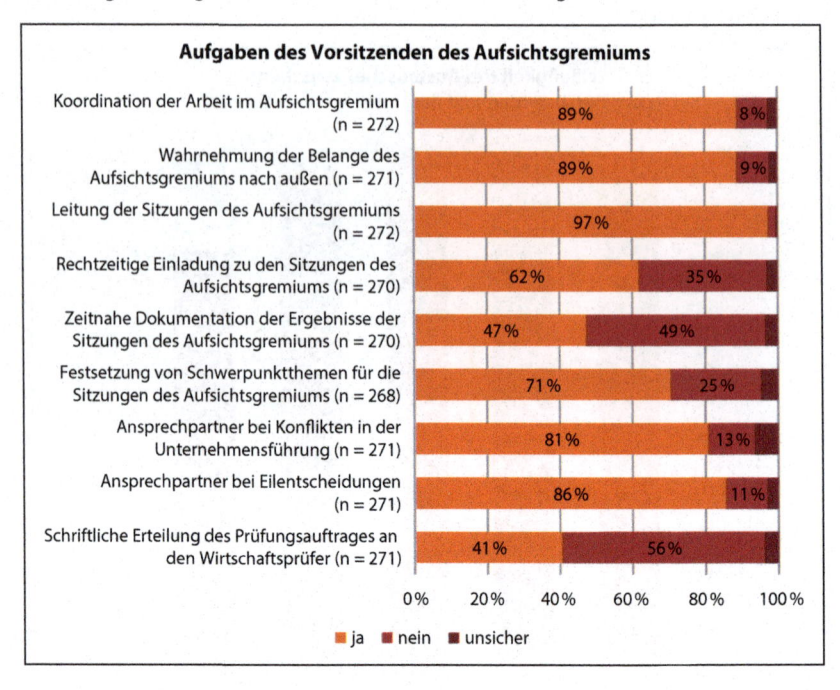

Abbildung 10 Aufgaben des Vorsitzenden des Aufsichtsratsgremiums

Aufgaben des Vorsitzenden des Aufsichtsgremiums

Aufgabe	ja	nein	unsicher
Koordination der Arbeit im Aufsichtsgremium (n = 272)	89 %		8 %
Wahrnehmung der Belange des Aufsichtsgremiums nach außen (n = 271)	89 %		9 %
Leitung der Sitzungen des Aufsichtsgremiums (n = 272)	97 %		
Rechtzeitige Einladung zu den Sitzungen des Aufsichtsgremiums (n = 270)	62 %	35 %	
Zeitnahe Dokumentation der Ergebnisse der Sitzungen des Aufsichtsgremiums (n = 270)	47 %	49 %	
Festsetzung von Schwerpunktthemen für die Sitzungen des Aufsichtsgremiums (n = 268)	71 %	25 %	
Ansprechpartner bei Konflikten in der Unternehmensführung (n = 271)	81 %	13 %	
Ansprechpartner bei Eilentscheidungen (n = 271)	86 %	11 %	
Schriftliche Erteilung des Prüfungsauftrages an den Wirtschaftsprüfer (n = 271)	41 %	56 %	

tuationen über das erforderliche Überzeugungs- und Durchsetzungsvermögen. In Konfliktsituationen – insbesondere innerhalb der Geschäftsführung – werden ferner moderierende Fähigkeiten gefragt sein.

Die befragten Unternehmen geben größtenteils an, dass der Vorsitzende des Aufsichtsgremiums die für ihn vorgesehenen Aufgaben, wie z. B. die Koordination der Arbeit im Gremium, die Wahrnehmung der Belange des Gremiums nach außen und die Sitzungsleitung, tatsächlich übernimmt. Die rechtzeitige Einladung sowie die zeitnahe Dokumentation der Sitzungsergebnisse werden nur in 62 % respektive 47 % der Fälle bestätigt. Es ist wahrscheinlich davon auszugehen, dass diese Aufgaben in der Praxis des Öfteren durch den Vorsitzenden delegiert werden. Gemäß verschiedener Corporate Governance Kodizes beschließt das Aufsichtsgremium die Beauftragung eines unabhängigen Abschlussprüfers und trifft mit ihm die Honorarvereinbarung. Obwohl laut DGK (Nr. 4) der schriftliche Auftrag vom Vorsitzenden des Aufsichtsgremiums erteilt werden sollte, erfolgt dies nur bei 41 % der befragten Unternehmen. Knapp zwei Drittel der Befragten bestätigen, dass sie durch den Vorsitzenden zu bestimmten Themen wertvolle Ratschläge und Hinweise erhalten.

4 Fazit und Ausblick

Die Aufgaben des Aufsichtsrats und seine Verantwortung im Rahmen der Unternehmensführung haben auch in der Sozialwirtschaft in den vergangenen Jahren deutlich zugenommen. Ursächlich für die gestiegene Bedeutung des Aufsichtsrats sind sowohl wachsende Ansprüche von Marktteilnehmern (Klienten, Angehörige, Kostenträger) und Gesellschaft als auch ein von der Corporate Governance-Diskussion angestoßener Wandel im Selbstverständnis der Mandatsträger. Gleichwohl wird die Forderung nach einem spezifischen Corporate Governance Kodex für die Sozialwirtschaft aller Voraussicht nach unerfüllt bleiben. Stattdessen wird in Fachkreisen diskutiert, ob für Vereine und Stiftungen jenseits einer bestimmten Unternehmensgröße (denkbar wäre die Anwendung der Größenkriterien nach § 267 HGB zur Bestimmung der Größenklassen von Kapitalgesellschaften) die Anwendung von Vorschriften zur Rechnungslegung, Prüfung und Publizität verbunden mit einer gesteigerten Verantwortung, sprich verschärften Haftungsregelungen, der Organe gefordert werden muss.

Unsere Erfahrung zeigt, dass der wirtschaftliche Erfolg eines Sozialunternehmens nicht nur von der Qualität des Managements abhängig ist, sondern auch von der Qualität der Corporate Governance, also wie wirksam das Aufsichtsgremium arbeitet und wie das Zusammenwirken von Aufsichtsgremium und Management zum Wohl des Unternehmens ausgestaltet ist. Erfolgsfaktoren für eine in diesem Sinne sehr gute Corporate Governance sind:

- Eindeutige, trennscharfe strukturelle Gestaltung, durch welches Gremium die Aufsicht ausgeführt wird und welche Aufgaben den einzelnen Mitgliedern der Unternehmensleitung obliegen
- Fokussierung der Aufgaben des Aufsichtsgremiums auf grundsätzliche und strategische Themen, um die Erfahrung und das Wissen des Aufsichtsgremiums als Sparringspartner bei der strategischen Entwicklung des Unternehmens zu nutzen
- Praktikable Größe des Aufsichtsgremiums, um eine offene Diskussionskultur (sowohl organintern als auch gegenüber der Unternehmensleitung) und Entscheidungsfindung sicherzustellen
- Begrenzter Anteil an geborenen Mitgliedern im Aufsichtsgremium, um eine breite Kompetenz und hohe Unabhängigkeit zu ermöglichen

- Fachlich differenzierte Zusammensetzung (neben fachspezifischen auch ökonomische, juristische und weitere, z. B. baufachliche und ggf. theologische, Kompetenzen)
- Regelmäßige Teilnahme, angemessene Sitzungsvorbereitung, ausreichendende Fort- und Weiterbildung sowie Unabhängigkeit und Eigenverantwortlichkeit im Aufsichtsgremium
- Angemessene Vor- und Nachbereitung sowie effiziente Führung von Sitzungen durch einen Vorsitzenden des Gremiums mit besonderer Führungskompetenz, der im regelmäßigen Austausch mit der Unternehmensleitung steht
- Kontinuierliche Nachschau beschlossener Maßnahmen sowie systematische Evaluation der eigenen Aufsichtstätigkeit
- Nutzung von fachlichen Ausschüssen, um bestimmte Aufgaben und Spezialfragestellungen des Aufsichtsgremiums in einem kleineren Kreis vorzubereiten
- Ausschluss oder Zustimmungspflicht für bestimmte Sachverhalte, die Interessenkonflikte von Mitgliedern des Aufsichtsgremiums auslösen können

Diese zehn Leitlinien tragen dem Gedanken Rechnung, dass sich das Aufsichtsgremium zu einem Führungsorgan der Unternehmung entwickelt hat, das über die reine Kontrollaufgabe im klassischen Sinne hinaus mittlerweile auch in zentrale unternehmerische Entscheidungsprozesse eingebunden ist. Führungs- und entscheidungsstarke Aufsichtsgremien sind gerade in der Sozialwirtschaft, in der den Unternehmen Finanzmittel treuhänderisch zur Verfügung gestellt werden, von besonderer Bedeutung, um das Vertrauen in die Unternehmensleitung zu stärken. Eine gute Corporate Governance dient somit nicht nur dem einzelnen Unternehmen, sondern stützt auch unser Wohlfahrtswesen.

Literatur

Arbeiterwohlfahrt (AWO) (Hrsg.) (2008). *AWO Unternehmenskodex – Grundsätze der AWO in Deutschland für eine verantwortungsvolle Unternehmensführung und -kontrolle.* www.awo-soziale-dienste.de/index.php/unternehmenskodex.html. Zugegriffen: 12. Juli 2017.

Bachert (Hrsg.) (2008). *Corporate Governance in Nonprofit-Unternehmen.* 2., gekürzte Aufl.

Bundesfinanzministerium (2009). *Grundsätze guter Unternehmens- und Beteiligungsführung im Bereich des Bundes.* http://www.bundesfinanzministerium.de/Content/DE/Standardartikel/Themen/Bundesvermoegen/Privatisierungs_und_Beteiligungspolitik/Beteiligungspolitik/grundsaetze-guter-unternehmensfuehrung-anlage-de.pdf?__blob=publicationFile&v=5. Zugegriffen: 9. September 2017.

Bundesvereinigung Lebenshilfe e. V. (Hrsg.) (2016). *Corporate Governance Kodex 2016 und Aufgabengliederung in der Lebenshilfe*. www.lebenshilfe.de/wData/downloads/ueber-uns/Corporate-Governance-Kodex-2016.pdf. Zugegriffen: 12. Juli 2017.

Bundesvereinigung Lebenshilfe e. V. (Hrsg.) (2012). *Corporate Governance Kodex. Gute Unternehmensführung in der Lebenshilfe. Eine Empfehlung der Bundesvereinigung Lebenshilfe für Menschen mit geistiger Behinderung e. V. für ihre Mitgliedsorganisationen*. www.lebenshilfe-rlp.de/pdf/archiv/02_2012_01_Corporate_Governance_Kodex.pdf. Zugegriffen: 14. Juli 2017.

Bundesvereinigung Lebenshilfe e. V. (Hrsg.) (2008). *Corporate Governance Kodex. Gute Unternehmensführung in der Lebenshilfe. Eine Empfehlung der Bundesvereinigung Lebenshilfe für Menschen mit geistiger Behinderung e. V. für ihre Mitgliedsorganisationen*. www.lebenshilfe-brb.de/wData/downloads/Corporate-Governance_12.01.2009.pdf?listLink=1. Zugegriffen: 14. Juli 2017.

CURACON GmbH Wirtschaftsprüfungsgesellschaft (Curacon) (Hrsg.) (2013a). *Führungs- und Aufsichtsstrukturen im Gesundheits- und Sozialbereich*. Eigenverlag.

CURACON GmbH Wirtschaftsprüfungsgesellschaft (Curacon) (Hrsg.) (2013b). *Kompaktwissen Aufsichtsgremium. Fachinformationen rund um die Aufsichtsratstätigkeit*. 2., erw. u. überarb. Aufl., Eigenverlag.

CURACON GmbH Wirtschaftsprüfungsgesellschaft (Curacon) (Hrsg.) (2013c). *Wirksame Führungs- und Aufsichtsstrukturen unterstützen den Unternehmenserfolg. Studie*. In Curacontact 4, 4–7. www.curacon.de/fileadmin/user_upload/pdf/themen_und_trends/curacontact/0413_F%C3%BChrung_und_Aufsichtsstrukturen.pdf. Zugegriffen: 14. Juli 2017.

Diakonie Deutschland (Hrsg.) (2016). *Diakonischer Corporate Governance Kodex (DGK). DGK in der von der Konferenz Diakonie und Entwicklung am 12. Oktober 2016 verabschiedeten Fassung*. info.diakonie.de/fileadmin/user_upload/Diakonie/PDFs/Ueber_Uns_PDF/2016_12_07_corpotate_governance_kodex.pdf. Zugegriffen: 14. Juli 2017.

Diakonie Deutschland (Hrsg.) (2005). *Diakonischer Corporate Governance Kodex (DGK)*. Stuttgart: Eigenverlag.

Institut für den öffentlichen Sektor (2017). *Public Corporate Governance Kodizes und Beteiligungsrichtlinien*. https://publicgovernance.de/23607.htm. Zugegriffen: 14. Juli 2017.

Meyer-Najda, B. (2013). *Unternehmensaufsicht als Herzensangelegenheit*. Baden-Baden: Nomos.

Sekretariat der Deutschen Bischofskonferenz (Hrsg.) (2014). *Arbeitshilfen 182. Soziale Einrichtungen in katholischer Trägerschaft und Aufsicht*. 3., völlig überarb. Aufl., Bonn. www.diag-mav-os.de/fileadmin/Mediendatenbank/pdf/AH2014.pdf. Zugegriffen: 14. Juli 2017.

Sekretariat der Deutschen Bischofskonferenz (Hrsg.) (2004). *Arbeitshilfen 182. Soziale Einrichtungen in katholischer Trägerschaft und wirtschaftliche Aufsicht. Eine Handreichung des Verbandes der Diözesen Deutschlands und der Kommission für caritative Fragen der Deutschen Bischofskonferenz.* www.schiering.org/gesch/ah182.pdf. Zugegriffen: 14. Juli 2017.

Redenius-Hövermann, J. (2017). Zusammenarbeit zwischen Aufsichtsrat und Abschlussprüfer im Sinne guter Corporate Governance. In *Die Wirtschaftsprüfung,* 349 ff.

Regierungskommission Deutscher Corporate Governance Kodex (DCGK) (Hrsg.) (2017). *Deutsche Corporate Governance Kodex (DCGK).* In der Fassung vom 7. Februar 2017 mit Beschlüssen aus der Plenarsitzung vom 7. Februar 2017. www.dcgk.de//files/dcgk/usercontent/de/download/kodex/170424_Kodex.pdf. Zugegriffen: 14. Juli 2017.

Regierungskommission Deutscher Corporate Governance Kodex (DCGK) (Hrsg.) (2002). *Deutsche Corporate Governance Kodex (DCGK).* In der Fassung vom 7. November 2002, gültig bis 3. Juli 2003. www.dcgk.de/de/kodex/archiv.html?file=files/dcgk/usercontent/de/download/kodex/D_CorGov_Endfassung_2002_11_07.pdf. Zugegriffen: 14. Juli 2017.

Regierungskommission Corporate Governance (2001). *Bericht der Regierungskommission „Corporate Governance": Unternehmensführung – Unternehmenskontrolle – Modernisierung des Aktienrechts.* Hrsg. von Theodor Baums, Köln. http://dip21.bundestag.de/dip21/btd/14/075/1407515.pdf. Zugegriffen: 14. Juli 2017.

Werder, A. v. (2017). Erfolgsfaktoren eines exzellenten Aufsichtsrats. In *Der Betrieb,* 977 ff.

Sozialwirtschaftliche Regie im ostasiatischen Bezugsrahmen

Eine komparative Studie

Wolf Rainer Wendt

Abstract

Das Soziale lässt sich kulturabhängig unterschiedlich „regieren" und danach auch unterschiedlich „bewirtschaften". In den letzten Jahrzehnten entwickeln sich in Ostasien Formen eines Wohlfahrtsregimes, das nicht zuletzt auf konfuzianischen Verbindlichkeiten fußt. Beobachtet wird die Durchdringung von familialem Selbstunterhalt und staatlich gelenkter Sozialwirtschaft, wie sie sich in besonderer Weise in Südkorea vollzieht. Die sozialwirtschaftliche Steuerung ist hier und generell in Ostasien Teil der ökonomischen Entwicklungsstrategie im gesellschaftlichen Wandel.

Im der wohlfahrtsstaatlichen Ordnung, wie wir sie in Europa kennen, beruhen die sozialen Leistungen auf Rechten, die den Bürgern zur Verwirklichung sozialer Gerechtigkeit und sozialer Sicherheit zukommen. Darauf ist das hiesige Sozialleistungssystem eingerichtet. Soziale Versorgung lässt sich aber statt auf Berechtigungen vor einem anderen mentalen und kulturellen Hintergrund auch auf Verbindlichkeiten bauen, die sowohl die Akteure im öffentlichen Raum als auch ihre individuellen Adressaten betreffen und sie in den sozialwirtschaftlichen Aktionskreis bzw. in der Governance sozialer Versorgung einbeziehen. Ein solch anderes Szenario bietet sich in ostasiatischen Ländern dar. Die Sozialwirtschaft wird dort als eine umgreifende Praxis begriffen, dass zur Modernisierung von Wirtschaft und Gesellschaft dazugehört.

1 Ein anderes Regieren

Es gibt in China eine tausendjährige Tradition der Identifizierung von Staat und Gesellschaft, wobei in diesem Zusammenhang der Bedeutungsgehalt von „Staat" und von „Gesellschaft" naturgemäß ein anderer ist als der, den wir im Westen mit den Begriffen verbinden. Während uns seit der Antike die Scheidung von Oikos (Haus) und Polis (als öffentlicher Raum) geläufig ist und der Staat seit Hobbes als Machtinstrument gilt, vor dem sich die Bürger mit ihren Rechten hüten, „realisiert" in Ostasien das herrschende Regime (im Guten wie im Schlechten) die Zivilisation. Autorität (von oben) und Beteiligung (unten) durchdringen einander in spezifischer und differenzierter Weise. In China war und ist der Staat „a civilization state" (Jacques 2012, S. 241 ff.). Mit diesem Verständnis ist ein anderer normativer Rahmen für Governance in Beziehungen, Interessenverfolgung, Partizipation, Verteilung der Verantwortung usw. gegeben und das hat Konsequenzen nicht zuletzt für die Gestaltung sozialer Versorgung.

Insoweit die konfuzianisch fundierten Grundannahmen, wie sich Individuum; Familie, lokale Autoritäten (und mithin eine Vielfalt von Akteuren) und die zentrale Regierung zueinander in ihre Obliegenheiten verhalten (sollen), nicht nur in China, sondern auch in Korea, Japan, Singapur und weiteren Ländern gelten, sind analoge Ausformungen von Governance und von Modi des „Dienstes am Volk" und der Selbststeuerung zu beobachten (s. zu China Noesselt 2012, Stromseth et al. 2017). Insoweit die konfuzianisch fundierten Grundannahmen, wie sich Individuum; Familie, lokale Autoritäten (und mithin eine Vielfalt von Akteuren) und die zentrale Regierung zueinander in ihre Obliegenheiten verhalten (sollen), nicht nur in China, sondern auch in Korea, Japan, Singapur und weiteren Ländern gelten, sind analoge Ausformungen von Governance (s. zu China Noesselt 2012, Stromseth et al. 2017) und von Modi des „Dienstes am Volk" und der Selbststeuerung zu beobachten. Auf die Entwicklung des Regimes sozialer Versorgung und der Sozialwirtschaft im ostasiatischen Raum sei im Folgenden näher eingegangen.

2 Wohlfahrtsregime im Vergleich

Der Staat und die vom Gesetzgeber beauftragten Institutionen gewährleisten im sozialen Sicherungssystem in den Mustern, die wir in Europa kennen, mit den Rechten auch die Leistungen. Die öffentliche Hand ist Regler und Geber und die Empfänger sind Leistungsberechtigte, die in unterschiedlichem Ausmaß Anspruch auf *services in cash* und auf *services in kind* haben. Diese Ausstattung der Versorgung ist bekanntlich von Esping-Andersen (1990) in drei „Welten des Wohlfahrtskapitalismus" resp. drei Typen von Wohlfahrtsregimen modelliert worden –

dem angelsächsisch-liberalen, dem skandinavisch-sozialdemokratischen und dem kontinentaleuropäisch-konservativen Wohlfahrtsregime. Charakterisiert sind sie durch die Konfiguration, in welcher Staat, Markt und Familie bzw. private Haushalte zur Wohlfahrtsproduktion beitragen, und durch das Maß, in dem die Regime eine „Dekommodifizierung" (Esping-Andersen) bieten, mit der eine Sicherung der Existenz ohne Einsatz der „Ware" Arbeitskraft erreicht wird. Die Ausprägung der drei Typen westlicher bzw. europäischer Wohlfahrtsregime ist in Zeiten der Globalisierung nicht ohne Alternative geblieben.

Den westlichen Modellen kann die ostasiatische Entwicklung eines Wohlfahrtsregimes eigener Art in den letzten Jahrzehnten gegenübergestellt werden. In der Frage, wie weit es sich von den vorhandenen Ausformungen unterscheidet, herrscht Uneinigkeit. Sie ergibt sich auch angesichts der Tatsache, dass in Ostasien kein fertiges Format vorliegt. Seine Evolution erfolgt im Rahmen einer außerordentlichen wirtschaftlichen Entfaltung, die nicht ohne Krisen und Brüche geschehen ist und weiterhin von statten geht. Während Sozialpolitik schon länger bei den „kleinen Tigern" (seinerzeit Singapur, Hongkong, Taiwan und Südkorea) eine kompensatorische Rolle spielt, ist der große Tiger China nach drei Jahrzehnten des ökonomischen Wachstums dabei, sich u. a. mit Wohlfahrtsprogrammen um „soziale Harmonie" zu bemühen. (Wendt 1987; Leung und Xu 2015) Die Entwicklung in den einzelnen Ländern in Ost- und Südostasien verläuft unterschiedlich, basierend auf einem starken, dominanten Staat („developmental state") und beeinflusst durch globale und zivilgesellschaftliche Prozesse bei mal mehr Demokratie (z. B. in Südkorea) oder bei Autokratie bzw. selbstbewusster Meritokratie (wie in Singapur).

3 Ein ostasiatisches Wohlfahrtsregime?

Das „ostasiatische Wohlfahrtsregime", wie es seit den 1990er Jahren diskutiert wird (Gordon et al. 1998; Tang 2000; Holliday und Wilding 2004; Kwon 2005; Aspalter 2006; Lee und Ku 2007; Hwang 2011), lässt sich entweder als ein hybrides Format mit Elementen aus den drei von Esping-Andersen beschriebenen Typen oder als ein von den genannten zu unterscheidendes Wohlfahrtsmodell auffassen. Es ist nicht einheitlich in Ostasien und Südostasien vertreten, aber in seiner Spezifik von den westlichen Regimen abzugrenzen (Walker und Wong 2005, S. 3). So sehr man in Japan, Südkorea, Singapur und auch in China selbst auf Muster der sozialpolitischen Gesetzgebung aus Europa und Nordamerika zurückgegriffen hat (etwa in Japan, Kasza 2006) und zurückgreift, die Entwicklung erfolgte in jenen Ländern, jedenfalls in den Anfangszeiten des Sorgens für Wohlfahrt, auf einem anderen kulturellen Boden. In der internationalen Diskussion täuscht die gewählte Semantik, in der in Europa und in Ostasien vom Wohlfahrtsstaat und von Sozialwirtschaft gesprochen wird, leicht darüber hinweg, dass nicht gleich begriffen wird, was gleich benannt wird.

In Ostasien wird in Ausrichtung auf tief verwurzelte konfuzianische Werte (mit unterschiedlichem Gewicht in der Zone zwischen Singapur und Südkorea) in Belangen der Absicherung und Versorgung von jeher auf familiäre Angehörigkeit und kommune Zugehörigkeit gebaut. Die Konstitution des Gemeinwesens bietet den Beziehungen der einzelnen Menschen zum Staat und umgekehrt eine Grundlage unterschieden von den Relationen, in denen sich Individuen und Staat hierzulande bewegen. *Verpflichtungen* respektive *Verbindlichkeiten*, nicht Rechte, bestimmen herkömmlich und bis in die Gegenwart über den Zuschnitt sozialer Versorgung und durchwirken sie. Diesem konfuzianisch geprägten Grundverständnis (Wendt 1994; Bell und Hahm 2003) sei zunächst nachgegangen, um von ihm her die Ausgestaltung des ostasiatischen Wohlfahrtsregimes zu begreifen. Mit dem Wachstum der Wirtschaft und im sozialen Wandel verschiebt sich das Verhältnis von inneren Bindungen und äußeren Freiheiten, von Pflichten und Rechten; es löst sie aber nicht voneinander.

4 Produktive Wohlfahrt in der Entwicklung

Ausgestattet mit dem konfuzianisch geprägten kulturellen und ethischen Habitus begannen die Akteure im Umraum von China in den letzten Jahrzehnten des 20. Jahrhunderts mit der Ausgestaltung eines Wohlfahrtsregimes passend zur ökonomischen Entwicklung in der Zone zwischen Singapur und Südkorea. Bezogen auf diese Länder ist von „oikonomic welfare states" (Jones 1990) resp. von „confucian welfare states" (Jones 1993) gesprochen worden. Sie seien gekennzeichnet durch „conservative corporatism without (Western-style) worker participation; subsidiarity without the Church; solidarity without equality; laissez-faire without libertarianism" (Jones 1993, S. 214). Soziale Politik wird in Ostasien in Gemeinwesen betrieben, die in einem bestimmten Sinne konfuzianisch als Erweiterung von Familie erscheinen.

Im Fortschritt „vom Konfuzianismus zur Globalisierung" (Walker und Wong 2005) verabschiedet sich die überkommene Lehre keineswegs; sie findet nur wieder neue Auslegung oder verbirgt sich in vom Westen übernommenen Konzepten (Shin und Shaw 2003). Der starke Staat fordert die Stärken seiner Bürger heraus. Als großer Haushalt bleibt der Staat zuständig für die generelle Regulierung der Wohlfahrt; jeder kleine Familienhaushalt hat aber in eigenen Anstrengungen, in Selbständigkeit und Selbstbehauptung *(self-reliance)*, die Wohlfahrt seiner Angehörigen zu besorgen – und dadurch zur wirtschaftlichen Leistungsfähigkeit des ganzen Gemeinwesens beizutragen. Beispielsweise hat man in der japanischen Modernisierungspolitik die fundamentale Rolle der Ökonomie in der Familie für das nationale ökonomische Gedeihen betont: „The household economy management of each family initially controls the micro-economy within the family, yet, it is also a part of the national economy that influences and is influenced by trends in the current economy as well as the particular historical conditions of the time". (Takeda 2005, S. 235)

Die Familie als Akteur, intermediäre Akteur und der große staatliche Akteur wirken in der *Governance* des wirtschaftlichen und sozialen Ergehens zusammen. Die Akteure bringen in dessen Steuerung ihre Autorität, ihre Legitimität und ihre Kompetenz ein und konstellieren damit die politische, ökonomische und soziale Ordnung. „This order can be achieved by three basic modes of governance – that by hierarchies, markets or networks. The balance between and amongst these three ways of governing differs over space and time." (Hook 2005, S. 2). Von Japan über Südkorea bis in die südostasiatischen Staaten lässt sich beobachten, wie sich infolge des globalen Wandels die Gewichtung unter den Modi der Steuerung ändert. Die Balance verschiebt sich „between the public and private spheres of activities and prioritizes a market-based or a network-based mode of governance over hierarchical governance through the agencies of the state." (Hook 2005, S. 3)

Zunächst hat man sich in Fragen der sozialen Versorgung auf die Institution der Familie in ihrer Eigenständigkeit und Selbstbehauptung verlassen. Über die Familie hinaus ist gemeinschaftliche Selbsthilfe bzw. gegenseitige Unterstützung gefragt (s. für Japan: Onda 2013). Das staatliche Sozialbudget ist in Ostasien deshalb lange schmal bemessen und öffentliche Sozialfürsorge marginal geblieben. Insbesondere konnte anders als im Westen Familienpolitik kein Hauptstück der Sozialpolitik sein. In China war jahrzehntelang die Ein-Kind-Politik darauf ausgerichtet, die Bevölkerungszunahme zu bremsen und dadurch das ökonomische Ziel der Hebung des Lebensstandards zu erreichen. Dem Ziel hatte sich die Daseinsgestaltung der Menschen unterzuordnen. Sie sollen sich selber zur Mitwirkung an der Zielerreichung stärken. Statt finanzielle Transferleistungen vorzusehen, investiert der Staat in Bildung und Ausbildung, in Gesundheit, Kinderbetreuung, technikgestützte soziale Kommunikation, Förderung des Wohnungsbaus (Hudson et al. 2014) und erwartet solche Investitionen auch von den Mitwirkenden in der Governance des Sozialen. Mit allem soll der wirtschaftlichen Leistungsfähigkeit gedient werden. Bekanntlich ist Ostasien im Bildungserfolg vergleichsweise führend in der Welt. Die traditionell hohe Wertung von Bildung im Konfuzianismus trägt dazu bei.

In seiner Ausrichtung auf ökonomisches Wachstum und Stärkung der Wirtschaftskraft im globalen Wettbewerb ist das ostasiatische Wohlfahrtsmodell als „produktivistisches" beschrieben worden (Holliday 2000; Kim 2015). Es legt die

Betonung nicht auf die protektive Funktion sozialpolitischer Regelungen, die eine passive Entgegennahme von Hilfen implizieren, sondern es wird auf den Beitrag solcher Regelungen zur ökonomischen Wohlfahrt gesetzt. Was „productive welfare" konkret heißt, finden wir in Singapur, in der VR China, in Südkorea unterschiedlich gestaltet (Kim 2015, S. 83 ff.). Dabei kommt man im Zuge von technologischen, zivilen und demographischen Entwicklungen nicht umhin, individuelle Bedarfe und Erwartungen in der Bevölkerung stärker wahrzunehmen, die nicht bloß ökonomisch in mehr Erwerb, sondern eher in nicht-materiellen Verwirklichungschancen bestehen. Zugleich beschädigt die Expansion der Erwerbswirtschaft den Lebenserfolg vieler Menschen, soziale Unsicherheit nimmt zu und es muss sozialpolitisch gegengesteuert werden. Insoweit führt der Trend weg von einem „produktivistischen Wohlfahrtskapitalismus" (Choi 2012).

In Ausrichtung auf konfuzianische Werte (mit unterschiedlichem Gewicht in der Zone zwischen Singapur und Südkorea) wird in Belangen der Absicherung und Versorgung von jeher auf familiäre Angehörigkeit und kommune Zugehörigkeit gebaut. Die Konstitution des Gemeinwesens bietet den Beziehungen der einzelnen Menschen zum Staat und umgekehrt eine Grundlage unterschieden von den Relationen, in denen sich Individuen und Staat hierzulande bewegen. *Verpflichtungen* respektive *Verbindlichkeiten,* nicht Rechte, bestimmen über den Zuschnitt sozialer Versorgung und durchwirken sie. Diesem konfuzianisch geprägten Grundverständnis (Wendt 1994; Bell und Hahm 2003) sei zunächst nachgegangen, um von ihm her die Ausgestaltung des ostasiatischen Wohlfahrtsregimes zu begreifen. Mit dem Wachstum der Wirtschaft und im sozialen Wandel verschiebt sich das Verhältnis von Bindungen und Freiheiten, Pflichten und Rechten; es löst sie aber nicht voneinander.

5 „Unter dem Himmel alles" zwischen Familie und Staat

Von alters wird in China von *jia* als dem familiären Haushalt der Lebensführung ausgegangen. *Jia* (in der Symbolik des Schriftzeichens ein geschützter Raum, unter dessen Dach sich gut leben lässt) ist eingebunden in das Kollektiv eines Gemeinwesens, *guo.* Es steht historisch nicht allein; in der Hierarchie der Gemeinwesen wurden diese einem großen *guo* unterworfen (Tang 2004, S. 45 ff.). Auch *jia* kann kleiner oder größer sein und stellte in der Vergangenheit wie nach außen *guo* nach innen Herrschaftsgebilde dar, im Ganzen den Staat als *guo jia* (Wang 2012). Die „Staatsfamilie" durchherrscht die zivilen Verhältnisse, so weit entfernt die zentrale Autorität vom unmittelbaren Lebenskreis der Menschen auch sein mag. Die in Europa übliche Distinktion von öffentlicher und privater Sphäre existiert in dieser Form nicht; das Verhältnis von *guo* und *jia* „was primarily a distinction of subjects' belonging and not conceived as a distinction between an open, public realm and a personal, private realm. Rather, it was a relation of flexible expansion and contraction." (Tang 2004, S. 12)

Die Belange der einzelnen Menschen können in einem intermediären Bereich gepflegt werden, in dem man „in Beziehungen" *(guanxi)* zu handeln und sich auszutauschen vermag. An ihnen ist in allen Lebensbereichen ständig zu knüpfen. (Gold et al. 2002; Chua und Wellman 2015) Die Beziehungen bilden persönliche Netzwerke, welche Bewegungsfreiheit verschaffen und in denen gleichzeitig Konformität erzeugt, Kontrolle ausgeübt wird und Macht verteilt ist. Man verpflichtet sich einander. Auch in demokratischen Verhältnissen spielt das Gewebe der Beziehungen, in denen sich Personen bewegen, seine Rolle als informelle Basis formell regulierter Verhältnisse. Im sozialwirtschaftlichen Rahmen kann mit *guanxi* der Grund für eine zivile Durchwirkung der Strukturen öffentlicher Daseinsvorsorge gelegt werden.

Es gibt dem Herkommen nach in China eine Gleichsetzung von Staat und Gesellschaft. Sprachlich war bis in die neuere Zeit nicht einmal ein Wort für „Gesellschaft" bzw. die Bezeichnung des Sozialen vorhanden. Erst Ende des 19. Jahrhunderts kommt (auf dem Umweg über das Japanische) in Übersetzung des westlichen Begriffs das Binom *shehui* für das Soziale in Gebrauch, zusammengesetzt aus den Schriftzeichen für Erdaltar oder einfach Platz *(she)* und Versammlung *(hui)*. Mit der Ursprungsbedeutung „Versammlung der Dorfbewohner" war semantisch (Tian 2016, S. 48) kein Grund gegeben für einen Gesellschaftsvertrag und für davon abgeleitete Rechtsbeziehungen. Der Einzelne war und ist in der „Gesamtfamilie" Teil und Teilhaber einer Lebens- und Arbeitsgemeinschaft, sei es in der Familie, in der Wohneinheit und Nachbarschaft (so in Japan in Nachbarschafts- und Anwohnervereinigungen, Thränhardt 1987), im Betrieb (der japanischen „Betriebsfamilie", Maeshima 1964), in der Gebietsgemeinschaft – *shequ* in China (Rowe et al. 2016, S. 157 f.), in der politischen Kommune und im informellen Netzwerk von geschäftlichen und anderen sozialen Beziehungen. Von diesem Verständnis der Zugehörigkeit leitet sich u. a. das Hukuo-System der wohnortbezogenen Personenregistrierung und des Bevölkerungsmanagements in China und weiteren ostasiatischen Ländern mit allen seinen sozialen Konsequenzen ab, speziell für die chinesischen Wanderarbeiter (Cheng und Selden 1994; Wang 2005; Young 2013).

Das zwischen *jia* und *guo jia* geordnete Zusammenleben hat über sich als ideelles Konstrukt und leitende Vorstellung eine Weltordnung, die gewissermaßen das Integral aller Verbindlichkeiten darstellt: *tian xia*, wörtlich „(alles) unter dem Himmel". Daran hat jeder einzelne Handelnde teil. Konfuzius hat im *Dá Xuè* (Das Große Lernen) die hierarchische Beziehung, in der Staat, Haus/Familie und Individuum „unter dem Himmel", das heißt: in der Welt, existieren, mit der Schrittfolge beschrieben:

„Indem die Alten auf der ganzen Erde die klaren Geisteskräfte klären wollten, ordneten sie zuerst ihren Staat; um ihren Staat zu ordnen, regelten sie zuerst ihr Haus; um ihr Haus zu regeln, bildeten sie zuerst ihre Persönlichkeit; um ihre Persönlichkeit zu bilden, machten sie zuerst ihr Bewusstsein recht; um ihr Bewusstsein recht zu machen, machten sie zuerst ihre Gedanken wahr; um ihre Gedanken wahr zu machen, brachten sie zuerst ihre Erkenntnis aufs höchste. Die höchste Erkenntnis besteht darin, dass die Wirklichkeit beeinflusst wird.

Nur wenn sie die Wirklichkeit beeinflusst, dann erst ist die Erkenntnis auf ihrer Höhe; wenn die Erkenntnis auf ihrer Höhe ist, dann erst werden die Gedanken wahr; wenn die Gedanken wahr sind, dann erst wird das Bewusstsein recht; wenn das Bewusstsein recht ist, dann erst wird die Persönlichkeit gebildet; wenn die Persönlichkeit gebildet ist, dann erst wird das Haus geregelt; wenn das Haus geregelt ist, dann erst wird der Staat geordnet; wenn der Staat geordnet ist, dann erst kommt die Welt in Frieden."

Von der Kultivierung der Person wird fortgeschritten zur Ordnung des Hauses, der Regierung des Landes zur „Harmonisierung von allem unter dem Himmel". In der Übersetzung von Richard Wilhelm steht „Welt" für *tian xia*. Die Überhöhung kann als eine ideelle verstanden werden oder die reale „Ökumene" sein, die der Mensch bewohnt.

Der Begriff *tian xia* ist mehrdeutig und wird im chinesischen Denken historisch verschieden interpretiert (Xu 2013, S. 97 ff.). Er bezeichnet sowohl die Weltgemeinschaft als auch ethisch das Gehörige und Rechtschaffene nach allgemeinem Empfinden und zivilisatorisch die Kultivierung des Daseins. Es ist die Sphäre der Werte, welche die sozialen Beziehungen formen. Sie kann auch als die Institution aufgefasst werden, die eine universale Ordnung repräsentiert. Politisch unterstellt ein alter Sinn von *tian xia* im Erdkreis eine konzentrische Anordnung der Länder der Welt mit China als *zhong guo*, „Reich der Mitte". Es repräsentiert nicht primär eine Nation (unter und gegenüber anderen Nationen), sondern die Welt inmitten von ihr. Es hat danach gewissermaßen das Mandat, transnational für eine angemessene Weltordnung einzustehen (Zhao 2005; Zhao 2009).

Lassen wir diese inzwischen in der politischen Theorie und für die Praxis der internationalen Beziehungen viel diskutierte politische Dimension von *tian xia* (Callahan 2008; Xu 2013) außer Betracht, und rücken wir seine Relevanz für Wohlfahrt in den Fokus. Sie wird in einer ökologischen Dimension begriffen. „A humanized world *is* unless otherwise *defined* as being political by a worldwide institution reflecting the universally-accepted feelings of all peoples. In other words, the natural world will not be *our world* unless constituted as ‚all-under-heaven' with a world institution." (Zhao 2009, S. 9) Angestrebt wird nach diesem philosophischen Konzept eine universale Harmonie, welche im Fortgang ständiger Verbesserung Wohlfahrt impliziert.

In der Welt („unter dem Himmel") ist der Einzelne nicht allein. Seine „Menschlichkeit" *(ren)* kann nicht gedacht werden ohne soziale Einbindung und die damit gegebenen Verpflichtungen (Wendt 1994, S. 95 ff.). Die konfuzianische Kultur des Respekts verlangt ein verbindliches Verhalten. Der westlichen Egozentrik steht ostasiatisch ein Selbst gegenüber, dem die Alleinstellung des Ich fremd ist, das sich als Teil eines größeren Ganzen versteht und sich in ihm an das Gemeinsame hält. In ihm kann sich das Selbst kultivieren. (Neisser und Jopling 1997) Es ist beständig auf dem Weg der Besserung und beständiges Lernen wird ihm abverlangt. So gilt für Koreaner wie für Chinesen: „The concept of self in the western sense is alien to Koreans" (Choi und Kim 2003, S. 31), wohingegen „self-actualization for Koreans is social self-actualization or success in life" (ebd., S. 35).

Der Erfolg ist ein wirtschaftlicher und gleichzeitig ein sozialer, denn er wird in gepflegten Beziehungen erreicht und findet in ihnen Bestätigungen. Gewinnen lässt sich Reputation. Erfolgreiches Lernen und Arbeiten bedeutet, sozialen Anforderungen nachzukommen. Der berühmte Aufruf von Deng Xiaoping „Bereichert Euch!" an chinesische Bauern 1978 schloss die Erwartung an sie ein, durch wirtschaftlichen Erfolg mit der eigenen Besserstellung zu einem sozialen Vorbild für alle anderen zu werden.

Tianxia xingwang, pifu youze – Jeder trägt einen Teil Verantwortung für die ganze Welt resp. Jeder hat die Pflicht, alle Welt zum Gedeihen zu bringen. Dieser bekannte Spruch, der auf Fan Zhongyan (969–1032) zurückgehen soll, hält zu einer Besserungsarbeit an, die im Kleinen und Persönlichen zum großen Projekt wird, um in ihm auch das eigene Wohl zu finden.

Nur angedeutet sei in diesem Zusammenhang, dass die in der Beziehung von *jia* und *guo jia* auf *tian xia* geforderte Einstellung des Verhaltens und die These *tianren heyi* – Einheit von Himmel und Mensch – in der westlichen Philosophie eine Analogie in der stoischen *Oikeiosis* haben, in der das Individuum über naturgemäße und soziale „Eignung" zur Selbstaneignung gelangt (Wendt 1995). Das Oikeiosis-Theorem wiederum entspricht dem ökosozialen Paradigma (Wendt 2010) der vielseitigen Angehörigkeit des Einzelnen und der Anforderungen an eine soziale Lebensgestaltung.

6 Korea im Besonderen

In der Republik Korea hat der Staat nach den Verwüstungen des Krieges (1950–1953) die Lenkung der wirtschaftlichen Entwicklung übernommen und darin ganz selbstverständlich auch die sozialpolitische Steuerung einbezogen, zunächst mit Versicherungen im Bismarckschen Sinne (Kwon 1999; Kim und Han-Broich 2017a). Im Ausbau der Erwerbswirtschaft wirkten Staat und Unternehmen eng zusammen. Für die Arbeitnehmer entstanden stabile Beschäftigungsverhältnisse inklusive der damit gegebenen sozialen Absicherung.

Der Staat sah und sieht sich in Korea für eine soziale Versorgung erst einmal nicht zuständig, hält aber Wirtschaftsunternehmen, lokale Gemeinschaften, Genossenschaften und Freiwilligengruppen dazu an, sich sozial zu betätigen und komplementär das zu leisten, was die herkömmlich zuständige Familie nicht mehr zu leisten imstande ist. An ihrer Stelle erbringt der Staat Leistungen nicht direkt; er reguliert und kontrolliert nur. Das System der Dienste und Einrichtungen, das sich nach und nach entwickelt, erscheint als ein „privatzentrierter Wohlfahrtsmix" (Kim und Han-Broich 2017b, S. 103). Der intermediäre Einsatz wird als Beitrag zur Stärkung der Wirtschaftskraft betrachtet. In der Folge hat die Sozialwirtschaft unter Beteiligung ziviler, öffentlicher und privater Akteure eine prominente Rolle in der Entwicklung der Ökonomie und der Gesellschaft in der Republik Korea übernommen.

Man stützte sich im konfuzianischen Sinne in Korea lange auf die familiäre Lebensgemeinschaft. Sie ist der Ausgangspunkt der informellen Netzwerke (*yongo*, analog zu chin. *guanxi*), die sich auf kommune, betriebliche und geschäftliche Beziehungen erstrecken (Yee 2000; Kim 2001; Horak 2014). Der Haushalt der Familie ist primär für die Absicherung ihrer Angehörigen zuständig. (Peng 2009) Das galt und gilt insbesondere für die Versorgung der Alten. Die „traditionelle Sichtweise der Altenversorgung hat bis heute Bestand und findet ihren Niederschlag in Form des Art. 3 des Seniorenwohlfahrtsgesetzes. Er enthält die Bestimmung, dass der Staat und das Volk gemeinsam auf die Entwicklung und das Fortbestehen des Familiensystems entsprechend der traditionellen Pietät hin wirken." (Lee 2006, S. 16) Allerdings bleiben weniger junge Menschen im Familienhaushalt und können dann kaum die Pflege der Alten übernehmen. Die niedrige Geburtenrate potenziert das Problem (und unterminiert überall den ostasiatischen Familialismus, Ochiai 2011; Shinkawa 2013; Sun 2012).

Die Republik Korea ist in den vorhergehenden Jahrzehnten in rasantem ökonomischen Aufschwung zu einem der „kleinen Tiger" in Ostasien geworden. Das geschah in der Periode des autoritären Regimes (unter Park Chung Hee) von 1961 bis 1987 und wurde danach unter mehr demokratischen Vorzeichen fortgesetzt – insbesondere unter dem Präsidenten Kim Dae-Jung ab 1997 (zur historischen Abfolge Kim 2006, S. 66 ff.; Ringen et al. 2011). 1997 war auch das Jahr der asiatischen Finanzkrise, die einen wirtschaftlichen Einbruch bedeutete, mit steigender Arbeitslosigkeit und Armut im Gefolge. Die prekären Auswirkungen der unerwarteten Krise schockierten die Bevölkerung. Der Staat antwortete darauf mit seiner Verpflichtung zu sozialer Unterstützung. Die Krankenversicherung wurde vereinheitlicht und nicht mehr bloß die Facharbeiterschaft in fester Anstellung (bei den großen Konzernen, die *chaebol*) sollte gegen Arbeitslosigkeit und Unfälle ver-

sichert sein, sondern auch die vielen Menschen in prekärer Lage durften Hilfe erwarten.
1999 trug Präsident Kim Dae-Jung sein Konzept der „Produktiven Wohlfahrt" vor. Soziale Leistungen sollten fortan zum wirtschaftlichen Gedeihen beitragen. Eine Wohlfahrtspolitik könne als ein Investment in zu steigernde Produktivität betrachtet werden, statt nur als Transfer von Einkommen durch administrative Verfahren (Kim 2000, S. 10). Die Arbeitskraft der Bevölkerung soll gestärkt und soziales Kapital gemehrt werden. Gemeinschaftliche solidarische Unterstützung hilft Benachteiligten, belebt aber auch die Gemeinschaft selber, welche im koreanischen Verständnis die Produktivität der gesamten Wirtschaft stützt und trägt. Zu diesem Zweck können der Staat, Erwerbsunternehmen und zivile Initiativen zusammenwirken. Dies soll auf lokaler Ebene geschehen: „rather than depending solely on central-government funding, a more efficient and more flexible local welfare system can be constructed to solve local problems by forming a partnership between governing organizations, businesses, and civic groups in the local community and by utilizing volunteer services. A welfare network at the local community level will enable passive welfare recipients, who only receive benefits, to become active citizens, who participate in meaningful work." (Kim 2000, S. 15)

Trotz des zunehmenden Ausbaus des sozialen Sicherungssystems seither bleiben die öffentlichen Ausgaben dafür relativ gering; sie betragen bis heute weniger als die Hälfte dessen, was im Durchschnitt von den Staaten in der OECD für soziale Zwecke ausgegeben wird. In der politischen Debatte werden von den Parteien, von den Gewerkschaften und von Bürgergruppen unterschiedliche Standpunkte zur Ausgestaltung des Wohlfahrtsregimes vertreten, wobei liberale, konservative und sozialdemokratische Muster in Europa und den USA argumentativ herangezogen werden (Kim und Han-Broich 2017, S. 104 f.).

7 Stimulierung von Selbstunterhalt

Seit 2000 ist in Südkorea ein Grundsicherungsgesetz *(National Basic Livelihood Security Act)* in Kraft, das alle Koreaner einschließt und weitere Regelungen nach sich gezogen hat (Jo 2010). Das Gesetz verlangt von arbeitsfähigen Bedürftigen, dass sie sich an Arbeit beteiligen. Das Ziel ist „to include everyone in the workforce, regardless of ability, disability, deprivation, or privilege". (Kim 2000, S. 11). In aktiver Teilhabe an Arbeit können sie ein würdiges Leben führen (zur darauf bezogenen Auslegung von „produktiver Wohlfahrt" Kim 2006, S. 137 ff.). Dafür werden auf lokaler Ebene Beschäftigungsmöglichkeiten geschaffen, mit denen ein gemeinschaftlicher Selbstunterhalt der Betroffenen zustande kommt. Die Teilhabe an Arbeit wird, auch wenn sie gering bezahlt wird oder unbezahlt bleibt, als sozial zufriedenstellend betrachtet. Wer zu tun hat, „wahrt sein Gesicht" unter Angehörigen und im Gemeinwesen.

Es ist für den einzelnen Bedürftigen ungehörig und beschämend, die Hilfe der öffentlichen Hand anzunehmen. Die Beschäftigung in Sozialbetrieben versteht sich deshalb als gemeinsame ökonomische Selbstversorgung, *self-sufficiency*, in der die Betroffenen eigenständig zurechtkommen. Auch andere Einrichtungen und soziale Dienste sollen zur Wiedererlangung von Eigenständigkeit im Unterhalt beitragen. Das Konzept entspricht dem, was in Japan *jiritsu-shien*, die Stärkung von Selbstbehauptung, heißt und in Unterstützung insbesondere von Obdachlosen, alleinstehenden Mütter und behinderten Menschen erfolgt. (Gill 2005) Das Konzept unterscheidet sich wesentlich von dem, was im Westen unter „Hilfe zur Selbsthilfe" verstanden wird. Nicht Leistungen werden geboten, mit denen Individuen in die Lage versetzt werden, ohne sie auszukommen, sondern Menschen werden zur Erbringung von Leistungen herangezogen, durch die sie und mit denen sie für sich selber produktiv werden. Eine Analogie besteht am ehesten zu den italienischen Sozialgenossenschaften. In Korea hat sich organisatorisch die Praxis des „Selbstunterhalts" in sozialwirtschaftlichen Unternehmen entfaltet, vom Staat top-down in die Wege geleitet und mit zivilgesellschaftlichem Engagement verbunden (s. zur Entwicklung der Sozialwirtschaft in Korea Lim und Endo 2016). Die ganze Struktur heißt Sozialwirtschaft; die einzelnen Elemente rechnen zu ihr, weil und insoweit sie zu dieser Struktur gehören.

Seit 2000 hat sich in Korea der Bereich der Sozialwirtschaft schrittweise ausgedehnt. Viele vorher schon vorhandene Genossenschaften übernehmen auf lokaler Ebene soziale Dienstleistungsfunktionen. Hinzu kommen die Projekte zum „Selbstunterhalt" der arbeitsfähigen Bezieher von Grundsicherung. Analog dem *workfare*-Prinzip in den USA und in Europa gilt Eingliederung in Erwerbsarbeit als das primäre Ziel von Unterstützung. Der „welfare-work-nexus" (Jung und Park 2013; Chan 2013) bedeutet „the link and interaction between passive welfare policies and active work policies" (Chan 2013, S. 111). *Flexicurity* soll ermöglicht werden, die Verbindung von Flexibilität in der Beschäftigung und am Arbeitsmarkt mit sozialer Sicherheit, verlangt Investitionen in Bildung, Ausbildung und Weiterbildung sowie in Gesundheitsförderung von unternehmerischer und von sozialer Seite. Erwerbswirtschaft und Sozialwirtschaft durchdringen sich. Daran können sich nun gewerbliche Unternehmen ebenso wie gemeinnützige Organisationen beteiligen, die ihrerseits die Marktfähigkeit ihrer Leistungen erstreben. Diskursiv wird vom leitenden Verständnis des „Selbstunterhalts" übergegangen zum Konzept des „Sozialunternehmens" und zur Auffassung von Sozialwirtschaft als „Meta-Modell" der Strukturierung sozialer Versorgung (Bidet und Eum 2015, S. 13). Durchaus gesehen wird, dass die gewünschte Beteiligung der erwerbswirtschaftlichen Unternehmen an ihr einerseits und das Streben der versorgenden Organisationen nach monetärem Ausweis ihrer Leistungsfähigkeit die Gefahr der Kommerzialisierung des sozialen Geschäfts mit sich bringen.

8   Sozialwirtschaft als Netzwerk

Nach Ausdifferenzierung der Organisationsformen werden zur Sozialwirtschaft in Korea neben den Projekten zum Selbstunterhalt und Beschäftigungsprogrammen zur direkten Eingliederung in Arbeit die Sozialunternehmen, die diverse Güter und Dienstleistungen zu sozialen Zwecken erstellen, die Genossenschaften (cooperatives) und kommunale Unternehmen zur Daseinsvorsorge (community enterprises) gerechnet. Für jede Form wurden in den letzten Jahren gesetzliche Regelungen getroffen. So hat der *Social Enterprise Promotion Act* 2007 definiert, Sozialunternehmen seien solche, die mit der Bereitstellung von Gütern und Diensten und Beschäftigungsmöglichkeiten ein soziales Ziel verfolgen, gerichtet auf die Lebensqualität von Bürgern, die unterstützungsbedürftig sind. Für Betriebe in öffentlicher Hand ist 2011 das *Community Business Promotion Project* aus der Taufe gehoben worden, und 2012 ist das Genossenschaftsrahmengesetz mit seiner Differenzierung von Kooperativen allgemein und Sozialgenossenschaften im Besonderen hinzugekommen. Alle Organisationen haben Anspruch auf öffentliche Unterstützung, Managementassistenz und Beratung. Es gibt für sie regionale Netzwerke, lokale „Sozialwirtschaftszentren", eine Association of *Korean Local Governments for Social Economy and Solidarity* zur Förderung sozialwirtschaftlicher Organisationen und Aktivitäten und als zentrale Instanz die staatliche *Korea Social Economy Promotion Agency (KoSEA)* mit landesweit 16 Filialen.

Die öffentliche Hand hat sich in Südkorea die Begrifflichkeit der Sozialwirtschaft zueigen gemacht. Sie wird als ein Rahmenprogramm verstanden, in dem ein Gefüge von Stakeholdern und ihren Aktivitäten vorhanden ist. Sozialwirtschaft fungiert somit nicht bloß als Sammelbezeichnung für Sozialunternehmen. Innovativ voran geht in der Gestaltung des Flechtwerks der Sozialwirtschaft die Megacity Seoul unter ihrem Bürgermeister Park Won-soon (seit 2011), einem früheren Menschenrechtsaktivisten. 2012 wurde das *Seoul Social Economy Network* als zivilgesellschaftliche Vereinigung in enger Verbindung mit der Kommunalpolitik gestartet. „The social economy of Seoul provides an exemplary case of multi-sectoral partnership, with the municipal government and the local civil society working closely together throughout the entire process of social economy policy making and implementation from policy review to budget preparations." (GSEF 2016, S. 14) Der Fokus liegt auf der Ausbildung und Pflege eines „Ökosystems" der lokalen Sozialwirtschaft insgesamt. Vom Seouler Netzwerk wurde 2013 das *Global Social Economy Forum* (GSEF) zum internationalen Austausch angestoßen.

Die Stadtregierung von Seoul entwickelte einen umfassenden Unterstützungsplan für die Sozialwirtschaft und gründete 2013 ein Unterstützungszentrum mit Filialen auf Distriktebene. Gefördert werden Sozialunternehmen u. a. mit einer „cluster infrastructure", durch die öffentlicher Raum bereitgestellt wird, in dem junge und neue Sozialunternehmen ihren Platz finden und kooperieren können und bürgerschaftliches Engagement sich ausbreiten kann. Zusätzliche unterstützende Stellen bietet das Netzwerk mit seinen intermediären Agenturen und Unterstützergruppen in den Stadtbezirken. Ende 2015 wurden in Seoul 2 819 sozialwirtschaftliche Unternehmen gezählt; 80 % davon Kooperative (GSEF 2016, S. 33.) Viele bieten Nachbarschaftshilfen, Kinderbetreuung oder Altenhilfe an und sanieren Häuser, renovieren Wohnungen und betreiben Urban Farming (Jung 2016).

Aus lokalen Zentren für den Selbstunterhalt sind Entwicklungszentren der Sozialwirtschaft geworden, die Bildungs- und Übungsangebote machen und die Aufnahme Einzelner in den organisierten Unterhaltsprozess mit einem Case Management in die Wege leiten. „On this base, the local centre can perform as a social economy systematization hub at local government level. Possible practical roles are supporting integrated service in work-welfare-culture-education specialized for the individual (or each family), supporting social economy enterprises, training potential business persons for the social enterprises, job training for the individual participants and supporting management skill etc." (Lee und Byeon 2014, S. 28) Auch so wird ebenenübergreifend von oben nach unten personenbezogen die soziale und wirtschaftliche Integration befördert.

Das sozialwirtschaftliche Vorgehen im Detail wird unter den amtlichen und bürgerschaftlichen Stakeholdern derzeit lebhaft diskutiert. Der in Korea traditionell erstrebte „top-down-consensus" (Jones 1993, S. 188) hat eine zivilgesellschaftliche Auflockerung dergestalt erfahren, dass bei vielfältiger intermediärer Mitsprache nicht mehr einfach von oben auszumachen ist, was auf staatlicher, regionaler, kommunaler, ziviler und privater Ebene geschehen soll: Der Diskurs über Sozialwirtschaft ist lebhaft, auf Partnerschaft zu ihrer Entwicklung und auf Überwindung statischer Lösungen ausgerichtet.

9 Fazit

Die Varianten der Regie von Wohlfahrt unterscheiden sich in ihren soziokulturellen Grundlagen. Eingebettet in soziale Beziehungen (des Sorgens und der Solidarität) gestaltet sich Sozialwirtschaft nach den Vorstellungen, in denen ihre Stakeholder übereinkommen. Aus einer komparativen Analyse lässt sich die unterschiedliche Regie der Daseinsvorsorge im Verhältnis von Einzelhaushalten zum Gesamthaushalt studieren: in Ostasien in anderen Modi von Governance nach

Verbindlichkeiten, die „unter dem Himmel" Geltung beanspruchen und eine Entwicklungsstrategie der wechselseitigen Durchdringung (erwerbs)wirtschaftlichen und sozialen Handelns tragen.

Literatur

Aspalter, C. (2006). The East Asian Welfare Model. In *International Journal of Social Welfare* 4, 290–301.
Bell, D. A., & Hahm, C. (Hrsg.) (2003). *Confucianism for the Modern World*. Cambridge: Cambridge University Press
Bidet, E., & Eum, H. (2015). *Social Enterprise in South Korea: General Presentation of the Phenomenon*. Liege: ICSEM Working Papers No. 06
Birkhölzer, K., Klein, A., Zimmer, A., & Priller, E. (Hrsg.) (2005). *Dritter Sektor/Drittes system. Theorie, Funktionswandel und zivilgesellschaftliche Perspektiven*. Wiesbaden: VS Verlag für Sozialwissenschaften.
Callahan, W. A. (2008). Chinese Visions of World Order. Post-Hegemonic or a New Hegemony? In *International Studies Review* 10, 749–761.
Chan, Raymond K. H. (2013). The Welfare-Work Nexus in East Asia – A Comparison of Contexts, Paths and Directions. In *Journal of East Asian Public Policy* 1, 99–113.
Cheng, T., & Selden, M. (1994). The Origins and Consequences of China's Hokou System. In *The China Quarterly* 139, 664–668.
Choi, S.-C., & Kim, K. (2003). A Conceptual Exploration of the Korean Self in Comparison with the Western Self. In K.-D. Yang, K.-K. Hwang, P. A. Petersen, I. Daibo (Hrsg.), *Progress in Asian Social Psychology. Conceptual and Empirical Contributions* (S. 29–42). Westport, CT: Praeger.
Choi, Y. J. (2012). End of the Era of Productivist Welfare Capitalism? Diverging Welfare Regimes in East Asia. In *Asian Journal of Social Science* 40, 275–294.
Chua, V., & Wellman, B. (2015). Social Networks in East and Southeast Asia 1: National Characteristics, Institutions, Network Capital, and Guanxi. In *American Behavioral Scientist* 8, 903–913.
Esping-Andersen, G. (1990). *The Three Worlds of Welfare Capitalism*. Princeton, NJ: Princeton University Press.
Esping-Andersen, G. (2004). Die gute Gesellschaft und der neue Wohlfahrtsstaat. In *Zeitschrift für Sozialreform* 1-2, 189–210.
Gill, T. (2005). Japan's homeless people as an issue of local and central governance. In G. D. Hook (Hrsg.), *Contested Governance in Japan. Sides and Issues* (S. 192–210). Abingdon: Routledge.
Gold, T., Guthrie, D., & Wank, D. (Hrsg.) (2002). *Social Connections in China. Institutions, Culture, and the changing Nature of Guanxi*. Cambridge: Cambridge University Press.
Goodman, R., White, G., & Kwon, H-j. (Hrsg.) (1998). *The East Asian Welfare Model. Welfare Orientalism and the State*. New York: Routledge.

GSEF Social Economy Policy Guide Book – Seoul Metropolitan Government (2016). *Status of Social Economy Development in Seoul – A Case Study of Seoul*. Seoul: Global Social Economy Forum.
Holliday, I. (2000). Productivist Welfare Capitalism. Social Policy in East Asia. In *Political Studies* 4, 706–723.
Holliday, I., & Wilding, P. (Hrsg.) (2004). *Welfare Capitalism in East Asia. Social Policies in the Tiger Economies*. London: Palgrave Macmillan.
Hook, G. D. (Hrsg.) (2005). *Contested Governance in Japan. Sides and Issues*. Abingdon: Routledge
Horak, S. (2014). Antecedents and characteristics of informal relation-based networks in Korea: Yongo, Yonjul and Inmaek. In *Asia Pacific Business Review* 1, 78–108.
Hudson, J., & Kühner, S. (2012). Analyzing the Productive and Protective Dimensions of Welfare: Looking Beyond the OECD. In *Social Policy & Administration* 1, 35–60.
Hudson, J., Kühner, S., & Yang, N. (2014). Productive Welfare, the East Asian ‚Model' and beyond: Placing Welfare Types in Greater China into Context. In *Social Policy and Society* 2, 301–315.
Hudson, J., Jo, N. K., & Keung, A. (2015). *Culture and the Politics of Welfare. Exploring Societal Values and Social Choices*. Basingstoke: Palgrave Macmillan.
Hwang, G-J. (Hrsg.) (2011). *New Welfare States in East Asia. Global Challenges and Restructuring*. Cheltenham: Edward Elgar.
Hwang, G.-J. (2006). *Pathways to State Welfare in Korea. Interests, Ideas and Institutions*. Aldershot: Ashgate.
Jacques, M. (2012). *When China Rules the World*. Second edition. New York: Penguin Books.
Jo, J. Y. (2010). Korea's National Basic Livelihood Programme and Social Development. In J. Midgley & K.-l. Tang (Hrsg.), *Social Policy and Poverty in East Asia. The Role of Social Security* (S. 81–98). London: Routledge.
Jones, C. (1990). Hong Kong, Singapore, South Korea and Taiwan: oikonomic welfare states. In *Government and Opposition* 4, 446–462.
Jones, C. (1993). The Pacific challenge. Confucian welfare states. In C. Jones (Hrsg.), *New Perspectives on the Welfare State in Europe* (S. 184–202). London: Routledge.
Jung, K. (2016). Government-driven social enterprises in South Korea: Lessons from the Social Enterprise Promotion Program in the Seoul Metropolitan Government. In *International Review of Administrative Sciences* 3, 598–616.
Jung, D., & Park, C.-u. (2013). A New Direction in the Welfare-Work-Nexus in South Korea. In *Journal of East Asian Public Policy* 1, 60–80.
Kasza, G. J. (2006). *One World of Welfare. Japan in Comparative Perspective*. Ithaca, NY: Cornell University Press.
Kim, A. (2001). *Familie und soziale Netzwerke. Eine komparative Analyse persönlicher Beziehungen in Deutschland und Südkorea*. Opladen: Leske + Budrich.
Kim, D.-J. (written by Office of the President, Republic of Korea, Presidential Comittee for Quality-of-Life) (2000). *DJ Welfarism. A New Paradigm for Productive Welfare in Korea*. Seoul: Tae Sul Dang.

Kim, Mason M. S. (2015). *Comparative Welfare Capitalism in East Asia. Productivist Models of Social Policy*. Basingstoke: Palgrave Macmillan.
Kim, W. S. (2006). *Institutionalisierung eines neuen Wohlfahrtsstaates in Ostasien? Eine Fallstudie über Südkorea*. Diss. Universität Bielefeld.
Kim, W. S. (2008). Die Entstehung „neuer Wohlfahrtsstaaten" und globale Policy-Diffusion – das Beispiel Südkorea. In *Zeitschrift für Soziologie* 3, 186–205.
Kim, Y.-H. (2003). Productive Welfare: Korea's third way? In *International Journal of Social Welfare* 1, 61–67.
Kim, Y.-T., & Han-Broich, M. (2017a). Der Wohlfahrtsstaat in Südkorea. Historische Entwicklung und Ausblick (Teil 1). In *Soziale Arbeit (DZI)* 2, 60–67.
Kim, Y.-T., & Han-Broich, M. (2017b). Der Wohlfahrtsstaat in Südkorea. Historische Entwicklung und Ausblick (Teil 2). In *Soziale Arbeit (DZI)* 3, 103–107.
Kwon, H.-j. (1999). *The Welfare State in Korea. The Politics of Legitimation*. Basingstoke: Macmillan.
Kwon, H.-j. (Hrsg.) (2005). *Transforming the Developmental Welfare State in East Asia*. Basingstoke: Palgrave Macmillan.
Lee, S.-M. (2006). *Das soziale Wohlfahrtssystem der Senioren und die Lebenssituation älterer Menschen in Korea*. Münster: Lit.
Lee, I., & Byeon, J. (2014). Evaluation and Reform of Self-Sufficiency Project in Korea. In *Asian Journal of Human Services* 1, 13–31.
Lee, Y.-J., & Ku, Y.-W. (2007). East Asian Welfare Regimes: Testing the Hypothesis of the Developmental Welfare States. In *Social Policy & Administration* 2, 197–212.
Leung, Joe C. B., & Xu, Y. (2015). *China's Social Welfare. The Third Turning Point*. Cambridge: Polity Press
Lim, S. H., & Endo, C. (2016). The development of the social economy in the welfare mix: Political dynamics between the state and the third sector. In *The Social Science Journal* 53, 486–494.
Mseshima, I. (1964). Familiensystem und Arbeitsverhältnisse in Japan und das Problem familienhafter Ordnung im Betrieb. In *Jahrbuch für christliche Sozialwissenschaften*, Bd. 5 (S. 211–238).
Mishra, R., Kuhnle, S., Gilbert, N., & Chung, K. (Hrsg.) (2004). *Modernizing the Korean Welfare State. Towards the Productive Welfare Model*. New Brunswick, NJ: Transaction Publishers.
Mok, K. H., & Lau, Maggie K. W. (Hrsg.) (2014). *Managing Social Change and Social Policy in Greater China. Welfare regimes in transition*. London: Routledge.
Neisser, U., & Jopling, D. A. (Hrsg.) (1997). *The Conceptual Self in Context. Culture Experience Self Understanding*. Cambridge: Cambridge University Press.
Noesselt, N. (2012). *Governance-Formen in China. Theorie und Praxis des chinesischen Modells*. Wiesbaden: Springer VS.
Ochiai, E. (2011). Unsustainable Societies: The Failure of Familialism in East Asia's Compressed Modernity. In *Historical Social Research* 2, 219–245.
Onda, M. (2013). Mutual Help Networks and Social Transformation in Japan. In *American Journal of Economics and Sociology* 3, 531–564.

Peng, I. (2009). *The Political and Social Economy of Care in the Republic of Korea*. UNRISD Gender and Development Programme Paper Number 6. Genf: UNRISD.

Pun, N., Ku, Ben Hok-bun, Yan, H., & Koo, A. (Hrsg.) (2016). *Social Economy in China and the World*. Abingdon: Routledge.

Ringen, S., Kwon, H.-j., Yi, I., Kim, T., & Lee, J. (2011). *The Korean State and Social Policy. How South Korea Lifted Itself from Poverty and Dictatorship to Affluence and Democracy*. Oxford: Oxford University Press.

Rowe, P. G., Forsyth, A., & Kan, H. Y. (2016). *China's Urban Communities. Concepts, Contexts, and Well-Being*. Basel: Birkhäuser.

Shin, C.-s., & Shaw, I. (2003). Social Policy in South Korea: Cultural and Structural Factors in the Emergence of Welfare. In *Social Policy & Administration* 4, 328–341. Cheltenham: Edward Elgar.

Shinkawa, T. (2013). Beyond Familialism? Welfare Regime Transformation in Japan. In H. Magara & S. Sacchi (Hrsg.), *The Politics of Structural Reforms. Social and Industrial Policy Changes in Italy and Japan* (S. 171–191).

Stromseth, J. R., Malesky, E. J., & Gueorguiev, D. D. (2017). *China's Governance Puzzle. Enabling Transparency and Participation in a Single-Party State*. Cambridge: Cambridge University Press.

Sun, Shirley H.-L. (2012). Care Expectations, Mismatched: State and Family in Contemporary Singapore. In *International Journal of Sociology and Social Policy* 32, 650–663.

Takeda, H. (2005). Governance through the family: the political function of the domestic in Japan. In G. D. Hook (Hrsg.), *Contested Governance in Japan. Sides and Issues* (S. 233–248). Abingdon: Routledge.

Tang, C.-C. (2004). *Vom traditionellen China zum modernen Taiwan. Die Entwicklung funktionaler Differenzierung am Beispiel des politischen Systems und des Religionssystems*. Wiesbaden: Deutscher Universitäts-Verlag.

Tang, C.-C. (2010). Public and Private in China and the West. A Preliminary Observation on the Interaction between Semantics and Societal Structures. Paper presented at International Workshop *Comparative Studies of „Public" and Private in Japan and China*. School of Modern Languages and Cultures. Hong Kong: The University of Hong Kong, 2010-08-08.

Tang, K.-l. (2000). *Social Welfare Development in East Asia*. Basingstoke: Palgrave Macmillan.

Tian, H. (2016). Different Translations, Contested Meanings: A Motor for the 1911 Revolution in China? In H. Schul-Forberg (Hrsg.), *A Global Conceptual History of Asia, 1860–1940* (S. 43–60). Abingdon: Routledge.

Tong, S. (2006). Chinese Thought and Dialogical Universalism. In G. Delanty (Hrsg.), *Europe and Asia Beyond East and West* (S. 305–315). Abingdon: Routledge.

Walker, A., & Wong, C.-k. (Hrsg.) (2005). *East Asian Welfare Regimes in Transition. From Confucianism to Globalization*. Bristol: Policy Press.

Wang, F.-L. (2005). *Organizing through Division and Exclusion. China's Hokou System*. Stanford: Stanford University Press.

Wang, M. (2012). All under heaven (tianxia). Cosmological perspectives and political ontologies in pre-modern Cina. In *HAU: Journal of Ethnographic Theory* 1, 337–383.
Weisbrod, B. A. (1988). *The Nonprofit Economy*. Lexington: Heath.
Wendt, W. R. (1987). Soziale Evolution in China: Entwicklung in eigener Regie. In *Brennpunkte Sozialer Arbeit: Entwicklungspolitik, Entwicklungshilfe und Sozialarbeit* (S. 95–108). Frankfurt am Main: Moritz Diesterweg.
Wendt, W. R. (1989). *Eignung. Ethische Erwägungen*. Frankfurt am Main: Moritz Diesterweg.
Wendt, W. R. (1994). *Ritual und rechtes Leben. Studien zwischen den Kulturen*. Stuttgart: Ferdinand Enke.
Wendt, W. R. (2007). Zum Stand der Theorieentwicklung in der Sozialwirtschaft. In W. R. Wendt & A. Wöhrle (Hrsg.), *Sozialwirtschaft und Sozialmanagement in der Entwicklung ihrer Theorie* (S. 19–100). Augsburg: Ziel.
Wendt, W. R. (2010). *Das ökosoziale Prinzip. Soziale Arbeit ökologisch verstanden*. Freiburg i. Br.: Lambertus.
Xu, B. (2013). Is Zhao's Tianxia System Misunderstood? In *Tsinghua China Law Review* 1, 96–108.
Yee, J. (2000). The Social Networks of Koreans. In *Korea Journal* 1, 325–352.
Young, J. (2013). *China's Hokuo System. Markets, Migrants and Institutional Change*. Basingstoke: Palgrave Macmillan.
Zhao, T. (2005). *Tianxia Tixi. Shijie Zhidu Thexue Daolun (Das System Alles unter dem Himmel. Eine Philosophie für die Welt als Institution, chinesisch)*. Nanjing: Jiangsu Education Press.
Zhao, T. (2009). A Political World Philosophy in Terms of All-under-Heaven. In *Diogenes* 1, 5–18.

Verzeichnis der Autorinnen und Autoren

Allkemper, Tobias, Dipl.-Kaufmann, Wirtschaftsprüfer/Steuerberater, Geschäftsführender Partner von CURACON GmbH Wirtschaftsprüfungsgesellschaft

Borchers, Matthias, Dipl.-Kaufmann, CURACON GmbH Wirtschaftsprüfungsgesellschaft

Finis Siegler, Beate, Dr. rer. pol., Professorin für Ökonomie und Sozialpolitik, Fachbereich Soziale Arbeit und Gesundheit an der Frankfurt University of Applied Sciences

Grunwald, Klaus, Dr. rer. soc., Dipl. Päd., Professor an und Prodekan der Fakultät Sozialwesen der Dualen Hochschule Baden-Württemberg Stuttgart; Leiter des Studiengangs „Soziale Arbeit in Pflege und Rehabilitation"

Kolhoff, Ludger, Dr. phil, M.A., StudAss., Professor an der Fakultät Soziale Arbeit der Ostfalia-Hochschule für angewandte Wissenschaften, Hochschule Braunschweig/Wolfenbüttel; Leiter des postgradualen Masterstudienganges „Social Management"

Kortendieck, Georg, Prof. Dr. rer. pol., Professor für Betriebswirtschaftslehre im Sozialen Sektor/Sozialmanagement und Dekan an der Ostfalia Hochschule für angewandte Wissenschaften, Hochschule Braunschweig/Wolfenbüttel, Fakultät Soziale Arbeit

Langer, Andreas, Dr. rer. soc., Dipl. Soz. Pd., Professor für Sozialwissenschaften/Sozialpolitik an der HAW Hamburg; geschäftsführender Direktor des Deutschen Instituts für Sozialwirtschaft (DISW)

Reis, Claus, Dr., Dipl.-Soziologe, Professor für Sozialarbeit an der Frankfurt University of Applied Sciences

Roß, Paul-Stefan, Dr. rer. soc., Dipl. Theol., Dipl.-Sozialarb. (FH), Professor für Theorien und Methoden der Sozialen Arbeit an der Dualen Hochschule Baden-Württemberg; Dekan des Fachbereichs Sozialwesen am Center for Advanced Studies der DHBW; Leitung des Instituts für angewandte Sozialwissenschaften Stuttgart

Schneider, Armin, Dr., Professor für Management und Forschung an der Hochschule Koblenz

Tabatt-Hirschfeldt, Andrea, Dr. rer. pol., Professorin für Organisationslehre, Sozialwirtschaft und Sozialmanagement an der Fakultät Soziale Arbeit und Gesundheit an der Hochschule Coburg

Wendt, Wolf Rainer, Dr. phil., Dipl. Psych., em. Professor der Dualen Hochschule Baden-Württemberg Stuttgart; Honorarprofessor der Universität Tübingen

Printed by Printforce, the Netherlands